ZHONG GUO DIAN JI YU WEN HUA

◎◎ 国家图书馆古籍馆
《中国典籍与文化》编辑部 编

中国典籍与文化

第十二辑

讲座丛书
第二编

國家圖書館出版社

图书在版编目（CIP）数据

中国典籍与文化.第十二辑/国家图书馆古籍馆,《中国典籍与文化》编辑部编.—北京:国家图书馆出版社,2019.12

（中国典籍与文化讲座丛书.第二编）

ISBN 978 – 7 – 5013 – 6737 – 5

Ⅰ.①中…　Ⅱ.①国…　②中…　Ⅲ.①古籍—中国—文集②中华文化—文集　Ⅳ.①K203 – 53

中国版本图书馆 CIP 数据核字(2019)第 086323 号

书　　名　中国典籍与文化(第十二辑)
著　　者　国家图书馆古籍馆　《中国典籍与文化》编辑部　编
责任编辑　张珂卿
封面设计　程言工作室

出版发行　国家图书馆出版社（北京市西城区文津街 7 号100034）
　　　　　（原书目文献出版社　北京图书馆出版社）
　　　　　010 – 66114536　63802249　nlcpress@ nlc.cn(邮购)
网　　址　http://www.nlcpress.com
排　　版　凡华(北京)文化传播有限公司
印　　装　河北三河弘翰印务有限公司
版次印次　2019 年 12 月第 1 版　2019 年 12 月第 1 次印刷

开　　本　787 × 1092(毫米)　1/16
印　　张　20
字　　数　285 千字
书　　号　ISBN 978 – 7 – 5013 – 6737 – 5
定　　价　82.00 元

目录

袁广阔

考古发现的早期符号与文字

　　袁广阔　首都师范大学历史学院考古系主任、教授、博士生导师，首都师范大学历史博物馆馆长。研究方向为中国古代文明的起源与国家的形成。已出版《汝州洪山庙》《河南史前彩陶》《辉县孟庄》《早商城市文明的形成与发展》《河南早期刻画符号研究》等著作多部，主编《20世纪河南考古发现与研究》《中原文物大典·文物典·陶器卷》等书，发表《试论夏商文化的分界》《孟庄龙山文化遗存研究》《关于孟庄龙山城址毁因的思考》《先商文化新探》等论文30余篇。自1986年以来，在河南先后主持发掘的重要遗址有汝州煤山、南阳叶胡桥、汝州洪山庙、伊川南寨、辉县孟庄、焦作府城、固始高墩等，其中一些为重大考古发现。

考古发现的早期符号与文字主要见于新石器时代、二里头文化、二里岗文化和殷墟文化遗址中，目前已有大量考古材料可以证明。早期符号多刻画于陶器（包括在陶器表面雕刻和绘画两种方式）上，这是它的一个特点，也是它们的共同点。需要注意的是，考古发现的最早符号并不刻于陶器上，而是刻于骨角器上，年代约在距今1.5—1.2万年，比较重要的有两件，一件发现于山西朔县峙峪旧石器遗址（在骨片上刻划图案），另一件发现于河南许昌灵井遗址（在鹿角上雕刻鸟）。这些符号的发现使我们认识到，至少在旧石器时代人们已经懂得为某些事情或某些特殊人物做有意识的记述了。新石器时代以来，这种有意识的刻画行为更为普遍，早期符号的发现也更加丰富，其中一些符号可能涉及文字起源，以下便结合具体案例，谈谈对这一问题的认识。

一、裴李岗文化时期的符号

裴李岗文化因河南新郑裴李岗遗址的发现而得名，是黄河流域较早进入原始农业社会的新石器时代文化，主要分布于以环嵩山地区为中心的河南境内，分布范围西至洛河上游的三门峡卢氏，北到黄河以北的安阳、濮阳一带，东抵颍河流域的周口项城，南达淮河以南的信阳潢川一线。裴李岗文化以舞阳贾湖遗址出土的符号最为典型，不仅数量最多，而且种类丰富。目前掌握的符号有16例（还有一些未统计在内），分别刻于甲、骨、石、陶器上，均为刻划（契刻）而成[①]。

贾湖 M144 出土一件龟腹甲，上面契刻一个符号，与甲骨文常见的"目"或"臣"字相似（图1）。M335 出土的一件龟腹甲，上面同样刻有一个符号，与"月"或"日"字相似（图2）。以上两个符号已经具备一定书写规律，很可能是当时使用的文字。H141 出土一件长方形颜料块，底端一面被磨平，上有

3

一个契刻符号，特征与印章基本相同，如果追溯我国印章起源，这个很可能是最早的雏形（图3）。H190出土一件卷沿罐，口沿下面刻了一个太阳纹符号（图4）。中国古代即有太阳崇拜，此符号是否为太阳崇拜的体现我们还不确定，但是说仰韶文化发现的太阳纹是从裴李岗文化传承来的当无疑议。

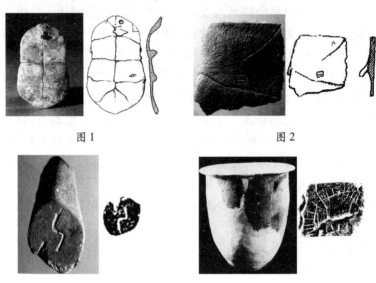

图1   图2

图3   图4

M344出土一件叉形骨器，上面刻了一个比较复杂的符号，刻痕很浅，几乎未损伤骨质外部结构（图5）。结合叉形骨器的出土位置、形制及符号刻法，我们推测此物应是巫师作法的一种道具。契刻龟甲内往往装有石子，与骨笛一样均能发出声响，连同这件叉形器，不禁让我们联想到当时的作法情景：初秋的一个夜晚，枕冷衾寒，万籁俱静，唯有昆虫哀鸣不止。突然火光四起，人群攒聚一处，围拢在篝火旁等待巫师作法。骨笛声起，嘈杂声遁，在另一群人的簇拥下巫师出现。作法开始，骨笛的悠脆声、石子的哗啦声以及巫师念咒的喃喃声顿时将现场渲染的十分神秘，手执叉形器的巫师此时上蹿下跳，左顾右盼，似乎在与神灵进行交流。

图5

与裴李岗文化同时期的陕西老官台文化（或白家文化）发

现很多彩陶，上面画的图案很像符号，其中一些像箭头一样的图案显然是作为符号来使用的，且对之后的仰韶文化有一定启发意义（图6）。

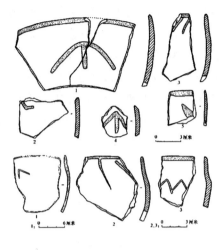

图6

总体来看，裴李岗文化时期的刻画符号以契刻为主，多刻于龟甲、兽骨之上，契刻手法与殷墟甲骨文类似，有些符号如"目""日"等已经具备文字特点，对于我国文字起源的研究具有重要的借鉴价值。

裴李岗文化是中原地区较早出现的一支极为发达的考古学文化，对周边新石器时代文化的产生具有重要影响。一般认为中原东边有东夷人，体现在考古学上就是北辛文化→大汶口文化→山东龙山文化的发展演变，这是东夷人的一个重要线索。近年来的考古发现表明，裴李岗文化向东北发展，是东夷文化的一个重要源头。仰韶文化的产生可能也与裴李岗文化有关。裴李岗文化向西发展，和陕西老官台文化（或白家文化）交流碰撞后，生成了仰韶文化半坡类型（或半坡文化）。裴李岗文化在南渐过程中对江淮地区也有重要影响，近些年江苏一带发现的龙虬庄文化就是裴李岗文化贾湖类型发展过去的。这样来看，裴李岗文化的辐射能力是十分强大的，西向、东北向、东南向均有它的影响，可以说这些地区的考古学文化均是受它的渗透影响而发展起来的。

裴李岗文化有几个先进的地方需要注意。第一是农业起源，贾湖遗址在距今 8000—9000 年前开始种植水稻，稻作农业与裴李岗文化贾湖类型有很大关系。第二是音乐起源，具有完整音阶结构的七孔骨笛就是在贾湖遗址发现的。第三是干栏式建筑，我国最早的干栏式建筑同样是在贾湖遗址发现的。第四是酒的起源，美国学者通过对贾湖陶壶里的残留物进行化验分析，发现了我国最早的果酒，贾湖啤酒（美国）、贾湖白酒（中国）就是以贾湖遗址命名的。此外，最早随葬上千件随葬品的墓例同样在贾湖遗址发现。贾湖遗址在稻作农业、七孔骨笛、文字符号、建筑、酒等方面十分进步，周边文化难出其右，结合贾湖类型的对外辐射能力，我们认为贾湖遗址当是这一地区的聚落中心，或者说是"首都"。贾湖类型为周边考古学文化的快速发展注入了新鲜活力，在中华文明起源的过程中意义重大。

二、仰韶文化时期的符号

仰韶文化于 20 世纪 20 年代首次在河南渑池县仰韶村被发现，故名仰韶文化，是中国新石器时代考古中第一个被正式命名的考古学文化，它的发现揭开了中国现代考古学史上的新篇章。仰韶文化主要分布于黄河中、上游的河南、陕西、山西三个省区，此外在邻近省区的内蒙古、甘肃、湖北、河北等地也有发现。仰韶文化时期发现刻画符号的遗址较多，比较重要的有临潼姜寨[2]，西安半坡[3]，陕县庙底沟[4]，汝州洪山庙[5]，阎村[6]，北刘庄[7]，郑州大河村[8]等。与裴李岗文化时期不同，此期符号多以彩陶器物上的绘画图案为主，风格主要有刻画（刻划或彩绘）和浮雕（符号浮雕或象物浮雕）两种形式[9]。

姜寨遗址陶器口部发现很多符号，据统计约有 240 多个（图 7）。这些符号有一定的刻划规律，那些重复出现的符号很可能代表固定含义，并被大家广泛使用，但这似乎跟文字没有多大关系，我们推测应是一种记事（数）符号。位于长江中游地区的大溪文化也出土不少刻划符号（图 8），这些符号除极少数与半坡、姜寨等遗址相似外，绝大多数都不相同，表明大溪文化和仰韶文化各有一套记事（数）体系。

图 7

图 8

半坡文化、庙底沟文化发现较多彩绘图案，主要以鱼纹和花瓣纹为主。半坡文化常见鱼纹图案，前期鱼纹较为写实，有鱼头、鱼眼和鱼尾等部位，经过一定演变，鱼的身子还在，但鱼头却不见了，后期基本上只有鱼尾继续写实，其他部位全用弧线三角纹代替（图9）。庙底沟文化常见花瓣纹、西阴纹、鸟纹、菱形纹、圆盘形纹和带点圆圈纹等，有学者认为这些纹饰是鱼纹经过简化、拆解后重组而成的，它们构成了一个"大鱼纹"象征系统，庙底沟文化鱼纹彩陶承自半坡文化传统，纹饰体系有了进一步发展，最后完全图案化[⑩]。大地湾遗址的发现让我们坚信，庙底沟文化那些所谓的花瓣纹确实是变体鱼纹（图10）。

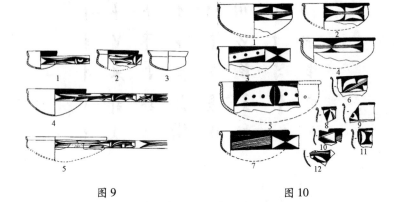

图 9   图 10

　　除了彩陶纹饰，大地湾遗址还有其他重要发现。遗址发现一座仰韶晚期宫殿基址（图11）。基址前面是一个大殿，后面有一个后殿，基面较平坦、坚硬，明显经过有意加工，这座宫殿基址很可能是我国宫殿建筑的早期雏形。遗址还发现了一幅地画，是我国目前最早发现的画在地上的丧葬画（图12）。学界关于地画的研究颇多，有人认为其内容是丧葬舞，有人认为是狩猎，也有人认为画面下端是牺牲之类的贡品，上端是祭祀中的跳舞情景。需要指出的是，新石器时代发现的壁画绝大多数见于墙壁之上，地面作画的案例几乎不见，这件地画的发现为古人的绘画艺术增添了新的资料。

图 11   图 12

　　我们在仰韶文化遗址中见到一些涂有颜色（红或黑）的石头，伴随石头出土的还有研磨盘、小杯子等（图13），这些很可能是制作彩陶的工具。另外，彩陶上见到的笔锋很可能是专门的绘画工具，依笔者所见，这种工具可能与古代使用的毛笔相似，此论若成，则最早的毛笔至少诞生于仰韶时期。当然，从目前的材料来看，这些毛笔类工具主要用来绘画，是否用于写字尚难得知。

阎村类型是仰韶时代豫西洛阳——三门峡地区一个重要的文化类型，与之相关的阎村、洪山庙等遗址发现较多刻画符号和浮雕符号。洪山庙M1是目前考古发现的最早、最大的瓮棺合葬墓，墓内有136个陶缸，每个缸里都放一人，陶缸表面均有绘

图13

画图案（图14）。W10绘有三组相同图案（图15），其中两个对称分布，有人认为这是八卦图案，我们则认为它是娃娃鱼变形后的形象。颇值一提的是，陶缸表面图案几乎不重样，每缸均有一幅特殊图案，这些图案显然有着某种含义。W104绘有两组不同图案，其中一组是人的手掌（图16），我们认为其画法是先在手上沾上颜色，然后再糊在缸上；另一组是挖土用的耜（图17）。W71绘有四组相同人脸图案（图18），脸和眼睛的轮廓用黑彩勾勒，眼内填红彩，面部涂白色，我们认为这可能是巫师作法时使用的面具。

图14

图15

图16

图 17　　　　　　　　　　　图 18

　　W60 绘有三组相同"8"字图形，经过研究我们认为是双联玉璧。双环形图案与红山文化、大汶口文化所独有的双联璧十分相近，只是孔径较大，更接近"好倍肉"的玉瑗，近年来的研究也表明古人在制作玉器时，对于玉璧孔径与器体的比例没有严格规定，将这种双环形图案解释成双联璧是可以成立的[⑪]。W42 上腹有一白色宽带，上面绘有五个象物图案（图 19）。第一个图案是奔跑的人，第二个图案是爬行的龟，第四个图案是跳跃的鹿，第三个和第五个图案均为圆环。关于此图案的含义，我们认为可能与墓主人的日常狩猎活动有关。W97 契刻一个倒置三角形（图 20），上方一横很平，两侧长边略弧，下方一角刻有竖道，这个符号很可能是一个文字，只是难以释读。

图 19

图 20

仰韶时代海岱地区大汶口文化是一支文化程度较高的考古学文化，其陶器制作精美，有些陶器刻画的图案十分特别，显然是其精神世界的反映。大汶口文化图案题材较为广泛，有钺、火焰、鸟、冠（图21）等等，整体来看，这些单个图案或组合图案在大汶口文化遗址中出现频率较高，表明它们已经有了具体含义，并为这一地区的居民所沿用。该文化发现的一组图案可能与金乌负日有关（图22），圆点、弧线三角组成鸟的形象，鸟的上面是太阳，下面是山或者火焰。另外，该文化发现的八角形图案尤其引人注目（图23），玉器中尚未见到这种图案，具体含义仍待进一步的研究。

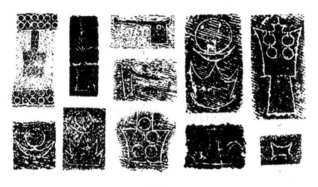

图 21

图 22

图 23

　　仰韶时代江淮地区有一个双墩遗址出土了数百个刻画符号，其数量是目前新石器遗址中最多的一个。该遗址中，有些碗的底部发现刻画符号，其中一些碗的底部画了很多半弧状线条（图24），结合遗址发现较多鱼纹，我们认为这些半弧状线条实为鱼的简体形象。另外一些碗的底部画了猪，有的还被捆绑起来（图25）。除了动物图案，该遗址还发现较多几何图案，出现频率较高的有平行四边形、三角形等等。双墩遗址发现的刻画图案，有的重复率较高，有的较为唯一，其中一些用线条勾勒的图案很可能是象形文字的雏形，因此这个遗址对于文字起源的研究极其重要。

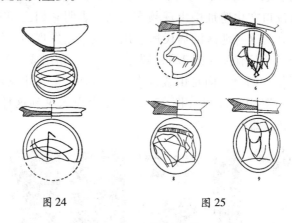

图 24　　　　　　　　　　　图 25

三、龙山时代的符号与文字

　　龙山时代处于新石器时代末期，最新测年数据表明其下限可到距今 1800 年左右，已经进入夏的纪年范围。龙山时代是一个群雄逐鹿、万邦林立的变革时代，许多地区的龙山文化类型都可以单独命名为新的考古学文化。此期出土的刻画符号较多，且在不同地区有着不同的刻画风格，其中比较突出的是海岱地区的典型龙山文化、江汉地区的石家河文化、晋南地区的陶寺文化以及环太湖流域的良渚文化。

　　海岱地区丁公遗址发现一片刻有 11 个符号的陶片（图 26），这是目前考古发现最早的刻有连续符号的案例。经过分析，这些符号跟甲骨文并非一个系统，但却跟纳西族的一些文字很相似。古代把山东称为东夷，而云南地区彝族的"彝"字发音同"夷"，结合它们符号（文字）的相似性，我们推测彝族是东夷人南迁后形成的，这些符号（文字）也被保存下来。虽然丁公陶符是否属于文字尚未达成共识，但无论如何，龙山时代是文字出现的肇始期的观点已基本成为学界主流。江汉地区石家河遗址发现很多刻画图案，其中一些与海岱地区有些相似（图 27），有的图案像镰刀，有的像纺轮，还有一些与当时使用的觚形杯十分相似，这些象物符号可能已经具备文字内涵。

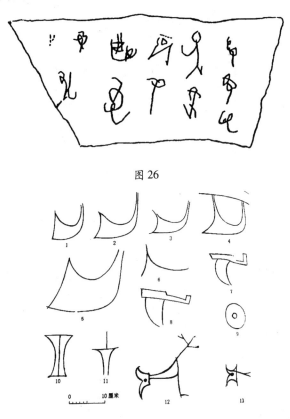

图 26

图 27

晋南地区陶寺遗址的规模很大，城址面积达 280 万平方米（图 28）。城址内部宫殿区旁边发现墙壁脱落下来的白灰皮，上面的契刻线条很像朝鲜字（图 29），这种线条在陕西神木石卯遗址也有发现。M22 是陶寺遗址发现的规模较大的一座贵族墓（图 30），墓中随葬很多器物，其中一些石刀插在猪身上，表明猪被这些石刀劈砍。另外，墓中发现盗掘迹象，墓主身上的铜铃不知去向，但却在一座平民墓中找到了。我们认为，墓中很多陶器、漆器、玉器被放置在壁龛当中就是防盗的体现。M22出土的玉兽面和玉璧做得非常精致（图 31），玉兽面上附一个皇冠，这应该是王一级墓葬的象征。

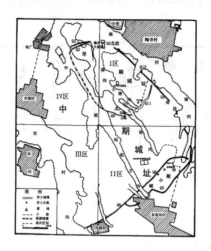

图 28

图 29　　　　　　　　　图 30

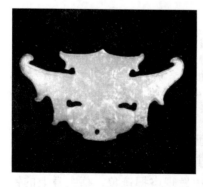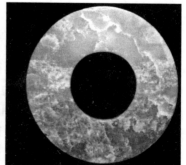

图 31

　　陶寺遗址不仅发现大墓、城址、宫殿和祭祀区等遗迹，而且还发现了龙和朱书文字。遗址一件陶盘上绘有一条盘龙（图 32），蛇躯麟身，方首圆目，巨口长舌，无角无爪。在一

14

件陶壶上发现两个朱书文字（图33），其中一个是"文"字当无异议，另外一个尚有争论，有人推测是"尧"，将其释读为"文尧"，只是由于证据太少，此论尚有较大争议。结合甲骨文的形态特征和构字方式，我们认为陶寺发现的这两个符号已经可以视为文字了，但具体为何字何意还有待新的考古材料的丰富。

 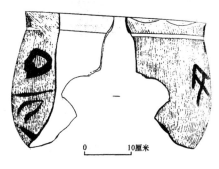

图 32   图 33

环太湖流域的良渚文化，近期发现一行刻于石钺上的文字（图34），但目前还没有人能够识别。另外一件石钺上发现一个字，很像郑州的"郑"（图35），当然肯定不是，这应该是另外一个文字体系。良渚一件陶壶上刻有四个字（图36），李学勤、唐兰、裘锡圭等先生曾对它们有一些释读，李先生认为它的结构接近甲骨文，可以读为"巫戍五俞"，唐先生把它读为"巫钺五偶"，裘先生则认为他们是原始文字，跟现在的汉字没有直接传承关系，笔者亦赞同裘先生的观点。

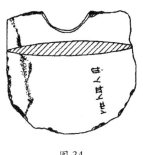 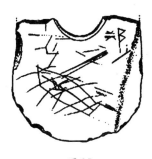

图 34   图 35

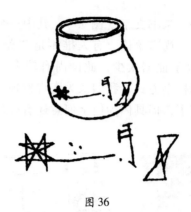

图 36

四、二里头文化的符号与文字

　　二里头文化是一支介于河南龙山文化和二里岗早商文化之间的考古学文化，主要分布于河南中、西部的郑州、洛阳地区和山西西南部的运城、临汾地区，势力范围向西突入陕西关中东部和丹江上游的商州附近，向南进入豫鄂交界地带，向东抵达豫东开封地区，向北进入沁河沿岸。二里头文化的刻画符号主要见于偃师二里头⑫、伊川南寨⑬、新密黄寨⑭和洛阳皂角树⑮等遗址。此期文字已经形成，在二里头文化的许多遗址中都有反映，只是尚未发现较长篇幅的书写材料来进一步证实。

　　二里头遗址是二里头文化时期的一处都城遗址，面积约3平方公里，遗址内发现大量宫殿群、贵族区、制铜作坊和大型墓葬等遗迹，同时还出土了大量陶器、石器、玉器和青铜器等珍贵遗物。二里头遗址发现一些刻画符号，从中可以找到象形文字的内涵，有一个符号做了四个城门，中间是一个方框，我们认为这是一个"城"字，另外还有其他一些符号与甲骨文的某些文字存在相似因素。伊川南寨遗址陶器上发现刻画小鱼图案，其中一件刻了很多小鱼，它们首尾相连，相互追逐（图37）。洛阳皂角树遗址发现一个象形车图案（图38），图案两边是轮子，中间有个横木，由于二里头遗址发现了车辙，这个图案的发现证明当时却已出现车子，而此符的意义，很可能就是当时的"车"字。

图 37   图 38

五、二里岗文化的符号与文字

二里岗文化即早商文化，因首先发现于郑州东南郊的二里岗而得名。二里岗文化主要分布于河南郑洛地区，影响范围可到邻近地区的陕西东部、山西和河北南部、湖北长江以北沿线甚至湖南北部地区。二里岗文化时期的刻画符号主要见于郑州商城⑯、偃师商城、柘城孟庄⑰等遗址。

郑州商城于 20 世纪 50 年代发现，面积大约 1300 万平方米，有三重城垣，最里面是皇城，外面宫城，最外面郭城。商城内部发现多个制铜作坊、制骨作坊以及青铜器、祭祀窖藏坑，另外还出土原始青瓷、金银器、卜骨等遗物，在一些甲骨上发现的刻画符号很有可能是"目"或"臣"字（图 39）。关于早商是否存在甲骨文，学界争议颇大，笔者认为早商肯定存在文字，但是与晚商不同，此期文字并未刻于甲骨，而是写于其他不易保存的材料（如木板）之上。商城一片甲骨上的刻字（图 40），

典籍与文化 12

图 39   图 40

有人释为"又土羊乙贞从受十月",还有人说后面有个字掉了,是一个"亳"字。"亳"字很重要,直接涉及早商都城问题。依笔者多年的考古发掘看来,郑州商城应是亳都,因为它的文化遗存延续时间特别长,规模也比较大,且商文化的主要活动范围也是围绕郑州商城进行的。

郑州西北约 20 公里有个小双桥遗址,对商文化的研究十分重要。遗址面积较大,约有 500 多万平方米,遗址内发现宫殿、宫城墙和祭祀坑等等,我们认为这个地方应是商代的隞都,仲丁迁隞即是这个地方。小双桥遗址发现了跟甲骨文完全一样的文字,由于是用毛笔写在陶器上,这些文字就保留了下来。通过小双桥文字与甲骨文的对比,我们明显可以看出二者之间的承袭关系。

六、结语

古文字学家曹定云先生根据偃师二里头遗址出土的一些刻画符号认为,甲骨文不是中国文字的开端,二里头遗址发现的符号分两部分,第一部分是记数符号,类似仰韶文化的一些符号,第二部分是文字符号,有许多(如"目""日")和甲骨文、金文存在对应关系。经过对新石器时代刻画符号的详细梳理和分析我们认为,新石器时代中、晚期的刻画符号主要以图案和计数符号为主,到了末期,一些刻画符号脱离原始图画的范畴,开始具备文字的性质和特征。

文字的起源并非一源的,而是多源的。受自然地理环境影响,新石器时代存在很多文化区域,不同区域居民的生产生活方式差异较大,如长江流域和黄河流域均有各自相对独立的文化发展谱系,这种情况下,不同地区文字的形成应当各自有着一套体系。

关于文字出现的原因,我们认为与社会复杂化的产生有关。社会政治、经济、文化发展到一定程度,有些事情是必须要记录的,比如经济交往,不记录可能无法继续进行。多年的考古发现表明,龙山中晚期在社会生产力、生产工具和祭祀信仰等方面均达到了一个较为发达的时期,同时随着社会财富的增加和分配不均,阶级分化开始出现,社会逐渐进入一个需要文字规范社会秩序的要求，在此背景下文字就应运而生了。

注释：

①河南省文物考古研究所：《舞阳贾湖》，科学出版社，1999 年，第 984—991 页。

②半坡博物馆、陕西省考古研究所、临潼县博物馆：《姜寨——新石器时代遗址发掘报告》，文物出版社，1988 年，第 137—144、254—262、313—314 页。

③中国科学院考古研究所、陕西省西安半坡博物馆：《西安半坡——原始氏族公社聚落遗址》，文物出版社，1963 年，第 148—162 页。

④中国科学院考古研究所：《庙底沟与三里桥》，科学出版社，1959 年，第 24—82 页。

⑤河南省文物考古研究所：《汝州洪山庙》，中州古籍出版社，1995 年，第 75—82 页。

⑥临汝县文化馆：《临汝阎村新石器时代遗址调查》，《中原文物》1981 年 1 期。

⑦河南省文物研究所：《河南临汝北刘庄遗址发掘报告》，《华夏考古》1990 年 2 期。

⑧郑州市博物馆：《郑州大河村遗址发掘报告》，《考古学报》1979 年 3 期。

⑨袁广阔、马保春、宋国定：《河南早期刻画符号研究》，科学出版社，2012 年，第 144—147 页。

⑩王仁湘：《庙底沟文化鱼纹彩陶论（下）》，《四川文物》2009 年 3 期。

⑪袁广阔、杨小燕：《略论我国新石器时代彩陶上的玉器图案》，《中原文物》2015 年 5 期。

⑫中国社会科学院考古研究所：《偃师二里头：1959—1978 年考古发掘报告》，中国大百科全书出版社，1999 年，第 28—38 页。

⑬河南省文物考古研究所：《河南伊川县南寨二里头文化墓葬发掘简报》，《考古》1996 年 12 期。

⑭河南省文物研究所：《河南密县黄寨遗址的发掘》，《华夏考古》1993 年 3 期。

⑮洛阳市文物工作队：《洛阳皂角树》，科学出版社，2002年，第1、121、122页。

⑯河南省文物考古研究所：《郑州商城》，文物出版社，2001年，第8—12、20—21页。

⑰中国社会科学院考古研究所河南一队、商丘地区文物管理委员会：《河南柘城孟庄商代遗址》，《考古学报》1982年1期。

马保春

殷墟甲骨文中的地理文献

马保春　首都师范大学历史学院教授、博士生导师。主要从事先秦、秦汉历史地理、北京历史地理、古地名的研究，特别专注于传世文献和古文字资料中地理文献的整理与研究。在《文物》《考古与文物》等权威及核心期刊发表学术论文 40 余篇。主持国家社会科学基金重点项目"分类断代与环境变迁背景下殷墟甲骨文地名遗产的再研究"及教育部、北京市社会科学基金项目 10 余项。出版《晋国历史地理研究》《晋国地名考》《中国最早的历史空间舞台——甲骨文地名体系概述》等著作多部。

非常荣幸能够来到"中国典籍与文化"系列讲座和大家见面，我今天的讲座题目是《殷墟甲骨文中的地理文献》。主要内容分为两部分，第一，对殷墟甲骨文做一个简单的介绍；第二，着重讲一下甲骨文当中的地理资料。

甲骨文这个名词实际上出现得比较晚，比甲骨文出土和甲骨文被发现的时间要晚一些，因为出土和发现之后要通过一段时间的了解、认识和研究，最后才提出甲骨文这个名字和甲骨学这个学科，所以说它出现的时间稍微晚一些。殷墟甲骨文是3000多年前商王朝晚期盘庚迁殷到帝辛亡国，也就是商纣王亡国，大约273年期间的遗物。甲骨文被世人所认识是在1899年，在北京的王懿荣首先发现并认识骨面上所刻的是文字，开始有意收藏。

从1899年以来，甲骨学的发掘经历了以下几个时间段。第一阶段是1899—1928年，以1928年划段的一个很重要原因就是从1928年开始，民国时期的中央研究院对殷墟进行了15次正式发掘，这15次正式发掘之前的甲骨的出土情况，我们把它叫非科学的发掘时期，或者叫草创时期。第二阶段是从1928—1937年，1937年又是一个很重要的时间点，日本侵华迫使各个行政单位、学校、机关南迁。殷墟的发掘也受到了日本侵华战争的影响，被迫中断。从1928—1937年不到10年的时间，中央研究院主持总共进行了15次大规模的发掘。这是第二个时间段。第三个阶段是从1949年中华人民共和国成立到我们现在，它是甲骨学的深入研究时期。

甲骨学经历了草创、发展和深入研究的三个时期，但是甲骨学，或者说甲骨文这个名词的出现还是比较晚的。甲骨文的形成包括两个时期，一个是商代，另外一个是西周，但大部分出土的甲骨文是商代的。出土的商代甲骨文也不光是出自殷墟，殷墟当然是重中之重，最多的。但是在其他一些考古学遗址当中也出土了一些商代的甲骨，比如说：1953年在郑州的商城，

23

发现了数片甲骨文；1974 年在河北的藁城台西商代遗址中也发现了一些甲骨文，当然都是几片，不多；1997 年在山东桓台县的史家遗址商代地层中也出土过一些甲骨片；2003 年山东济南大辛庄也出土了大概是十几片商代的甲骨文。

西周的甲骨文虽然从总数上并不是很多，但是它出土的地点要比商代甲骨文的地点多一些。我们简单看一下。1953 年在山西的洪洞坊堆发现 1 片；1983 年在南秦村发现 6 片；1956 年在西安长安县（今西安市长安区）的沣河西岸张家坡遗址发现了 3 片；另外，在北京也发现过西周时期的甲骨文，比如说昌平的白浮西周墓葬遗址就出土过 5 片；1977 年陕西岐山县的凤雏村出土过 1.7 万片，在数量上仅次于殷墟甲骨文；1979 年在陕西的扶风齐家村遗址发现 5 片；20 世纪 80 年代扶风县的强村出土 1 片；1986 年安徽的巢湖发现了一批西周甲骨，数量也不是很多；到了 20 世纪 80 年代末，北京的镇江营塔照遗址，也发现了 1 片甲骨文；另外是 1989 年在襄樊出土西周的有字卜骨；1991 年在河北的邢台南小汪出土了 1 片；1996 年在北京琉璃河遗址发现 3 片；另一个就是 2003 年以来岐山的周公庙遗址，陕西的地方考古部门和北京大学的考古工作者发现的，这个数量还是比较多的，仅次于凤雏村的 1.7 万片。这是咱们国家目前在大陆地区甲骨文出土的一个大致情况，大家了解一下就可以了。

另外甲骨文这个名词的出现，也是有个过程的。在甲骨文名词出现之前，学术界也好，社会上也好，怎么样来称呼殷墟出土的这些骨头、龟片上的文字？我们用了好多名字，最后经过时间的淘汰，定为甲骨文。出现过什么样的名称呢？比如说按照质料可以把甲骨文叫作龟或者龟甲，因为有一部分甲骨文它是在龟甲的背上刻的。另外还可以叫龟甲兽骨，这个兽骨指的就是牛的肩胛骨。这是第一种。如果按照文字书写的方法来命名，可以叫殷契，殷是商代，殷契就是商代的契文；还可以叫书契，刀笔文字，用刀刻的，把刀当作一种书写的笔来命名。这是第二种。如果把甲骨文的用途作为分类的标准，可以分成贞卜文字，因为甲骨文我们知道它是占卜的卜辞，或者叫贞卜文。其实现在咱们用得最多的一个词，除了甲骨文，就是卜辞。因为 90% 以上的甲骨文都是卜辞，这个后面还会介绍。这是第三种。如果按照出土的地名与文字相结合，我们把它叫殷墟文字，殷墟是地名，文字是一种文化的命名。这是第四种。将质料与文字相结合，就是它所承载甲骨文的质料是什么。龟版文，这指的是龟甲上的文字；骨刻文，指的是牛的肩胛骨或者别的动物骨骼上的文字；另外或者叫骨文或者叫龟甲兽骨文字。这是第五种。第六种，将质料与用途结合起来所命的名称有卜骨、卜甲、卜用甲骨。

1921年陆懋德在《甲骨文之发现及学术价值》这篇文章当中，就公开地提出了"甲骨文"这个词。在1921年之前有这么多的名称去指称殷墟出的甲骨文，1921年之后甲骨文一词才在学术界开始广泛地应用起来。它指的是什么？指的就是殷墟王室占卜所用的龟甲、兽骨刻辞的遗物。从此以后，甲骨文这个名词就在学术界开始慢慢地流行起来。我们说的是"甲骨文"这个词，另外还有"甲骨学"。"甲骨文"是指的一批文字，"甲骨学"指的是一个学科。"甲骨学"是在对"甲骨文"进行研究的过程当中提出来的，所以它是和甲骨文的各方面联系在一起的。1931年，周予同在开明书店的《中学生杂志》上发表一篇文章，叫《关于甲骨学》，这样在学术界就第一次出现了用"甲骨学"来指称这么一门学科的名称。典籍与文化 12

虽然1931年"甲骨学"一词已经出现，但是对它进行科学的界定还是比较晚，差不多在20世纪80年代，才出现如何界定甲骨学这个学科的方法。学界有两种界定方法：一种是中国社会科学院的王宇信先生提出来的，一种是台湾学者张秉泉先生提出来的。张秉泉在1988年写的《甲骨文与甲骨学》这本书当中提出了一个定义。什么叫作甲骨学？他说："甲骨学所研究的是甲骨文，但并不限于甲骨文字，凡是和卜用甲骨以及卜辞所涉及的一些有关事项，都在研究的范围之列。"这个界定只是着重介绍甲骨文研究的范围。1989年王宇信的《甲骨学通论》出版，在这本书当中，他对甲骨学这个学科作了界定，他说："甲骨文并不是甲骨学。甲骨文只是商朝后期遗留下来的珍贵文物和史料"，他先分清楚甲骨学和甲骨文这两个名词的区别，然后说："甲骨学，是以甲骨文为研究对象的专门科学，是甲骨文自身固有规律系统和科学的反映。"他这个说法就抽象一些，更加具有理论意义一点。

不管怎么样，到了20世纪80年代，学术界出现了对甲骨学的界定，它就是以甲骨文为研究对象的一门学问，涉及的面还是比较广的。不光研究甲骨文字本身，同时和甲骨文相关的各种理论问题、历史问题、地理问题、文化问题都在它的研究之列。

下面简单说一下殷墟甲骨文的发现者、发现地点和发现时间，这个我想大部分人都已经听说过。我们先来谈谈发现者，发现者有这么几种情况：一种情况认为是清末国子监祭酒王懿荣于宣武门外菜市口同仁堂购买治病的龙骨时发现的。这有一个小故事，当时王懿荣得了病，有些人说是痢疾，有些人说可能是别的什么病。得了病之后他就去中药铺抓药。他这个人比较细心，他把抓来的药一样一样地翻看，最后看到了有一块骨头，上面有很细的刀刻出的一些纹路，他觉得这不像是天然形成的，也不像是什么动物或者说小虫子把它毁坏的一些痕迹，很像是人工把它刻上去的。所以他就觉得很奇怪。然后再翻开了别的几服药。我们知道中药一次至少抓个三副或者五副，他觉得这副里面有，其他几副也应该有。其他几副的龙骨上确实都是这样，都有字。所以他就很奇怪，后来通过研究，他认为这应当至少是先秦的一种古文字。这样甲骨文就被认出来了。这是一种说法。另外还有一种说法，认为是天津的王襄和孟定生发现的。这种说法，王襄和孟定生他们的后人一直在极力地主张，说他们的祖先要比王懿荣发现得早，王懿荣是在1899年，而王襄和孟定生的后人认为他们的祖先是在1898年就发现了，还早一年。这是一种说法。还有一种说法，从甲骨文的辨认角度，发现者不只是王懿荣一个人。因为他虽然看到了中药的龙骨上有刻的一些刻划，但是他叫不准，所以他就和好朋友刘鹗两个人一起来辨认，一起来商量这是一个什么样的东西，最后他们两个人共同认定是殷人的刀笔文字。这是关于发现者的三种说法。

另外，关于发现的地点有这么两种说法，第一种是古董商人说是在汤阴和卫辉发现的，汤阴、卫辉离安阳殷墟很近，在安阳殷墟的南边。古董商人为了垄断利益，不想让别人知道安阳那边出甲骨文。甲骨文被王懿荣认出来之后，他以高价收购了那个药店所有的龙骨，而且还搜求其他地方所收藏的龙骨，这样一下子把龙骨的价格抬上去了，或者说把甲骨文的价格抬上去了。价格抬上去以后，古董商人就觉得这是一个有利可图的途径，他们就到处去搜求到底甲骨文出在什么地方，后来他们发现是出土于安阳殷墟，但是为了垄断利益，他们不告诉别的人，谎称在卫辉和汤阴发现的，实际上这两个县里没有甲骨文。这是一种说法。当然正确的一种说法就是在安阳殷墟，今天河南省北部的安阳殷墟。被辨认出的地点，如果我们承认王襄、孟定生在和王懿荣没有交流的前提下，分别认出了甲骨文，那么我们说王襄、孟定生也算是一种对甲骨文的认定。这样的话北京是一个点，因为王懿荣在北京；天津是一个点，王襄和孟定生他们生活在天津的；另外还有一种说法就是说河南本地的人就已经认出了甲骨文，所以说这样的话河南也是一个地点。

发现的时间也有两种说法。刚才已经提到，国子监祭酒王懿荣是在 1899 年发现的。王襄、孟定生据他们的后人称，应该是在 1898 年发现的，就早一年。这是两种说法，大家了解一下就可以了。

商代的甲骨文发现在殷墟，殷墟到底是一个什么情况？我们再对殷墟做一个简单的说明。殷墟在今天河南省的北部，太行山的东南麓，它的市区有一条小河叫洹河，洹河从太行山发源，最后流到卫河里面。殷墟在早些时候它还有别的名称，比如说叫"北蒙""殷邑"，殷就是商代的意思。甲骨文中还有"大邑商""邑商"这样的名词，有些人就认为"邑商""大邑商"指的可能就是殷墟。不管怎么样，它是中国历史上第一个有文献可考的古代都城遗址。甲骨文本身就是文字，而且是一手的资料，所以说把甲骨文看作一种文献是不会有错的。

自公元前的 1300 年左右到商纣王亡国大约 273 年的时间里，殷墟是中国商代晚期政治、经济、军事、文化的中心。武王伐纣以后，也就是周灭了商之后，这里变为废墟，所以后人把它称为"殷墟"。

安阳殷墟在太行山的东南麓，殷墟跨洹河两岸，南边是宫殿区，北边是王陵区。甲骨文出现在宫殿区，以今天小屯村为主的周围，包括花园庄等村庄。这里出土了大量的甲骨文。殷墟的中心地区分布着独具风格、规划紧凑别致的宫殿建筑和商王的陵墓，刚才说了，商王陵墓是在洹河北边，体现出了恢宏的帝都气息。

中国社会科学院考古研究所前几年在殷墟又发现了一座城，叫洹北商城。因为它的主体是在洹河北边的，叫洹北商城。这就解决了此前学界有一些学者总在质疑殷墟是不是商代晚期的都城的问题。为什么有质疑呢？因为没有发现城址。洹北商城发现以后，就证明殷墟确确实实就是商朝晚期的都城所在地。在这里出土了制作精美的青铜器，它的纹饰非常的细腻。此外还出土了青铜器作坊，制玉、制陶、制骨等作坊和商王的宗庙、甲骨灰坑等考古遗迹。在这些遗迹当中最让世人所关注和注目的就是几十万片甲骨文，都是在殷墟出土的。现在殷墟已经申请成为世界文化遗产了。这是一个线图，大家可以看看，一个简单的地图，也是殷墟的一个放大的情况（图1）。这条河就是洹河，弯弯曲曲的，向东南方向流。虚线所表示的区域，就是当时殷墟的宗庙宫殿区。洹河以北是王陵区，像武官村、侯家庄，都是墓葬的区域。这是殷墟的大致情况，感兴趣的听众可以在闲暇时间去安阳看看。

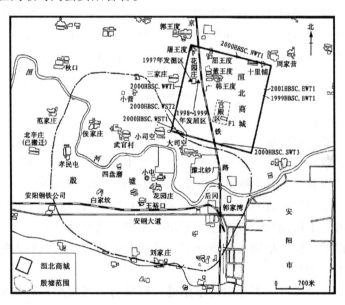

图 1

关于殷墟的发掘，1928 年以前是私人对甲骨文的盗掘时期。1928—1937 年，刚才我们提到它是科学发掘时期。科学发掘期间发现的比较有名的甲骨灰坑是 1936 年在小屯发现的 H127，H

代表的是灰坑，汉语灰坑的"灰"的声母是 H，所以这个大写的 H 表示灰坑。127 是它的编号，表示第 127 个灰坑。127 坑里面发现了大量的而且是完整的龟甲片，大约是 17096 片，这是非常有名的。1949 年以来属于文物保护阶段；到了 1973 年的时候意外地发现了小屯南地的甲骨，数量也挺多，有 4442 片。现在为它单独出了一本书。1991 年在花园庄东地发现的第 3 号灰坑出土了 1583 片甲骨，这个甲骨也多是完整的龟腹甲，有字的有 689 片。这是关于殷墟的出土甲骨的情况。现在存世的殷墟甲骨文大概总共有十六七万片，它单个的文字有 4000 个左右，被认出来的有三分之一，1000 多点。这是一个基本情况。

关于甲骨的整治与占卜过程。因为甲骨文当中 99% 以上是卜辞，所以我们对卜辞做一个简单介绍。刻在龟甲或兽骨上的文字，它的载体主体就是龟甲和兽骨，但是还有别的骨头。比如说甲这个类别里面有龟甲、有鳖甲，龟甲又可分为龟的腹甲和龟的背甲。兽骨种类比较多，最多的是牛的肩胛骨，另外有少量的羊、鹿、猪，还有象、马这些动物的肩胛骨，但是数量比较少。还有头骨，牛的头骨、鹿的头骨、人的头骨。人的头骨是怎么来的？主要是商人把敌对方国的首领抓来以后作为俘虏，为了震慑周围的方国，把这个人杀死，把他的头放在盐里面煮，煮烂之后剩下骨头了，在上面刻字。还有距骨、肋骨。另外还有鹿角器、兕骨、虎骨、人的髋骨，因为人的髋骨那块比较扁平，而且幅面比较宽，便于刻，所以在人的髋骨上也有刻甲骨文的。

商人在进行占卜之前，首先对要刻字的甲骨进行整治，用我们今天的话讲就是把它收拾得非常干净，平常平滑，便于书写的时候再来用。那么怎么样对甲骨进行整治呢？我们简单讲一下，首先是取材，然后是削、锯、切、锉、刮、磨、穿孔以及钻、凿等工序，这些钻、凿工序完成之后，才可以用于占卜，常用的工具有锯、锉、刀、凿和钻等。

第一步就是要平整。龟腹甲的整治：先锯开背甲和腹甲。一只龟的背甲和腹甲实际上是通过甲桥连接到一起的，在整治之前就要从甲桥这个地方锯掉，把背甲和腹甲先分开。然后再锯去腹甲两旁甲桥边缘上下突出的部分。甲桥我们由图片就看到，它的边上本来是向上有个突出的尖角，把这个尖角切掉（图 2）。为什么呢？因为不切的话放不平，且尖角没有多大的面积，刻不了多少字，收拾起来也比较麻烦，所以把它锯掉。再将甲桥部分锉磨成整齐的弧形，它本来是一个上下各有个尖角，把两个尖角切掉它就是一个整齐的弧形。再去掉腹甲表面的胶质鳞片、再刮去鳞片后留下的痕迹，就是刮鳞片的时候无意之中或者不小心会把骨面破坏掉，为了使骨面平滑便于刻字，刮了之后把不小心留下的痕迹打磨平。再锉平高厚之处，因为骨头它有的地方高有的地方低一点，使全片匀平，然后刮、磨平锉后留下的不平滑之处。图2是一版完整的龟腹甲，研究者对龟腹甲做了一个区域的划分，黄色的虚线把它分开，黄色虚线的闭合区域叫中甲；中甲以上的区域叫甲首；左边黄色虚线往下这一部分叫前左甲，有些人也叫左前甲。相对的，首甲就叫首左甲。靠近边缘的部分叫甲桥，甲桥是连接腹甲和背甲的一部分。下边的部分叫后左甲，或者叫左后甲；最下边这一块叫尾左甲或左尾甲，或者叫尾甲。左右两边是对称的，一模一样，只不过就是把左右这两个名称换一下就行了。另外中间有一条直线，从首甲一直到尾甲贯穿下来，叫中脊，或者叫千里路。这是一个完整的龟腹甲的区域划分。

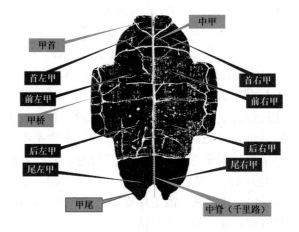

甲首　中甲　首右甲　前右甲　首左甲　前左甲　甲桥　后右甲　后左甲　尾左甲　尾右甲　甲尾　中脊（千里路）

图 2

以上是龟腹甲的整治，接下来介绍龟背甲的整治。龟背甲的整治主要是从中脊平分对剖为二，刚才看到龟腹甲有一个中脊，背甲也有一个中脊。对剖为二之后，有的要锯去近中脊处凸凹者和首尾两端，因为锯掉之后这个边上肯定是尖的，或者是不平整，需要把它打磨平整，把尖给去掉。这样的话就使一半的龟背甲就成了类似鞋底一样，就是我们今天所说的类似于鞋垫一样的形状。然后在鞋垫形状的龟背甲上中间穿一个孔，称为"改制背甲"，这个主要是在武丁时期，就是殷墟的第一期见到的比较多。

第三个情况，就是牛的肩胛骨的整治。刚才我们说了龟腹甲、龟背甲，现在说牛的肩胛骨。牛肩胛骨的整治是对骨臼上面的一半。我们北京人叫的扇子骨，就是肩胛骨，它的端头是一个半圆的凹槽，我们叫骨臼。骨臼的一半或者三分之一处往下切，这样的话臼面就呈半月牙形。本来是一个圆的，切掉一半那当然就是一个半月牙形了。或者切掉三分之一，那么就是一个多的半月牙形。然后切除臼角，臼角就是长在骨臼边上的一个突出的圆形的东西，那个东西叫臼角。扇子骨它一边薄一边厚，所以臼角这一边是骨面比较薄的一边，形成一个近似曲齿形的直角缺口。因为先是往下切，然后从旁边横着切，横和纵的比例，也就是长度的比例是1∶3，往下切三份，横着切一份，是1∶3。再削去骨扇背面的骨脊，扇子骨一边是平的，一边是有一个突起，那个突起叫什么？叫骨脊。把这骨脊要锯掉磨平，将其根部打磨平滑，骨扇周缘的软骨也就消除，打磨平整。等于说使它的两边都是很平整，这样放的时候也好放，刻字的时候也好刻，所以说要对牛的肩胛骨进行这样的整治。典籍与文化 12

整治完了之后就要钻凿。殷墟甲骨的钻凿以施于甲骨背面为常。什么意思？假如说龟的腹甲，它的正面是哪边？甲骨学上所说的龟腹甲的正面是贴着地面那一边还是挨着内脏的那一边？贴着地面那一边是它的正面。刚才说了，钻凿以施在背面为常，那就是说对它进行钻、进行凿的时候，是贴着内脏那一边，贴着地面那一边不钻凿。这个钻凿是指人工做成的窠槽，用这个凿出的一个类似枣核形的空，通常为圆窠形者为钻，枣核形者为凿。因为通过一个钻的东西来钻肯定是圆形的，凿的话是一个枣核形的，竖长的。这是总说，下面我们分龟甲和牛的肩胛骨来说。

龟甲的钻凿：殷墟卜甲，其凿总是与甲的中缝或中脊以及甲骨的左右两边平行的，什么意思？就是这个中脊是从上到下竖直的，你两边的凿也是要竖直。因为凿本身它是枣核形的，等于说把这枣核形吊起来那形状，不是横着的，是吊起来，要和中脊平行，是正面直行的兆干。商代人在龟甲的背面施钻、施凿，目的是什么？目的是要让它在正面，骨头或龟甲的正面出现裂纹，他们根据这个裂纹的形状、裂纹的大小来判断这一次占卜的好坏，是吉祥的还是凶恶的、凶残的。商人要根据这个裂纹来判断，如果没有出现裂纹也就没法判断，所以说一定要对它进行钻和凿。而且有的时候钻了凿了也不出现裂纹，还得拿火去烧，通过热胀冷缩的原理，使正面出现裂纹。这个裂纹竖直的叫兆干，斜着的叫兆枝，就像一棵树一样，这是比喻的叫法，树长的是干，斜的短的叫枝。这是兆干、兆枝。凡钻凿并施者，钻必紧挨着凿，其中一部分被凿侵去，钻凿的甲骨正面为显示兆枝的地方。龟甲以中缝或者中脊为准，无论是腹甲或者背甲，左甲或右甲，兆枝一律指向中缝或中脊线，俗称"千里路"。就说中间是一条千里路，两边的兆枝都要朝着中间走，不能朝着外头走。

　　刚才是龟的腹甲，再看一下肩胛骨。牛的肩胛骨一般在厚处施钻，正面看，右肩胛骨在左、左肩胛骨在右。关于牛的肩胛骨的左右问题，学术界存在两种截然相反的观点。一种认为，刚才我们说牛的肩胛骨整治的时候它要切掉一个臼角，切掉臼角以后，在它的骨首部分就出现一个缺口，这个缺口有的学者指出说缺口朝左就是左肩胛骨，缺口朝右就是右肩胛骨。那如果按照这种观点，这个图片它的缺口是朝哪边（图3）？朝左的，所以说它就是左肩胛骨，这是一种观点。还有一种观点就是跟它完全相反，它就是右肩胛骨。当然现在主张

图 3

朝哪边就是哪边肩胛骨的是董作宾先生，认为方向相反，这么命名的是胡厚宣先生，这两种观点学术界现在都在用。

　　在胛骨的背面，左肩胛骨钻右凿左、右肩胛骨钻左凿右，钻总是同向骨脊，而卜骨正面的兆枝则同向切角即骨扇之内缘一边，也就是指向骨脊，骨臼的切角的一边。什么意思？前面

我们说的龟的腹甲它是两边向中间走，牛的肩胛骨是从一边走，走哪个方向？走缺口这个方向。在骨扇的背面，内缘和外缘的两排钻凿相同使正面兆枝均指向中央卜骨。也有像龟腹甲那样的，以牛的肩胛骨的中脊为中心，两边向中间走，也有这样的，但这样的比较少，一般是朝一个方向走的。

甲骨的占卜经过，有以下四道程序。前面我们把龟的腹甲、牛的肩胛骨怎么样整治说完了，现在看一下怎么样把这些骨头用在占卜的事项当中。占卜的经过有四步，第一步是灼兆，因为通过钻凿，正面没有出现裂纹，或者出现裂纹太小，无法判断。为了使裂纹更大一些、更清晰一点，所以就要灼兆。什么叫灼兆？灼兆就是在甲骨背面的凿的左右两旁钻中进行，决定着甲骨正面兆枝卜形的走向。什么叫兆枝卜形？兆枝卜形就是说正面的兆枝和兆干都是一竖然后一斜笔，就类似我们今天汉字的占卜的"卜"字一样，占卜的"卜"一竖一点，所以说叫卜形，实际上就是它兆纹的形状。

第二步是释兆。当兆纹出现之后，由神职人员，专门的占卜主持者来辨认这个兆纹或者说兆枝、兆干它的走向是好的还是不好的，是吉祥的还是不吉祥的。结合兆纹进行解读，结合所贞事项，给出凶吉的预测。

第三步是刻辞。将占卜的经过及相关事项契刻于甲骨表面，一般在相关的兆纹附近，以刻于正面为多，也有刻在背面的刻辞。以这个龟的腹甲为例，它的刻辞一般是刻在正面的，也有刻在背面的。

第四步是处理占卜过的甲骨。由贞人或相关人员将卜用甲骨整理收藏或遗弃。他们觉得有些时候占卜得非常准，因为甲骨文当中有些验辞非常准，而且帮助了他们的王国，帮助他们做某些事情，他们就把这些甲骨收藏起来。如果结果可能不是特别好，他们可能随便就扔了，当垃圾一样就扔了。就像我们今天的稿纸一样，稿件上面记了好多重要的东西，我留着它，稿件记着随便胡乱画的几个字，我扔了它，就是这样。

第四个问题是甲骨文的性质及其内容分类。刚才我们提到，甲骨文99%以上是卜辞。因为商代人很迷信，遇事必卜，不管遇到大小事情，战争也好、国家层面的社会政治问题也好、祭祀也好、吃饭也好、生病也好，各种事项，只要遇到了都要占卜，所以说有99%的甲骨文是卜辞。

第二种类型就是与占卜有关的记事刻辞。比如说甲骨文是刻在龟甲和兽骨上的，这龟甲兽骨怎么来的？来自哪里？据研究者研究认为，绝大部分都是下面的方国进贡的，下面的方国把甲骨整治好之后进贡给商王朝。方国在进贡的时候在骨头的边上刻上这是谁送的，就像我们今天送礼，有时候你给别人送个礼物，你得注明。比如说我们送红包，对方要结婚了，有喜宴。我送红包我得把我的名字加上。所以说在甲骨的边缘部分有时会刻上甲骨的来源、整治和检视者，送来之后要对这个甲骨进行检视，这个甲骨是谁整治的？谁进行了考察、验证？要检验是否合格，就像我们今天合格了打一个合格的戳一样。

第三类，与占卜无关的特殊记事刻辞和一般记事刻辞。那就是简单记载一件事情，比如记载了某一场战争的。

第四类，表谱刻辞。表谱主要有两类，一类是干支表，就是十天干、十二地支；一类是家谱刻辞。

第五类就是习刻之辞。殷墟出土的甲骨文的书法，按照书法学界学者的认识，已经很美观了。如果神职人员以前没有练过，一上来就刻，可能刻不出这种效果。所以说一个正式的神职人员，一个契刻者要经过培训。我们在殷墟甲骨文当中也发现了一些刻得不是那么漂亮、刻得不是那么好看的刻辞，而且也不是成套的卜辞，句法有点乱。有些人说可能是为了练习刻字。这是五种类别。

我们简单说一下，从卜辞的语法结构来看，一条完整的卜辞，到底包括哪几个部分。一条完整的卜辞，它是由前辞、命辞、占辞和验辞四部分构成。通常情况下还包括表示兆序的序数和兆辞。前辞又叫叙辞、命辞又叫贞辞、验辞又叫追记卜辞。卜辞应验了还是没应验，是这个事情发生过以后你才能做出判断。如果它确实应验了，比如说今天占卜明天会下雨，到了明天果然下雨了，那就注上"允雨"，这就是追记卜辞。

我们举一个例子，这有一条完整的卜辞，我们给大家从语言结构的角度分一下。前辞，也叫叙辞，"戊子卜，殼贞"，这是前辞；命辞，"帝及四月命雨"，这是贞辞；"王占曰：丁雨，不辞"，这是占辞；最后说"旬丁酉允雨"，这就是验辞，也叫追记卜辞。这是一条比较完整的卜辞。这是什么意思呢？我们简单说一下。戊子这一天进行占卜，戊子是天干地支的计时、记日的一个名称。"殼贞"，"殼"是一个贞人，就是主持这一次占卜的神职人员，名字叫"殼"。"殼"来贞问，贞问什么事情呢？"帝及四月命雨"。"帝"指天帝，当然就是今天我们所谓的老天爷。"及"有到的意思。老天爷到了四月份的时候命雨，会不会命令雨神降雨？是这么一个意思。因为古人特别是商人认为天上下雨是有一个雨神在支配着这件事情，他要想让天上下雨才能下，他要不想让下雨就不下雨。所以就占卜这件事情，然后由商王来做出判断。商王看了兆干兆枝，做出判断，"王占曰"。他说"丁雨"，到了丁这一天会下雨。然后说"旬丁酉允雨"。"旬"是什么？"旬"就是一旬两旬的旬，我们知道一个月三十天，上中下三旬，一旬十天。"旬丁酉"就是接下来那一旬的丁酉这一天，"允雨"就是果然下雨了，"允"在这个地方是"果然"的意思。

从这条卜辞当中我们可以看到，它有前辞、有命辞、有占辞、有验辞。前辞实际上是什么？交代这一次占卜的时间和主持占卜的人是谁，就是贞人或者神职人员是谁。命辞是什么？命辞就是说你要占卜的事项，你要问什么事情，问的是一件什么样的事情，这是命辞。最后的结果是什么？通过占卜你觉得这个结果是好的还是不好的，是可行的还是不可行的，是会发生的还是不会发生的，得给出一个判断，这个叫占辞。最后结果应验了还是没应验，这一部分叫验辞。

商代世系及干支表。这是从商汤立国一直到帝辛亡国，整个商王朝的商王位次的世系表。简单说一下，什么时候出现了殷墟甲骨文？是从盘庚迁殷开始，盘庚是第十九位商王。他把都城迁到安阳殷墟以后，经历了小辛、小乙、武丁，这四个人是第一期；然后祖庚、祖甲第二期；廪辛、康丁第三期；武乙、文丁第四期；帝乙、帝辛第五期。殷墟的甲骨文主要是这几个商王在位的时候，就是商朝的晚期创造的。

商汤立国之前，商人的一些祖先叫先公，从商契开始，如昭明、相土等。为什么要跟大家简单交代一下，原因就是在商王朝的祭祀家谱当中，周祭谱系当中，他不光要祭祀商王国以后的每位商王，同时对他的先公，就是商人还没有建立商王国

35

的时候的那些祖先也要进行祭祀。这些人也都是在祭祀之列，叫先公。

图4是我们按照《史记》上面的记载列出的一个商王世系表，图5是按照甲骨文当中出现的名字列出的商王世系表。图6是我们截取的郭沫若《卜辞通纂》里面的一页，这上面说的就是世系。

商王世袭表

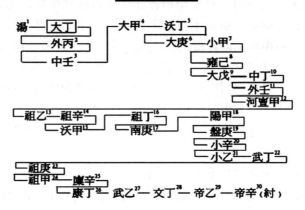

图4

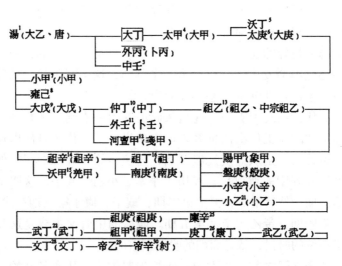

图5

36

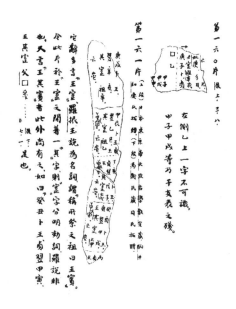

图6

简单说一条，"庚子卜，贞，王宾祖辛"，然后是"夹妣庚，肜日，无尤"，什么意思？庚子这一天进行占卜，由王来贞问。"宾祖辛"，"宾"是什么意思？这是个动词，它是一种祭祀的方式，用宾祭的方式对谁进行祭祀？对祖辛，这个祖辛是商人的一个祖先。另外他的配偶叫什么？叫妣庚。对祖辛和他的配偶妣庚进行宾祭，同时进行肜祭。"无尤"是什么意思？就是没有什么差错，不会有什么麻烦，应当对他们进行祭祀。这是关于世系的一条卜辞。

刚才我们提到除了世系表之外还有干支表，就是十天干和十二地支相配，最后配出六十天。在甲骨文当中，一般情况是这种配法。图7是董作宾先生整理的十天干和十二地支的书体，因为在甲骨卜辞当中，一条卜辞一般情况下都会有干支，它说明这一次占卜是在什么时候进行的，所以说一条卜辞一般情况下都有干支字。这样的话就使得甲骨文当中干支字的出现频率非常高。通过干支字的不同的字体，有些学者可以对它进行时代的划分。比如说殷墟早期"甲子"的"子"字怎么写，中期怎么写，晚期怎么写。如果能够定下来的话，那么以后碰到了相类似的字体我们就可以断定这条卜辞是哪一个时期的。

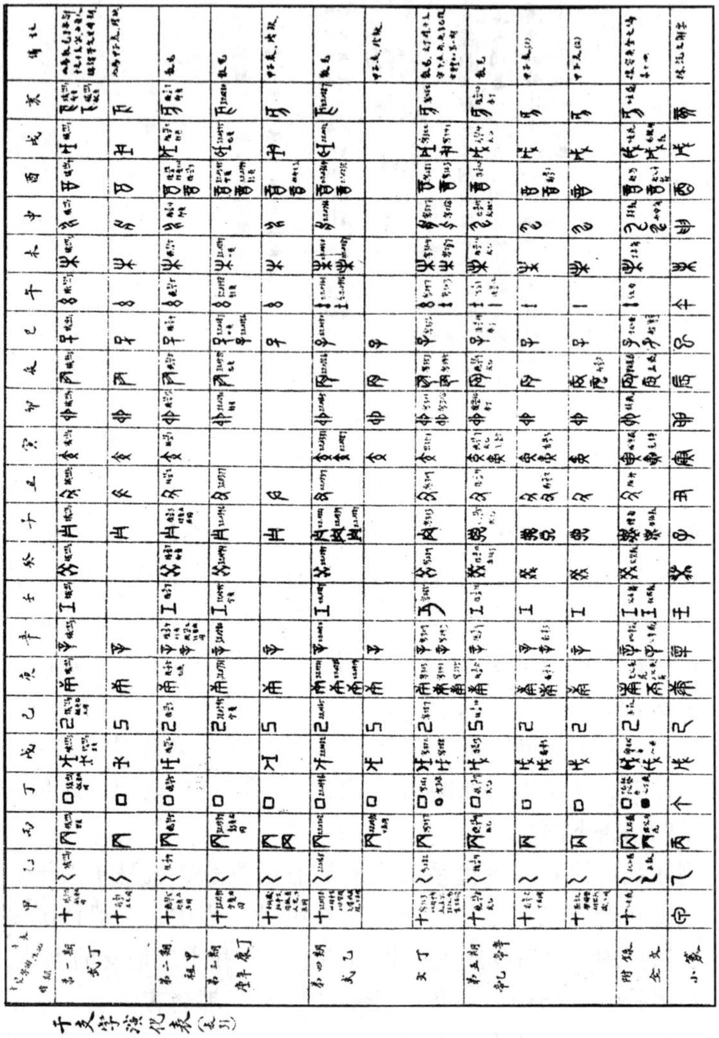

干支字演化表（之一）

图7

下面我们重点看一下甲骨文的内容分类。因为我们今天要讲的是甲骨文的地理文献，在甲骨文的内容上，除了地理的内容以外，应该还有别的方面的内容，我们都简单介绍一下。

首先看农业方面，农业方面的这一版卜辞实际上是牛的肩胛骨上的，可以分出好几条（图8）。我们一般在甲骨片上找占卜的卜辞的话，是先找它的干支字，就是天干地支。天干地支找到了，这条卜辞的开头就找到了。比如我们看到这地方有癸酉，那就说"癸酉卜"，下边就是己巳，那就是另外一条的干支，所以就不读它，读这一条。"癸酉卜"，然后转到这一列，"弜祷受禾"。什么意思？癸酉这一天进行占卜，"弜"是不要的意思，不许；"祷"，一种祭祀的方式；"受禾"，"受"指的是天上或天神、老天爷会给你一个保佑，会授给你一个保佑，保佑什么？这是"禾"字，"禾"指的是庄稼、禾苗，保佑你今年的庄稼收成比较好，"受禾"是这个意思。

图8

再往上看，还是癸酉这一天占卜。商王占卜，或者说商代的人进行占卜，他有一个习惯是什么？有时候同一件事情他要占卜好多次，直到他自己觉得占卜的结果能接受，觉得好了才不占卜了。所以说我们可以看到，同一件事件，在甲骨文当中它出现好多次的占卜。比如说此处，"癸酉卜，祷"，下面这也是"祷"，"祷禾于岳"，这个字可能是"岳"，我们暂且读它为"岳"。岳是一个神灵，"祷禾于岳"就是说用祷祭的方式向这个神灵祈求今年的收成非常好。

我们从这个卜辞当中可以看到，这个"禾"指的是什么？就是庄稼。希望我们今年的庄稼能够得到老天爷的保佑，长得很好，收成好。所以它是农业方面的。

第二个方面是军事方面的。我们看一下这一条（图9）。我们现在看到的是黑色的拓片，大家看一下，这个字都是白色的，为什么是白色的？因为它是刻掉了，是阴刻，所以说我们做拓片的时候，没有字的就会拓上墨。字的刻槽里面拓不上墨就是白的，所以我们现在看到这种拓片。这段卜辞应该从右边往左读。在甲骨文当中，卜辞读法的顺序变化无常，有的时候是从

典籍与文化 12

左往右，有的时候是从右往左，还有从下往上、从上往下的。

"戊午卜"，戊午这一天进行占卜；"宾贞"，由宾这个贞人进行贞问；贞问什么事情？他说"王比沚䣂，伐土方，受有右"，应该下边还有个右，残掉了。意思是什么？戊午这一天进行占卜，"宾"是一个贞人的名字，由宾这个人来主持这一次占卜的事项，他占卜什么事项？他说"王比沚䣂，伐

图9

土方"，"比"有一个联合的意思，王要不要联合沚䣂。"沚䣂"是一个人的名字，要不要联合沚䣂这个将军一起去。"伐"是攻打、攻伐。去攻伐什么？土方。"土方"是一个方国，它跟商王国是敌对的关系，所以说商王国要去攻打它。攻打它的同时在土方的旁边有一个小的方国，叫沚䣂。沚䣂有的时候是臣服于商王朝的，这样的话商王可以率领着沚䣂，和它一起去攻打比较强大的敌对方国土方。贞问的事情是王要不要联合沚䣂去攻打土方，结果是什么？是可以。"受有右"，老天爷会给予保佑。"受"是给的意思，"有"就是有了，下面是"右"，就是保佑。可以给予保佑，那就是老天爷会保佑你，这一次攻伐事件会获得成功。这是军事方面。

第三个类别就是田猎。什么叫田猎？田猎就是打猎。咱们看一下这一版（图10）。"戊戌卜，王𡘧于"，中间这个地方还有个"贞"。"戊午卜，贞，王𡘧于𤔖"，𤔖是一个地名，"往来无灾"。"𡘧"在这个地方它是一种田猎的方式，可能是骑着马或者说以别的交通工具去打猎，或者说打猎的一种形式。因为我们知道打猎有箭射、有围猎、有陷阱，有不同的方式去捕获动物。戊戌这一天进行占卜，贞问什么事情？"王𡘧于𤔖"，王到𤔖这个地方去打猎，然后说"往来无灾"，就是去打猎的时候和打完猎回来的时候都不会遇到什么灾祸。那意思是什么？可行！今天咱们就去打猎。这是田猎。

图10

另外还有称谓，在甲骨文当中有一些称谓的内容。比如这一版（图11）。这边上下都残掉了，但是我们可以看到好像是戊辰，戊辰这一天进行占卜，"贞：王宾"，然后"祷"，祷谁啊？祖乙、祖丁、祖甲。祖乙、祖丁、祖甲这都是商王的祖先，他对这些祖先进行"宾"和"祷"这种祭祀。那么我们看到祖乙、祖丁和祖甲都是对先王的称谓。

图11

第五类，祭祀。我们也简单说一条（图12）。"己巳卜，古贞，其祷"，这个地方应该也是"祷"，这是"求"，"其求年于上甲，燎，九月"。"求年"跟前面我们讲的"祷禾"或者说"祷年"是一个意思，都是祈求农业的丰收。己巳这一天进行占卜，由古这个人来贞问，贞问的事情就是祈求年于上甲。大家注意这个字，田地的"田"，它是一横一竖和这四个边挨上的，如果在甲骨文当中这个加号和这四边都挨不上，那就是上甲，是商王的一个先公，叫上甲微。上甲微的时候曾经在我们今天的易水流域和有易部落做过生意。然后时间是什么？九月。另外还用了燎的这种祭祀方式。这是祭祀相关的。

图12

第六类是数字，我们看看这一条，这一条比较容易看一点（图13）。"壬申"，壬申这一天进行占卜，然后是"殼贞"，"殼"是个贞人。"贞：甫擒鹿，丙子陷，允擒二百又九"，这个数字就是二百又九，又九就是零九，二百零九。意思是什么？壬申这一天进行占卜，由殼这个贞人来贞问，贞问什么事件？"甫"，是一个人的名字。"甫擒鹿"，"擒"就是擒获，他要去打

图13

猎，去擒获鹿。那么到了丙子这一天，仍是占卜的，用"陷"的方式可以擒获鹿。后来追记卜辞说"允"。擒获了多少只鹿？"二百又九"，擒获了二百零九只鹿，说明鹿当时还是比较多。

第七类就是时间。我们给大家举个例子，就是骨匕刻辞，这是一个肋骨，用肋骨做的一个骨匕，在这骨匕的背面有刻辞（图14）。"壬申，王田于麦麓，获商戠兕。王赐宰丰，寝小兕"，然后这个地方就是"在"，表示时间的，"在五月，佳王六祀肜日"。意思简单说一下，壬午这一天进行占卜，占卜什么事情？王到麦麓，麦是一个地名，麓是山麓，到这个地方去打猎。获得了一种犀牛，商戠是身上有花纹的那种，不是纯色的，是有花色的一种牛。他觉得很高兴，然后他就给他随从的人员进行赏赐。"王赐宰丰"，就说宰丰是当时

图14

随从商王去打猎的，所以说商王高兴了，赏赐什么？小兕，也是打猎捕获的一种动物。这件事情发生在什么时候？大家看一下这个字，也是一个十字架，但它就是我们今天在什么地方的"在"字。"在五月，佳王六祀肜日"，六祀就是六年，六年肜日的那一天，这个肜日是五月份的肜日，"在五月"，五月份的肜日那一天发生的一件事情。所以它是一个记时间的。大家注意商代人用的是祀，用祀表示年。

第八类是地名地理。我们看一下这一版（图15）。这一片比较模糊，但是我们可以看到它主要讲的什么，讲的是商王国的一个臣服的小的方国，它向商王朝来报告，说是它受到了离商王国更远的敌对方国的侵扰或是攻伐，它要向商王朝求救，希望商王朝帮助它打败这个敌对方国。在这个甲骨文当中出现了和商王朝臣服关系

图15

的方国的名称，和商王国为敌的方国的名称，同时还出现了小

的方国的一些小的地名，因为这些地名被敌对方国所侵占，在这里面都提到了。

第九类是职官。职官像多臣、多尹，比如这条卜辞当中的"多尹"是一种职官，另外像中人都是和职官相关的名字（图16）。

图16

第十类是往来。往来其实前面我们提到了，他们去打猎，"王田于█，往来无灾"，到█地去田猎，去和来都不会遇到灾祸。比如这一版（图17）。这一条我们可以看到，"戊午卜，贞，王田于……"，"于"字后面是个地名，看的不是很清楚，就是说王到这个地方打猎；"往来无灾，兹福"，然后是"无祸"。意思是什么？戊午这一天进行占卜，贞问王田于这个地方，这好像是个鸡字，到鸡这个地方去打猎。"往来无灾"，没有灾祸。"兹福"的意思就是说这一卦很顺，占卜得非常顺，可以去打猎。这是占卜往来的。

第十一类是畜牧业。畜牧业我们可以从这片甲骨看到（图18），"来芻陟于西示"，"西示"指的西面的地方；"陟于西示"，"陟"是往上爬的意思；"来芻陟于西示"，就是从西示这个地方爬上来的。"芻"是什么？"芻"就是打草的人，按照郭沫若的说法就是打草的奴隶。打草的奴隶干什么？他既然是打草的，那么他就是为家养的家畜打草，所以它是和畜牧业相关的。

图17

图18

第十二类是自然天象。记载月食、日食、下雨、刮风这样的内容。比如这一条就是"王占曰今夕其雨"，然后说是"之夕允雨"。那么占卜下雨、月食、日食这样的内容都是可以归入到天象里面（图19）。

图19

第十三类就是疾病。"贞告疾于祖丁"，这是一条比较残的甲骨（图20）。"贞"是贞问；"告"是告诉的"告"；"疾"是疾病的"疾"，"告疾于祖丁"，什么意思？这个时候祖丁已经去世了，"告疾于祖丁"，就是说某人可能得了疾病，然后他要向祖先神，祖丁这个人"告诉"，希望祖丁能够保佑我们这个孩子的病早点好，或者说某一个将领的病早点好。但是这条卜辞因为残了我们看不出来是谁得了病，看来"告疾于祖丁"就是希望祖丁这个祖先神保佑这个得病的人，让他早点好。

第十四类是刑错。我们看到有一种刑罚叫"执"，"庚辰卜，大贞，来丁亥，寇有执，岁羌三"，然后是"三十卯十牛"。其中这个"执"，在甲骨文当中它实际上是一种刑具，就是用一种木头做的刑具，把罪犯的两只手夹住，实际上类似后来的手铐。这是和刑错有关的（图21）。

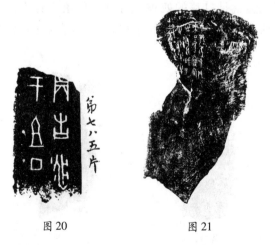

图20   图21

44

关于甲骨文的内容分类我就给大家说这么多。关于甲骨文的断代，可以了解一下董作宾先生对殷墟甲骨文做的五期分法。刚才我们提到，盘庚、小辛、小乙、武丁是第一期，祖庚、祖甲是第二期，廪辛、康丁是第三期，武乙、文丁是第四期，帝乙、帝辛是第五期，总共划了这样的五期。

董作宾先生在对甲骨分类的时候提出了一些分类的标准，比如说贞人的分类。因为甲骨文在商代存在了273年，没有一个人能活这么长时间，所以有不同的贞人，同一个人不可能经历270多年，所以说按照贞人的早晚关系可以对甲骨进行分类，这个是有道理的。

这个图就是对殷墟甲骨文的五期分法（图22）。后来学者对殷墟的分期虽然提出了异议，但都是在董作宾这个分期的基础之上进行修正。比如说第一期，盘庚、小辛、小乙、武丁，这是两代四个王；第二期祖庚、祖甲是一代两个王，祖庚是武丁的儿子，祖甲是祖庚的弟弟；第三期廪辛、康丁，廪辛是祖甲的儿子，康丁是廪辛的弟弟；第四期武乙、文丁，这是两代两王，就是说武乙是康丁的儿子，文丁又是武乙的儿子，他们是两代，父子的关系；第五期帝乙、帝辛，也是两代两王，帝乙是文丁的儿子，帝辛是帝乙的儿子，帝辛就是大家熟知的商纣王。这是对殷墟甲骨文的五期分法，分了五段。

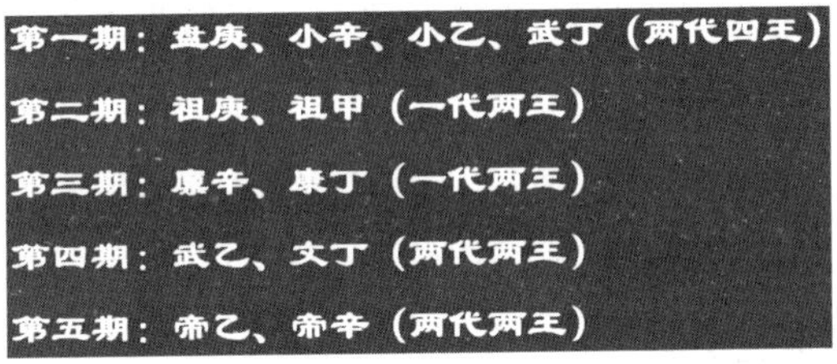

第一期：盘庚、小辛、小乙、武丁（两代四王）

第二期：祖庚、祖甲（一代两王）

第三期：廪辛、康丁（一代两王）

第四期：武乙、文丁（两代两王）

第五期：帝乙、帝辛（两代两王）

图22

另外董作宾先生提出十项标准，世系、称谓、贞人、坑位、方国、人物、事类、文法、字形、书体等等。他对年谱还做了一个研究，某一位商王在甲骨文续存期间在位多少年。比如说盘庚28年、小辛21年、小乙10年、武丁59年（武丁在位时间最长，武丁也是商代晚期最有作为的一个商王）、祖庚7年、祖甲33年、廪辛是6年、康丁8年、武乙4年、文丁13年、帝乙

35 年、帝辛 64 年。其实商纣王也是很有能力的一个商王，只不过他太有能力了，对自己太自信了，最后就亡国了，他是很自负的一个人，在位 64 年。

下面我们重点介绍一下第二节，就是甲骨文地理文献中的地名。我们要先做一个说明，我们所说的甲骨文中的地理文献，因为甲骨文离我们现在比较久远，所以甲骨文中的所谓地理文献不像我们今天所想的可能是一段文字，或者说一本书，它不是这样的。它只是有一些地理的信息，比如说最常见的就是某一个地名。在甲骨文当中，至少有成千的地名，而且有些地名具有非常强的生命力，一直用到我们现在。我们现在有些地名和甲骨文当中的地名都是一致的。但是由于时间太过于久远，有些甲骨文的地名文字已经不认识了，但是我们可以从语言结构上分析，在这个位置它应当是一个地名，这样的也不少。在这一节当中我们主要给大家讲这么几个方面。第一，就是甲骨文地名的确定和种类。在甲骨文地名当中，到底什么样的位置我们可以判定它就是地名，在这些地名当中又有哪些类别。因为我们现在的地名，比如说中国，它既是一个国家的名称，从地理的角度讲，这是一个地名；某一个省也是一个区域地名；但是我们还有更小的地名，比如说某一个镇、某一个村子。所以地名它所指的范围大小是不同的。另外有些地名它表示的是人文的东西，比如说行政区划的地名。有些地名它表示的是自然地理的东西，比如山、河、泉、高坡、岳，这又是地理的一些名称，在甲骨文当中都有。这是一个问题。

第二个问题我们给大家简单介绍一下甲骨文地名的研究概况，就是此前甲骨学界的一些学者他们对地名有哪些研究，现在研究的成果怎么样。

第三个问题，甲骨文地名的分布。因为商王国它在自己的王国续存期间本身的疆域是有变化的。另外因为商人的疆土是变化的，所以甲骨文中所出现的地名是不是都在商王国的疆域里面？这又是一个问题。也许它不在商王国的疆域里面，但是在占卜事项当中会提到域外的，就是自己本国以外的地名，也是有可能的。所以说关于甲骨文地名的分布也是一个很重要的问题。还有刚才我们提到有些地名的生命力很强，一直用到现在，那么甲骨文当中所用的地名和我们现在同名的地名到底地点一样不一样，这又是一个问题。所以说它和分布也是有关系的。如果地点不一样了，那么甲骨文当中所讲到的某一个地名，我们现在还在用，是不是同一个地名？如果不是同一个地名，它现在在什么地方？商代的时候是在什么地方？这就是我们所讲的地名的分布。

第四个问题，我们来展望一下以后对甲骨文地名的研究、甲骨文地理文献的研究。

下面我们先来看第一个问题，甲骨文地名的研究和种类。卜辞中往往会说明进行占卜的地点，比如说我是在某一个地方，进行的这次占卜，它会有记载。商王所在的都邑、商王的巡游、征伐的国族和方国、商王田猎所至的地点；祭祀山岳河川，祭祀的哪一座山、哪一条河；商王是为哪些地区，比如说四方、都鄙、方国祈年占卜等等，在这些类别的占卜卜辞当中，都有地理、地名的信息。这是它出现的范围。

另外需要注意的就是卜辞地名变迁巨大，大多数地名今天已经不存在了，只有少数保留到今天；地名、国名、族名和人名在卜辞中有时是难以分辨的，就说同一个字，它有的时候在卜辞当中是作为国名，但有些时候又作为人名，还有的时候作为一个族群的名称，我们把它叫"三位一体"，就是地名、国名和族名或者说地名、族名、人名三位一体。另外还要注意异地同名和同地异名现象。

甲骨文地名的地望和甲骨文地名之间相对关系的确定，有"直接文献的比堪法""直接考古堪比法""干支地名系联法""同版地名系联法"以及"异版地名系联法"。这一段是讲我们通过什么样的方法去研究甲骨文当中出现的地理文献、地理地名。直接文献的比堪法是指甲骨文当中出现某一个字，这个字在传世文献当中它正好是一个地名，在甲骨文当中它也是一个地名，那么二者之间是不是有对等的关系？这是一种推测，也是一种办法。直接考古堪比法是指考古发现了某一个遗址，能证明这个遗址就是历史上的某一个地名，甲骨文当中对它也有一个描述，那就可以和考古资料相对比。

干支地名系联法，按照郭沫若的研究，他认为因为干支我们可以推，比如说从甲子日过了七天一定是某一天，这七天当中商王在甲子日的时候去打猎，在某一个地点，过了七天他又到另外一个地点，他们按照时间的长短来推算这两个地点的距离远近，我们把这个叫"干支地名系联法"。如果说经历的时间长，经历了十八天，那么一推算就比经历十天的距离要远，这样的话出发的地点和最后停止的地点它们之间距离就能确定下来。当然大家可以想一下，这种距离它只是一种推测，你怎么证明商王中间是停留还是一直在走路？所以这只是一种侧面的研究，它不能有非常充分的依据，只是一种方法而已。

同版地名系联法，是指在同一个甲骨片上它会出现好几个地名，而且这好几个地名在时间的关联上也离得不太远，比如说前两三天、四五天之间到达了两三个地名，那么这两三个地名不就离得近？也是一种推测。

异版地名系联法，比如说有两版甲骨，其中一版上有三个地名甲乙丙，另外一版上也有三个地名乙丙丁，那么甲和丁不就有关系？因为它俩有相同的乙和丙这两个地名，我们把甲和最后的丁也能放到一起。这叫异版系联法。

第二，甲骨文地名研究的概况。第一个阶段，从孙诒让《契文举例》到林泰辅的《甲骨文地名考》。可以说这是对甲骨文当中的地理文献，特别是地名研究的一个起步阶段。这个时候他们用的方法也只是从传世文献和甲骨文去对比。孙诒让搜集了20多个地名；大约在1914年，罗振玉在王国维的协助下出版了《殷虚书契考释》，考释了甲骨文当中193个地名；到了1915年，王国维在《殷虚卜辞中所见地名考》重点讨论了八个地名：龚、盂、雍、亳、曹、杞、载和雇。而且王国维认为可以考证出这八个地名的地点。之后不久，日本的林泰辅有一部书叫《甲骨文地名考》，考释了117个甲骨文地名，并绘制有地图叫《龟甲兽骨地名图》。但是也是没有结合文字，没有结合考古，只是从文献里面对比。

第二个阶段，从郭沫若的《卜辞通纂》到董作宾的《殷历谱》，它是探索卜辞地名、地理研究方法论的发展阶段。前一阶段只是拿传世的文献简单地对比，到了这个阶段的时候，除了简单地对比之外还要提出一些方法。这些方法就是刚才我们提到的干支系联法、同版系联法、异版系联法。

到了20世纪40年代的中期，董作宾《殷历谱》利用干支系联法将晚商征人方这个过程当中的卜辞进行了研究。

第三个阶段，从陈梦家的《殷虚卜辞综述》到郑杰祥的《商代地理概论》，这是深入研究阶段。20 世纪 50 年代，陈梦家的《殷虚卜辞综述》里面有一章叫《方国地理》，对 200 多个卜辞地名进行了系联、研究，对都邑、田猎区、诸部方国、征人方的路线等等都做了研究。同时日本有一个叫岛邦男的学者，他有一本书叫《殷墟卜辞研究》，其中有两章分别为《殷之地域》《殷的方国》，在这两章当中对商王国后期的领土和周围方国进行了研究。

李学勤有一本书叫《殷代地理简论》，这个书很薄，是李先生在 19 岁的时候写的，李先生是大家，他这个书出得很早，1959 年出的。这是第一本专门研究商代地理特别是甲骨文地理的一本专著，里面没有别的内容，就是甲骨文地名，所以说这是第一本专门的著作。这本书对田猎区、征人方和殷代的多方进行了研究。

到了 20 世纪 50 年代后期，山东学者丁山有一本书叫《殷商氏族方国志》，讨论了 43 个卜辞地名。香港学者饶宗颐有《殷代贞卜人物通考》，讨论了与贞人相关的 380 多个地名。到了 20 世纪 60 年代初，日本人松丸道雄有一篇文章《殷墟卜辞中的田猎地理》，专门讨论了田猎地理。因为在甲骨文的地名当中，除了普通的地名之外，好多是城市的地名，另外还有一些田猎地名，还有一些跟农业、手工业相关的地名。这篇文章主要是讨论田猎地理的，统计了 150 个田猎地名。

20 世纪 80 年代末，台湾学者钟柏生有一部书叫《殷商卜辞地理论丛》，对商王朝的田猎地理、农业地理、部族方国地理以及记事刻辞中出现的地名进行了综合研究。20 世纪 90 年代，郑杰祥《商代地理概论》发表，他全面研究了卜辞地理，考证精详全面，采用了最为先进的田野考古资料的方法。1995 年，陈炜湛有一部书叫《甲骨文田猎刻辞研究》，这部书的内容比前面讲的松丸道雄的著作要更详细一些，是研究田猎地名的。

除此之外，还有一些专门的研究论文，也是和地名相关的。比如说张亚初《殷墟都城和山西方国考略》、林欢《试论花园庄东地甲骨所见地名》，这些都是单篇的论文，专门研究甲骨文地名的。

第三个问题就是学者所考释甲骨文地名的分布情况。考释这些甲骨文地名到底是在今天什么地方，学者之间是有差异的。甲骨文地名分布的地点主要是以中原地区为核心，包括周围的多个省市。所谓中原地区，就是以河南为主。考古学上所说的中原就是豫西、晋南和陕西的关中，这就是所谓的中原。但是这里我们所说的中原主要是以河南省为主，然后旁及周边的河北、山东、山西、陕西、安徽、江苏、湖北、四川、北京、甘肃等等。这些地区都有殷墟甲骨文地名中出现过的地点。中原地区分布最多，尤以殷墟及其周围地区最为密集，在平原地区和山区均有分布。这是它的分布情况。

下面给大家举几个例子，来说一下殷墟甲骨文当中这些地名的分类。我刚才提到，有多种类别，有农业的、有田猎的、有战争的，还有一般城市的普通地名，比较多。

第一类就是甲骨文当中的方位区域地名，表示方位的，比如东南西北。在这里我们给大家举的是"东"，"东受年"，这个"东"当然不是指的某一个地点，它可能是指的整个东方。"东受年"是指东方的农业区会不会得到好的年成？然后说"东受禾，北土受禾，西土受禾，南土受禾"，这就提到了东南西北四个方向。这个是罗振玉《殷契粹编》里第903片甲骨。

第二条是东土。这个"东土"它也是一个区域的地名，"癸巳卜，贞争：东土受年"，"受禾"和"受年"是一个意思，因为"年"字上面是一个禾，下面是一个人。这个是在《殷墟文字乙编》5242片，《甲骨文合集》（以下简称《合集》）的9733反。它是同一片，在不同的书里面都著录了。

另外"癸卯卜，今日雨"（《合集》12870甲），这个"一二"是指的刚才我们提到同一件事件，商人要占卜好多次，"一二"表示他占卜了两次，第一次和第二次。"其自东来雨"，明显这个"东"不是某一个地名，指的是从东方这个方位雨下过来了。"其自西来雨"，他贞问这个雨会不会从西边下过来。然后是"其自北来雨"，雨会不会从北边来。

第二个类别就是甲骨文当中的方国族属地名。前面我们举的是方位区域，现在是方国族属地名。《合集》6384片甲骨有"贞：告土方于上甲"，我们看到前文有一个表示疾病"告疾于祖乙"，意思是向祖乙这个祖先神告诉某某人得病了，能不能保佑让他早点好。"告土方于上甲"是什么意思？肯定是土方侵扰他们了，侵占他们的领土了，或者跟他们有摩擦，占卜者希望上甲保佑商人在和土方交战或者接触的时候能够占上风，能够打败土方，不是处于被动。

《合集》6388 片甲骨有"贞：方不还""贞：告土方于唐"。"方不还"指的是派出去做方国的事情的人还没有回来，或者已经被击毙了，或者被人家打为俘虏，然后他说"告土方于唐"。前面是告上甲，这里是告唐，"唐"是指的谁？这个"唐"和"汤"字这里是通假字，在甲骨文当中是通假字，于唐就是于成汤，向成汤这个祖先神告诉关于土方的事情。

另外，"庚辰，贞：王令望乘途危方"（《合集》32899 上），"危方"也是一个方国的名字。"王"指的是商王，在甲骨文当中只要出现"王"指的就是商王，特别是殷墟的甲骨文当中。王令，"令"就是命令；"望乘"是一个人的名字；"途危方"，"途"可能就是要从危方经过，或者去危方做一些什么事情。

《合集》8792 片甲骨有"己酉卜，贞：危方其有祸"。"危方其有祸"，大意为是不是危方会给商人带来灾祸？不管怎么样，这个"危方"是个地名。

《小屯南地甲骨》3001 "其奠危方"，按照研究者的观点，"奠危方"就是把危方这个敌对方国打败之后，把危方的人转移到"奠"。"奠"是一个区域的名称，可能就是商王朝的核心区以外，但是也受商王朝控制的区域，叫边奠。"其祝至于大乙，于之若"，"其祝"就是对他进行告诫；"其祝"二字后边残了，"至于大乙"意思可能是向大乙这个祖先神求救，然后说"于之若"，是说这次行动非常的顺利。

另外"呼取女于林"（《合集》9741 上），"呼"是命令；"取"就是娶妻的娶；"于林"，"于"是介词，"林"就是林方，林方也是一个方国的名称。"呼取女于林"指的是从林方那娶了一个女子过来。"庚寅卜"（《合集》36968），▨是一个地名，它左边是三点水，下面从火，上面好像是从鼎的一个字，说在这个地方"师贞：王▨"，"▨"字字形类似"插"字的右半边；"王▨林方"，▨就是攻打、攻伐的意思；商王去攻打林方，"无灾"，不会有灾祸，意思是能打胜仗，能够把林方打败。可见林方曾经是商人的敌对方国，但是后来又屈服于商王朝，商人还从它那娶了一个女子。

第三个类别是甲骨文当中的城邑与普通地名。在这里我给大家选了"贞：商其▨"（《合集》1136），▨字下面三行都有，里边是从贝，下面是从口，一个口一个贝，那是不是我们今天的"员"？"商其员"，有可能是"员"这么一个字。"商其员"到底是什么意思不是特别清楚，但是从这个地方我们可以看出，商是一个城的名称。然后说"贞：勿员若"，"若"是顺、比较顺的意思。"勿员若"就是不要员会顺的。"商不员"，就说商这个城市不需要这个"员"。

"辛卯卜，贞：王入于商"（《合集》10344）。"入"就是进入，"王入于商"就是王到了商城；"辛卯卜，贞：王勿入于商"。这两条是一个正反对贞，在卜辞当中商人经常会正着问一次反着问一次，王入商好还是不入商好，这叫正反对贞。从这看出，"商"指的是一个城。

"己巳，贞：示先入于商"（《合集》28099），这个"示"是什么？有些人认为是祖先的牌位，拿着牌位，先让牌位到商这个城去，还是让某一个人先去。"癸卯卜，在商贞：王旬无祸"（《合集》36550），"在"字在这里为介词，表示在某个地方，"在商贞"，"商"字为地名无疑。在商这个地方，在商这个城进行占卜。

"己巳卜，尹贞"（《合集》24260），"尹"是一个贞人的名字，由尹这个人来贞问，贞问什么事情？"今夕无忧"，今天晚上不会有什么灾祸。"在十一月。在师攸"，在这里有一个地名就是"攸"，它可能也是一个城市的名字，叫"攸"。接下来"辛未卜，尹贞：今夕无忧。在师攸"。一般情况下，在甲骨文当中出现师什么什么，或者什么什么师，它都是地名。

"其将▨于襄"（《合集》27988），此处"▨"是一个动词，▨字上面是一个"熊"，下面一个"皿"，到底什么字，现在考释不出来，但是从语言结构我们可以看到它是一个动词。"其将▨于襄"，"襄"字是一个地名。"戊弜田襄其悔"（《合集》29353），"弜"是不要；"戊"这个地方应该还有一个逗号，它是一个时间；"弜田"就是不要到襄地去田猎；"其悔"，就是你要是去的话可能会有一些不太好的事情。

《合集》3458 反有"奠在襄"，《合集》449 有"贞：翌"，"翌"是第二天；"丁巳，有十羌"，有十个羌人；"在襄"。丁巳这一天有十个羌人到了襄地。《合集》343 有"牢又羌二十"。"牢",牢祭,祭祀的祭品是什么?二十个羌人。在什么地方举行祭祀的?在襄。

第四个类别是甲骨文当中的场所地名,所谓的场所地名那可能就是表示一个很小范围内所在地的一个地名,要么是一个宫殿,要么是一个院子,要么是一个处所。比如说,"龙田于宫"(《合集》10985),这个"龙"就类似于我们后来的"垅"字,这个"龙"什么意思?就是古代为了保持墒情,保持田地的湿度,把田地垄起来,就像现在大棚中一垄接着一垄一样,叫"龙田"。"龙田于宫",这个田是宫地的田。

"于宫,无灾"(《合集》30211),"王亥害于宫"(《合集》30450),"王亥"在宫作祟,他在这个地方施了一些魔法。因为按照现在迷信的讲法,祖先神既可以保佑你,同时也可以给你带来灾难。"王亥"是商人的祖先,"王亥害于宫"是不是指的是王亥在宫里会施法,让商王或者说商王的亲戚身体不适。这个"宫"有可能就是一个处所地名,就是某一个商王所在的一个宫殿。

另外,"贞:于文室"(《合集》27695),这个"室"肯定是一个房子。"丁未卜,贞:今日王宅新室"(《合集》13563),这个"宅"肯定是建筑房屋的意思,这个地方"宅"字名词用作动词,"宅新室"那就是建立一座新的房子。"于新室奏"(《合集》31022),"奏"就是演奏,演奏商代的音乐;"于新室"就是在这个新修的房子里面演奏音乐,可见这个新修的房子它是一个处所地名。

另外,"弜南门"(《合集》30287),商王可能要出城了,选哪个城门出去?也许是东门,也许是南门,也许还有北门,但说"弜南门",是什么意思?就说不要从南门走,从别的门走。然后"王于南门逆羌"(《合集》32036),"逆"就是碰到、迎接,"羌"是羌人,王从南门走的时候碰到了羌人。羌人是商王朝的敌对方国的人,而且商人一直在防羌,商人把羌人打败之后就把羌人捉来当作俘虏,当作奴隶使用。"于南门旦"(《合集》34071),意思是否为早上的时候从南门出去。不管怎么样,南门是一个处所地名。

第五类是甲骨文当中的自然地貌地名。比如说"观河",这

53

个"河"字，现在是任何一条河流都可以叫河，可是在商代的甲骨文当中"河"专指黄河，"观河"就是去黄河边。"贞：王其往观河，不若"（《合集》5158乙）、"王观河若"（《合集》5159）、"勿于河"（《合集》8324），这些"河"实际上都指的是黄河。它是属于一个自然地理的地名。

另外，"……卜，侑于五山，在果……月卜"（《合集》34167）前面残掉了，这个"五山"是一种泛称还是一种专指，现在还定不下来。但是它既然是山，是不是就是五座山或者说是一种山形的指称，不管是泛称还是专指，我们在这都可以把它作为地名。另外还有"在果"，"果"也是地名。另外"申卜，贞，大麓"（《合集》37582），"大麓"也是一个地名，而且是自然地貌的地名。

"王惠旅麋射，弗悔。侃王"（《小屯南地甲骨》2542），"旅"是一个地名，旅麋指出没在旅这个地方的麋，麋就是麋鹿，王要到这个地方去射杀麋鹿；"弗悔"就是可以去；"侃王"，"侃"是让谁高兴的意思，"侃王"就是让商王很高兴。

"戊子卜：其燎于洹泉"（《合集》34165），"燎"就是点一堆火，用点一堆火的方式进行对神灵、对祖先神、对各种神的祭祀；"其燎于洹泉"，在洹泉这个地方点一堆火进行燎祭，洹泉当然就是地名，而且它是泉，是不是这个地方泉水比较多？"其燎于洹泉大"（《合集》34165），所以泉也是和自然地貌相关的。

第六类是甲骨文当中的经济地理地名，我们给大家举几个例子。我们看到前文有一个"龙田于宫"，这条是"其作龙于凡田"（《合集》29990），在"凡"这个地方的田地里作龙（垄）；"有雨。吉。""辛酉卜：犬受年"（《合集》9793），在这里"犬"也是一个地名，就是犬这个地方的农业会得到一个好的收成。

"庚辰贞：翌癸未，屎西单田"（《合集》9572），大家看这"屎"字，这个字上面是一个尸体的尸，下面在甲骨文当中的写法是三点，一个尸体的"尸"和"三点"，实际上这个字上面是人形，下面是三点。有些人把这个字考释成今天的"屎"字，屎是一种肥料。"屎西单田"什么意思？就是给西单这个地方的田进行施肥，施肥料。所以说"西单"也是一个地名。然后是"受有年"，就是能够有好的年成。

"……卜，古贞"（《合集》8015），由古这个人来贞问；
"囿在唐麓"，"囿"就是种花种草，我们今天有个词叫园囿；
"在唐麓"，在唐地的山麓地带进行花草的种植。

"惠盂先受有年"（《合集》28216），"惠"是一个发语词，
不是一个实词，它是一个虚词，就是类似于每一个词语的发语
一样，在每一句话的开头，它没有实际的意义。"惠盂先受有
年"，"盂"是一个地名，盂这个地方会先得到上天的保佑，有
好的年成。"在酒盂田受禾"（《合集》28231），"酒""盂"这
两个字合起来是不是一个地名？在酒盂进行田猎，有可能就是
说这个"酒"是比较大的一个地名，"盂"是在"酒"的范围
里面的一个小地名，说这个地方的农业也会有好的收成。

"其祷年，在毓，王受年"（《合集》28274），"毓"也是地
名。"王其田灢，延射大麓兕，无灾。侃王，吉"（《小屯南地
甲骨》1098），这个"灢"带着三点水，这个地方是不是离水比
较近？离河流比较近？"丙戌卜，宾贞：翌丁亥，我狩宁"
（《合集》11006 正），什么意思？"宁"是一个地名，"狩"就
是狩猎，"狩宁"那就是到宁这个地方去狩猎。这个"我"有
可能指的就是商王，因为在卜辞当中如果没有明确指出谁是卜
辞的主语的话，一般情况下都是指商王。"贞：翌丁亥，勿狩
宁"（《合集》11006 正），不要到宁这个地方去狩猎。

经济地理方面的，像"来芻陟于西示"（《合集》102），前
面我们讲的狩猎它是打猎，也是一种经济行为。这个"来芻陟
于西示"什么意思？"芻"我刚才提到了是打草的奴隶；"陟
于"是升上来、爬上来，从"西示"这个地方爬上来打草的奴
隶。"贞：弗其武""乙未卜，宾贞：以武芻"（《合集》456
正），"以武芻"什么意思？就是用武这个地方的打草的奴隶。
这个打草的奴隶从武这个地方来的，所以叫"武芻"；"以"是
送、送来，或者说提供。

"危方以牛其蒸于来"（《合集》33191），"危方"是个地
名；"以牛其蒸于来"，在这个地方，危方它拿了牛来进贡商王，
但它这个牛又是来源哪个地方的？是来源于"来"这个地方的；
"于来"，它从来这个地方征得了牛，然后把这个牛进贡给商王。
这也是以进贡的方式得到食物的一种情况。

另外在记事刻辞里面也有好多地名，比如说"唐入十"

典籍与文化 12

55

（《合集》892 反）。"唐入十"什么意思？是指"唐"这个方国，"入"是进贡的意思，进贡给商王十个单位的甲骨。"鼓入四十"（《合集》9253），"鼓"这个方国向商王国提供四十个单位的甲骨，这个意思。

"贞：勿省在南廪"（《合集》5708 正），"廪"是仓廪，就是仓库、粮仓，"南廪"是不是位置比较靠南的一个仓库、粮仓？"己酉卜，贞：令吴省在南廪。十月"（《合集》9638）、"庚寅卜，贞：惟束人令省在南廪"（《合集》9636）、"己亥卜，贞：惟并令省在南廪"（《合集》9639），这个"南廪"指的就是一个仓库、一个粮仓，它也是有地点，也和经济行为有关系，所以我们把它归入到经济里面。

下面我们简单再展望一下今后在甲骨文的研究当中如何去探讨甲骨文地名这些地理文献。有这几个方面需要加强，第一，新资料的增加。因为有些地名我们考证不出来，主要是没有更多的资料去证明它，但是如果以后能出现一些新的资料，而且是能够认识整个句型的这些资料，那么可以帮助以前无法释读的地名得到解决。

第二个方面，就是期待方法论的创新。此前，比如我刚才提到文献比勘、异版系联、同版系联、干支系联，但这些方法它毕竟只是一种推测，它不是实打实的方法。能不能找到一种更加有说服力的方法？一方面我们可以把各种方法综合起来，比如这个侧面的方法虽然我们不能证明，但是好多个侧面的方法都把最后的研究方向指向了某一点，那么说明这种方法的可靠性就会提高。这至少就是综合各种方法是一个有效的方法，但是能不能再找到更新的，还需要今后的深入研究。

第三个方面，继续深入钻研甲骨文材料，具体问题具体分析，多存疑，少决断，可推测。寻求其他的方法与学科的帮助，比如说考古学、地理学、民族学和社会学的这些方法来做推测。对以前没有解决好的问题，重新地再找一些深入的思路去对它做些探讨，可能会有新的结果。

好，我们今天的讲座就讲到这里，谢谢大家。

邬文玲

出土简帛记述的古代中国

邬文玲 1999 年毕业于中国人民大学历史系，获硕士学位；2003年毕业于中国社会科学院研究生院历史系，获博士学位，2001—2002年为哈佛燕京学社访问学者。现为中国社会科学院中国历史研究院研究员、战国秦汉史研究室主任、硕士生导师，中国社会科学院简帛研究中心副主任，中国秦汉史研究会副秘书长。主要研究领域为秦汉简牍与秦汉历史，曾参与岳麓书院藏秦简、里耶秦简博物馆藏秦简、安徽天长纪庄汉墓木牍、肩水金关汉简、长沙走马楼吴简等出土简牍的整理与研究。目前的主要研究方向是秦汉简牍的整理与研究，以及简牍文书的制度形式与运行实态。

各位好，非常荣幸应国家图书馆的邀请给大家做这场讲座。我今天主要想给大家介绍一下中国出土简帛的情况，大体包括三个方面的内容：一是介绍中国简帛的出土概况，以及一些简牍的基础知识；二是介绍出土简帛当中所记述的中国古代史的样貌，尤其是战国秦汉时期；三是简单介绍一下简帛学学科的形成，以及简帛学研究的主要内容。

一、简帛与简帛时代

大家知道在纸张发明以前，世界上有各种各样的书写材料，比如泥版、兽皮、树叶等，而中国主要用竹木简牍，还有甲骨等。大量的文献记载和考古资料表明，中国古人很早就用竹木简牍作为书写材料（图1、图2、图3）。

在殷商甲骨卜辞中已有"册"字，写作"𝍲"，为简册之形，即将多枚简用两道书绳编在一起；又有"典"字，写作"𝍴"，为简册在几上之形，即成册的简放在几案之上。古代文献中也有相关的记载，比如《尚书·多士》曰："惟殷先人，有册有典。"《尚书·金縢》记载：周武王有疾，周公为之祈福，"史乃册祝"。《诗经·出车》曰："畏此简书。"这些记载表明，最晚在商周时期人们就已经用简牍作为主要的书写材料，已经有了简册。

除了竹木简牍以外，古人也用丝帛作为书写材料（图4）。众所周知，丝帛的造价比较高，比较昂贵，只用于抄写重要的典籍和绘图。所以在很长时期内，竹木制成的简牍是最为流行的书写载体。正是因为竹木或丝帛是主要的书写载体，所以简帛或者竹帛一词，既是书写材料的总称，也是中国古代遗留下来的有墨书文字的竹木简牍和绢帛的总称，即典籍的代称。

汉代出现了纸，尤其是东汉时期，随着蔡伦对造纸技术的改进，纸张的使用逐渐得到推广。不过纸张的出现并没有立刻全面取代简牍，而是经历了长达数百年的简牍和纸张并用的时代。一直要到东晋末年桓玄下令以纸代简，纸张才逐渐全面取代简帛成为主要的书写载体。可见，简牍在中国的广泛使用持续至4世纪中期，至少有1000年以上的历史。因而这一时段亦有"简牍时代"或者"简帛时代"之称。

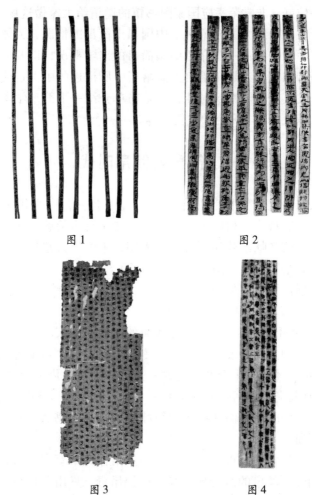

图1　　　　　　　　图2

图3　　　　　　　　图4

（一）简帛的发现

简牍在中国发现的历史很早。比如在汉景帝时期就发生了著名的鲁恭王坏孔子壁事件，鲁恭王刘余为了扩建宫室，拆毁了孔子旧宅，从孔氏墙壁中发现了《尚书》《礼记》《论语》等很多古书简册。这些古书是用战国时期六国文字写成的，与汉代通行的隶书相比而被称为"古文"，不少内容与传世的文本有差异，由此引发了汉代历史上著名的今古文之争。

西晋时期，汲县有一个名叫不准的人，盗掘了战国魏襄王墓，从墓塚中发现了很多古书，这就是著名的汲塚古书，或称汲塚竹书。遗憾的是有一部分没有能够流传下来，而且它不是正规的考古发掘得到的成果。

至20世纪时，有了正式通过考古学的方法发掘出土的简牍。到目前为止，算上残片，大概有三四十万枚，而且涵盖的时代范围比较广，从战国一直到魏晋时期，其中大部分属于秦汉时期。20世纪简牍的出土是中国考古史上的四大发现之一。四大发现中还有甲骨文、敦煌文书、明清大内档案。

对于出土简牍，学界通常习惯于按照出土地点和时代进行命名。比如说，在郭店楚墓中发现的战国时期的楚国简，就命名为郭店楚简；在云梦睡虎地发现的秦代的简牍，就命名为云梦睡虎地秦简；在居延地区发现的汉简，称为居延汉简，等等。发掘的地点和简牍的时代，是命名的主要元素。

从整体来看，目前中国出土简牍的地点主要有这样几大类型：一是西北边塞的郭塞和烽燧（图5、图6）；二是邮驿遗址（图7）；三是墓葬（图8）；四是古井（图9）；五是古窖（图10）。

图 5

图 6

图 7

图 8　　　　　　　　　　　　图 9

图 10

　　虽然我们乐意想象和期待简牍发现的时候是很规整的简册，但现实往往相反，很多简牍出土时都是散乱的，有些是被当时人废弃的，是从垃圾坑里被发现的，不少从汉代西北边塞出土的简牍就是如此。墓葬中出土的简牍有一些保存状况相对较好，比如有名的郭店楚简即是从郭店 1 号楚墓里发现的。长沙走马楼 22 号古井中发现了大量三国时期孙吴的简牍，最早统计说有14 万枚左右，最后清理发现其中有字的简牍有 8 万枚左右。这批简还在整理当中，已经公布了大部分。另外在长沙五一广场 1

号古窖中发现了一批东汉简牍。

从简牍的内容来看，通常将其分为两大类（详细的分类是一项十分专业的工作），一类是文书，一类是古代典籍。从目前发现的简牍来看，80%属于文书，尤其是官府的档案，其年代涵盖战国、秦、西汉、东汉、三国以及魏晋时期。

文书通常也分为两大类：一是公文书，指行政公文，即官府的文书，包括律令、司法文书、行政文书，还有各种统计簿籍、人们缴纳租税的凭证，以及文书标签检楬，等等。一是私文书，主要是民间、私人使用的，包括书信、契约、遗嘱、遣册等。所谓遣册，即随葬品的清单。古人的墓葬中会放置很多随葬品，同时会制作一份随葬品清单一同下葬，尤其是比较高等级的墓葬里通常都有遣册，详细记载陪葬的衣物、食物、器物、车马等各种物品的名称和数量。

古代典籍有些书写于简牍上，有些书写于帛书上，虽然数量不如文书多，但它的内容十分丰富，包括阴阳家、儒家、墨家、道家、易学、兵家等诸家的经典，以及数术、诗赋、字典、算术、医学等著作。不过并不是全本，多为零星的篇章。数术类包含占卜之书、日书等。日书即择日之书，类似于后世的老黄历，人们行事之前会查看哪一天是吉利的，哪一天适合做什么，哪一天不适合做什么，比如哪一天适合婚丧嫁娶，哪一天则不宜婚丧嫁娶等，属于民间信仰的范畴。还有一类是相马或者相狗、相刀剑的书籍，相当于实用手册。比如相刀剑册的主要内容就是怎么判断一把剑是好剑，一把刀是好刀；相马经的主要内容是如何判断一匹马是好马或者不好的马，各有哪些特点。除了文字资料以外，简帛中也有图画的内容，包括地图和绘画等。

下面我们来看看一些出土简帛的图片和内容。

1. 子弹库战国楚帛书（图11）。1942年发现于湖南长沙子弹库的一座古墓中。这件帛书上既有图像也有文字，共由两组图像（十二神像及青、赤、白、黑四木）和三部分文字（《天象》《四时》《月忌》）组成。内层的《天象》和《四时》书写的顺序一正一倒，外层的《月忌》则与十二神像相配，分列四方，每方三神像配以三段文字，沿着帛书边缘循回旋转，四角分别绘有青、赤、白、黑四色树木，文字布局和神像构图似有特殊的意图。由于中间两段文字一正一倒，四周的文字图像又循环周转，因此应如何放置帛书、按怎样的顺序阅读帛书、帛书的性质是什么、帛书文字和图像的含义是什么等问题，都引起了学界的争议。

图 11

2. 睡虎地秦墓出土的秦律《效律》(图 12)。《效律》是有关清点、核验官府物资及账目的法律规定。比如对兵器、铠甲、皮革等军用物资及设备要定期清点、核校。对度量衡的制式、误差、校准有详细的规定，必须要定期校准，如发现有不准确的要立即更换。

3. 放马滩秦墓出土的地图（图 13）。这是目前中国发现的最早的地图之一，可以看到图上标注了一些河流和山脉的走向。

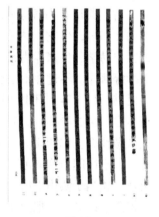

图 12

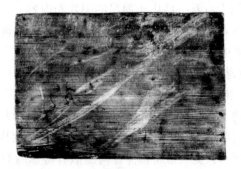

图 13

4. 湖南里耶出土的秦代县级官府公文，包括正面（图14）和背面（图15）。主要涉及官府通过相关机构向一些欠缴罚款而又被征派到外地充当戍卒的人追讨欠款的内容。

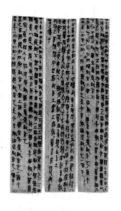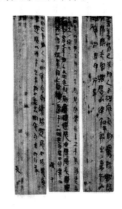

图 14　　　　　　图 15

5. 居延出土的东汉和帝永元年间的器物簿（图16）。主要是边塞烽燧的器物统计账簿。这也是目前所见编联最长、保存完好的简册，由77枚简组成。在出土的简牍中像这样保存完好、编绳仍在的简册非常少见。我们看到的大部分简册都是散乱的，所以有这样完好的简册发现是非常幸运的事，可以让我们看到当时的简是怎样编联的，是怎样把多个简册系联在一起的，很好地展现了当时一些简册的实态。

图 16

6. 湖北江陵张家山汉墓出土的汉律《金布律》（图17）。《金布律》是关于财政方面的法律规定。

7. 湖北江陵张家山汉墓出土的《算数书》（图18）。以往认为《九章算术》是比较早的算术书，张家山汉墓出土的《算数书》则表明，在汉代初年就有比较完备的算术书。

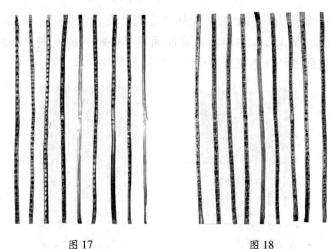

图 17 图 18

8. 马王堆 1 号汉墓出土的帛画（图
19）。这幅帛画出土时覆盖于内棺上，画
面呈 T 形。内容大体分为上、中、下三部
分。一般认为，上部为天界景象，绘有
日、月、升龙、蛇身神人、天门等图像；
中部为人间景象，绘有一位老妇人像，以
及墓主人出行、宴飨等场面，当是墓主人
在世时的生活写照；下部为地下景象，绘
有穿璧的双龙、赤身裸体的巨人、大鱼、
大龟等图像。这幅帛画究竟有什么含义，
目前学界仍然有争议。有人认为它表达的
是一种死后升天的期望和引魂升天的过
程；有人认为它涉及当时人的宇宙观念即
对整个宇宙的一种构想。

图 19

9. 湖南长沙五一广场出土的东汉官府文书（图 20）。木牍
文书上部有一个写得很大的"若"字，与"诺"相通，这是长
官的批示。汉代官员在批复文件的时候，如果批准认可，就会
题写一个"诺"字，相当于今天的"同意"，后来逐渐发展为
书写风格独特的凤尾诺。这件木牍向我们展示了当时的官员是
如何批复文书的。

10. 湖南长沙东牌楼出土的东汉木牍文书《自相和从书》（图
21）。内容涉及亲属之间发生的田产争夺与诉讼（类似于现今所说

的民事纠纷），最终在官府的介入下，双方达成和解，形成结案报告，自题为《自相和从书》，即双方自愿达成和解的公文书。

11. 安徽天长汉墓出土的西汉户口簿（图22）。这里的户口簿与我们现在所说的户口簿概念不太一样，它主要是关于县乡人口户数和口数的统计，即有多少户人，有多少口人，以及与上一次统计相比人口的增减情况。

12. 安徽天长汉墓出土的西汉书信（图23）。书信在汉代也是常见的人际交往方式，已有比较规范的书写格式和用语。

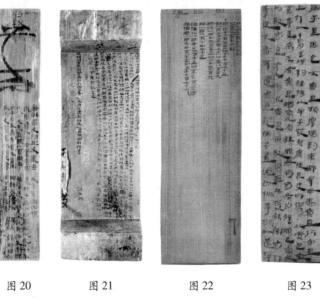

图20　　　　图21　　　　图22　　　　图23

13. 长沙走马楼出土的三国吴简（图24）。这是大木简，尺寸比较长，属于"嘉禾吏民田家莂"，即孙吴长沙地区的百姓缴纳租税的凭证。

14. 湖南郴州出土的西晋郡府文书（图25）。出自湖南郴州苏仙桥遗址，是西晋桂阳郡府的文书档案。其中对郡内各县的县令及其下辖的范围、人口、物产等，都有详细的统计和登录。

15. 香港中文大学藏西晋"松人"解除木牍（图26），年代为西晋建兴二十八年，内容可能跟道教的解除术有关。木牍上部为浮雕人像，类似偶人，人像四周都写有文字，大意由松人替墓主人承担一切责任，如果有什么不好的事情都由它来承担，有不吉祥的东西全部都转嫁到它的身上，这是古人被除灾殃的一种方式。除了这种偶人外，还有镇墓瓶、镇墓兽等等，都有这种功能。

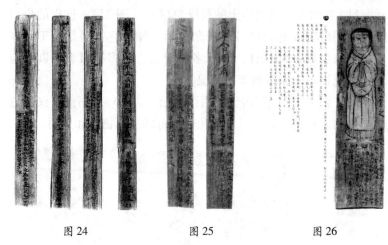

图 24   图 25   图 26

16. 新疆出土的佉卢文木牍（图 27）。除了汉文木牍以外，在中国的周边还发现了一些非汉文的简牍。比如新疆出土的佉卢文木牍，需由专门的研究佉卢文的专家进行解读，方能知晓其意。

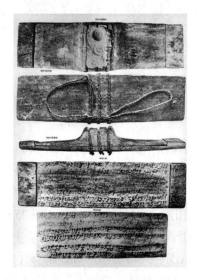

图 27

除了在中国大陆发现简牍以外，在东亚其他地区比如日本、韩国、朝鲜等也有简牍出土。其他东亚国家由于受到中国简牍文化的影响，也使用简牍，因而有简牍遗物出土，但时代比中国要晚。韩国出土的木简（图28），时代大约为公元5—6世纪，内容相对单一，大多是一些物品的标签，或者是运送记录等。朝鲜平壤发现的《论语》竹简（图29），实际上是从汉代乐浪郡的墓葬中出土的。日本出土的木简（图30），时代比韩国木简更晚，大约是公元7—8世纪。通常认为，中国的简牍文化通过韩半岛，再传播到日本，由此形成了一个简牍文化圈。

图 28

图 29

图 30

（二）简牍的形制与名称

接下来给大家简单介绍一些简牍的形制和名称方面的知识。今天我们所说的"简牍"，是对我国古代遗存下来的竹简和木牍等的统称。实际上它们的形状、大小、厚薄、长短以及用途都是有区别的，出土简牍实物证实了这一点。人们根据简牍的不同形制和用途，赋予了它们不同的称谓，常见的主要有札、牒、简、两行、方、版、牍、槧、檄、检材、觚等。

"札"指比较窄的简材，通常只容一行文字。《汉书·司马相如传》："请为天子游猎之赋，上令尚书给笔札。"颜师古注："札，木简之薄小者也。"

"牒"与札相类，《说文解字》："牒，札也。"在史籍中，"牒""札"常互训。如《史记·荀子孟卿列传》索隐曰："牒，小木札也。"

"简"的含义比较广（图31）。《说文解字》："简，牒也，从竹，间声。"段玉裁注："简，竹为之；牍，木为之；牒、札，其通语也。"《释名·释书契》："简，间也，编之篇，篇有间也。"《汉书·路温舒传》颜师古注："小简曰牒。"《春秋左氏传序》孔颖达疏："单执一扎谓之简。"《文心雕龙·书记》："短简编牒。"从广义上讲，札、牒、简为一物，而称牒者多为已编联成册的简札。

"两行"指比较宽的简材，通常能容纳两行文字，故名（图32）。敦煌汉简和居延汉简中有不少两行书写的简册。札和两行是最常用的书写材料，使用量大，故汉简中常见陈请或输送这两种简材的记录。比如敦煌汉简1684A："凌胡隧、厌胡隧、广昌隧各请输札、两行隧五十、绳廿丈，须写下诏书。"居延汉简7.8："欢喜隧两行册、札百、绳十丈、檄三，八月己酉输。"

"方""板""版""牍"都是比较宽大的书牍材料，可容多行文字（图33）。通常古书中将几者互训，故当属一类素材。《春秋左氏传序》"小事简牍而已"，孔颖达疏："牍乃方版，版广于简，可以并容数行。"《仪礼·聘礼》"不及百名书于方"。郑玄注："方，板也。"贾公彦疏："方若今之祝板，不假连编之策，一板书画，故言方板也。"《仪礼·既夕》："书赗于方，若九、若七、若五。"注云："方，板也……每板若九行、若七行、若五行。"《管子·霸形篇》："于是令百官有司，削方墨笔，明日皆朝于太庙之门。"注云："方谓版牍也，凡此欲书其所定令也。"《说文解字》："牍，书板也。"《释名·释书契》："牍，睦也，手执之以进见，所以为恭睦也。"

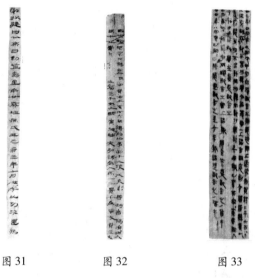

图31　　　　　图32　　　　　图33　　　　　

《急就篇》颜师古注："牍，木简也，既可以书，又执之以进见于尊者，形若今之木笏，但不挫其角耳。"《汉书·武五子传》："持牍趋谒。"

上述几者虽然广义上当属一类，但具体形制当有差别。睡虎地秦简《秦律十八种·司空律》规定："令县及都官取柳及木柔可用书者，方之以书；毋方者乃用版。"表明"方"和"版"有区别。但现在的材料还不足以证实到底哪些是方，哪些是版。

"椠"指未经刮削片解、但已截断的用以制作简牍素材的半成品。《说文解字》："椠，牍朴也。"《论衡·量知篇》："断木为椠，析之为版，力加刮削，乃成奏牍。"

"檄"通常是文书的称谓，但用来写檄书的素材也称"檄"。如居延新简 EPF22.456："致检材五，当檄十。"居延汉简 7.8："欢喜隧两行册、札百、绳十丈、檄三，八月己酉输。"

"检材"指制作封检的材料。《释名·释书契》："检，禁也。禁闭诸物使不得开露也"，"书文书检曰署。署，予也，题所予者官号也。"《急就篇》："简札检署椠牍家。"颜师古注："检之言禁也，削木施于物上，所以禁闭之，使不得辄开露也。

71

署，谓题书其检上也。"简言之，"检"的作用类似于今日的信封。封检形制较特殊（图34），因为其上须设凹槽（即封泥槽）用以填装封泥，通常比一般简牍要厚。封检也有保密的功能，如要打开文书，必须首先去掉封泥印章，解开绳子，打开封检，然后才能看到文书的内容。在文书传递过程中，可以通过印封是否破裂、绳子是否解开来判定该文书是否被私自打开或者泄露。

"觚"指多面体的书写材料（图35）。简牍大多设一个面或正背两面书写，但也有多面书写者，称为"觚"，亦写作"柧"。《说文解字》："柧，棱也。从木瓜声。"《急就篇》颜师古注："觚，其形或六面，或八面，皆可书。"其特征是多面，简牍实物所见有三至八面之觚。因此，凡三面以上形态的书写材料，皆可称为"觚"。

 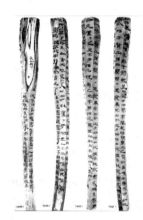

图 34　　　　　　　　　　图 35

"削衣"指从简牍上刮削下来的废弃的小木片（图36）。简牍可重复使用，只要将旧简表层的字迹刮掉，露出空白的层面，就可书写新的内容。从旧简牍上刮起的刨花样木片，古时称"柿"或"肺"。今出土简牍所见残片，有部分是此类废弃物，其外观通常较薄，边缘也不规则。现在一般称之为"削衣"。"削衣"上往往留存有不少文字，因而也具有重要的资料价值。

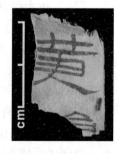

图 36

"符"指凭证，大多长六寸。《说文解字》："符，信也。汉制以竹，长六寸，分而相合。"符长六寸当是沿袭秦制，《史记·秦始皇本纪》记载，秦始皇统一中国以后，"数以六为纪，符、法冠皆六寸，而舆六尺，六尺为步，乘六马"。简牍所见的符，大多用作具有某种权利或执行某项任务的凭证，如日迹符、警候符、迹候符等。所谓迹候符，指汉代边境兵士巡逻交接或者换防之时的凭证，通常分为左右两半，二者相合以为凭信。比如居延新简 EPT44.21 和 EPT44.22 便是第二十三候长的迹符的左半和右半（图37）：

图 37

　　第廿三候长迹符左　　（居延新简 EPT44.21）
　　第廿三候长迹符右　　（居延新简 EPT44.22）

"楬"指作为标识的简牍。《周礼·秋官·职金》："辨其物之微恶与其数量，楬而玺之。"郑玄注："既楬书楬其数量，又以印封之……有所表识谓之楬橥。"楬用来书写某种物品的数量、名称，然后系于该物品上，类似于今日的标签。楬的上端通常钻有小孔，用于穿系绳子（图38）。主要包括实物楬和文书楬两大类。比如马王堆汉墓出土的随葬品多系有楬，标明该物品的名称等，此为实物楬。官府归档的文书案卷所系的楬，题有文书的类别等，则为文书楬。

图 38

"册"指按照次序编联在一起的多枚竹简。由于单枚简牍的容字有限，古代人们发明了编册，即按照一定的尺寸、规格、形制，把一枚枚的简牍削治整齐，然后按顺序编成书册的形式，作为书写载体。《说文解字》："编，次简也"，就是按次第编排简。《汉书·张良传》"出一编书"，颜师古注："编谓联次也，联简牍以为书，故云一编。"《汉书·诸葛丰传》"编书其罪"，颜师古注："编谓联次简牍也。"金文"册"字就像编联起来的一组简。秦始皇统一中国之前，未被烧毁的六国古文中还有"笧"字。

一册书由几枚简牍组成，完全依据文字内容的多少而定，文字多的，就多编几枚简，文字少的，就少编几枚简。如《居延汉简》中的"永元器物簿"由77枚简组成，"永光二年册书"则由3枚简组成。《额济纳汉简》中的"专部士吏典趣辄"简册由8枚简组成（图39），这件册书的内容类似于现在的工作手册，保存完好，两道编绳的首尾还留存了四个绳圈，因此一般认为这件简册当时应该是悬挂在

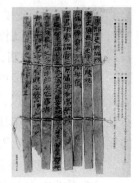

图39

屋内墙壁上的，就像现在一些办公室里张贴的工作条例一样。

这种编册的出现，是我国古代一项重大发明，后来形成了我国竖排本书的雏形。古书为什么竖排，就是受了简牍的影响，因为简牍是竖行书写的。为什么"册"会成为书籍的量词，也跟简册有关。为什么"卷"会成为书籍的量词，也同样跟简册有关，因为古代的简册是卷起来存放的。由此可见现代的书籍制度深受简牍文化的影响。

（三）简牍尺寸

接下来给大家简单介绍一下简牍的尺寸。简牍的长度通常受到材料、加工工具以及书写习惯，乃至使用者的社会地位的制约。一般而言，简牍以广长为尊，越宽越长越厚就越尊贵。目前常见的简牍长度约为14—88厘米之间，其中用于书写典籍和文书的简牍，长度为23—28厘米，尤以23厘米最为常见，即汉尺一尺左右。其他如符、封检或者作为标签的木楬等的长度，要短于简牍。典籍记载及简牍实物常见尺寸大体如下：

三尺。律令常书写于三尺简。《汉书·杜周传》载，有人指责杜周说："君为天子决平，不循三尺法……"孟康注："以三尺竹简书法律也。"所谓三尺法，当是指律令原件，即保存在中央的最权威的律令正本，需要书写在三尺长的简上，而目前所见出土简牍中的律令多为抄录件，可能不需要严格遵守尺寸的规定，所以长度通常只有23—28厘米，约当汉尺一尺至一尺二寸左右，比如甘肃武威磨嘴子《王杖诏书令》册长23.2—23.7厘米，湖北云梦睡虎地秦简律令部分长27—27.5厘米，云梦龙

岗秦简部分长 28 厘米，张家山汉简长 30 厘米左右。

二尺四寸。常用于书写最重要的典籍和文书，《论衡·谢短篇》："二尺四寸，圣人之语，朝夕讲习。"甘肃武威磨嘴子 18 号汉墓出土的《仪礼》简，长 50.5—56 厘米，正好与二尺四寸相吻合。

二尺。常用于书写檄文、策书等，应有专门的规定。《说文解字》："檄，二尺书。"《汉书·申屠嘉传》颜师古注："檄，木书也，长二尺"。可见，檄文通常书写在二尺简牍上。此外，朝廷用以策命诸侯的策书也书写在二尺简牍上，《后汉书·光武帝纪》注引《汉制度》说："策书者，编简也，其制长二尺，短者半之，篆书，起年月日，称皇帝，以命诸侯王。"不过，史籍所说当是朝廷或级别较高的机构的用檄尺寸，应是针对原件而言的，西北汉简中所见檄文大多以尺简为之，唯有居延出土的行罚檄长 88.2 厘米，形制比较特殊。四川青川郝家坪出土的秦王《命书》抄件，长 46 厘米，大致与之相合。

一尺五寸。传信通常用一尺五寸的简牍。所谓传信，就是通行凭证。《汉书·平帝纪》："在所为驾一封轺传"，如淳注："律，诸当乘传及发驾置传者，皆持尺五寸木传信，封以御史大夫印章。其乘传参封之。参，三也。有期会累封两端，端各两封，凡四封也。乘置驰传五封也，两端各二，中央一也。轺传两马再封之，一马一封也。"这里所说的传应当是专供高级人士和执行重要使命的人士使用的，需要用一尺五寸的简牍来制作。目前出土汉简所见则以尺传居多。

一尺二寸。比较重要的典籍和文书，通常用一尺二寸的简来书写。比如简牍所见诸子杂家的书多与这一尺寸相符，如银雀山 1 号汉墓竹简长 28 厘米、湖南长沙马王堆 1 号、3 号汉墓竹简长 27.4—27.9 厘米等。

一尺一寸。诏书、诏策通常书写于一尺一寸的简牍上。《汉书·匈奴传》："汉遗单于书以尺一牍。"关于诏策的书写有专门的规定。《后汉书·光武帝纪》注引《汉制度》："三公以罪免，亦赐策而以隶书，用尺一木两行。"《后汉书·李云传》："尺一拜用，不经御省"，注："尺一之板，谓诏策也，见《汉官仪》。"《后汉书·陈蕃传》："尺一选举，委尚书三公。"注："尺一谓板长尺一，以写诏书也。"青海大通县上孙家寨 115 号汉墓出土的《军法》《军令》木简长 25 厘米，约合汉尺一尺一寸，与之吻合。

一尺。一般的典籍和官私文书通常用一尺的简牍书写，目前所见出土简牍实物中最多的就是一尺书写者。《论衡·谢短篇》："汉事未载于经，名为尺籍短书，比于小道，其能知，非儒者之贵也。"《论衡·书解篇》："秦虽无道，不燔诸子。诸子尺书，文书具在。"居延汉简、敦煌汉简所见文书类简牍，形制完整者大多数（约占 80%）长度都在 22—23 厘米，约合汉尺一尺。墓葬出土的简牍文书如睡虎地秦简《编年记》，江陵凤凰山 8 号、10 号、167 号、168 号墓简牍文书，扬州胥浦 101 号汉墓《先令券书》等，皆以尺简为之。书信通常也用一尺长的木牍来书写，因此书信也被称为尺牍，正是跟所用的书写材料的长短有关。

六寸。符券大多长六寸，前面说过，这与秦始皇统一中国以后施行的制度有关，《史记·秦始皇本纪》说："数以六为纪，符、法冠皆六寸"。《说文解字》："符，信也，汉制以竹长六寸，分而相合。"居延、敦煌所见符券的长度大多在 14—14.6 厘米，与史籍所载相合。

其他如木楬、封检等，似无一定之规，长短大小不一，可能是因地制宜、因时而用。居延汉简所见，比较短的木楬仅 3.1 厘米（居延新简 EPT51.166）、比较长的达 11.8 厘米（居延新简 EPT57.3）。居延汉简所见封检，短的仅 4.3 厘米（居延新简 EPT51.453），长的则达 17.5 厘米（居延新简 EPT51.457）。

不过需要指出的是，以上所言主要是秦汉简牍尺寸的情况，战国时期简牍的尺寸差异较大，比如长沙五里牌楚简长 13.2 厘米、长沙仰天湖楚简长 22 厘米、江陵纪南城楚简长 64 厘米、江陵包山楚简长 62—72.6 厘米、曾侯乙简长达 70—72 厘米，可能不同于秦汉制度。

（四）书写姿势

上面简单介绍了一些简牍形制的知识，下面再说说书写姿势。大家知道我们现在是伏案书写，但古代的简牍到底是怎么书写的，学界颇有争议：一种意见认为是伏地或者伏案书写；一种意见认为是手握简牍悬腕书写。从出土简牍上的文字墨迹来看，皆是用毛笔和墨书写的。而根据目前所见的一些表现书写场景的视觉资料如画像和实物等来看，手握简牍悬腕书写的姿势比较常见。比如湖南长沙金盆岭晋墓出土的一件书写俑（图40），一人跪坐，左手握牍，右手执笔，作欲书写状。同墓还出土了一件对书俑（图41），两人相对跪坐，中间有低矮的书案，其中一人左手握牍，右手执笔，正在书写。

图40

图41

在汉代画像石上也可以看到簪笔、佩书刀的文官形象，比如山东沂南北寨东汉画像石上就有一个簪笔、佩书刀的人（图42）。该人跪坐，其前额右侧有一支簪戴的毛笔，双手捧持的可能是简册，左侧腰下有悬挂的书刀，以备刮削删改简牍上的书写错误。秦始皇兵马俑中也有腰下佩戴书刀的形象，同时还佩戴有磨刀石。不过也有学者持不同意见，认为兵马俑佩

图42

戴的磨刀石是用于战死时充当临时墓志的。古代之所以把文官称为刀笔吏，就是因为他们负责文书事务，刀笔并用。

二、出土简帛记述的古代中国

下面介绍出土简帛所展现的古代中国尤其是先秦、秦汉时期的情况。简帛多出于西北边塞的烽燧或邮驿遗址以及内地的墓葬和古井，是古代人们留存下来的珍贵的一手资料。它们不仅数量巨大，内容丰富，而且没有经过后人的窜改、删削、辗

转传抄从而保留了原貌，是最为直接、可靠的原始史料，克服了经过加工的史料的片面性。为我们提供了很多不见于传世文献的珍贵史料，从国家行政到日常生活、从学术文化到思想观念等各方面，为我们呈现出别样的古代中国风貌和历史场景，使我们不断靠近真实的历史世界。

（一）严密的律令体系

秦代奉行法家的治国理念，援法而治，建立了严密的律令体系。汉承秦制，并不断加以完善和改进。根据文献记载可知，秦代商鞅改法为律，以《法经》为蓝本，制定盗、贼、囚、捕、杂、具等秦律六篇。汉初萧何在秦律的基础上作律九章，包括盗、贼、囚、捕、杂、具、户、兴、厩等。后来汉代又不断加以增补，比如有叔孙通所作《旁章》十八篇，张汤所作《越宫律》二十七篇，赵禹制定《朝律》六篇，等等。按照《汉书·刑法志》的记载，至汉武帝时代，"律令凡三百五十九章，大辟四百九条，千八百八十二事，死罪决事比万三千四百七十二事。文书盈于几案，典者不能遍睹"。此时的律令规模已经十分庞大了。但我们在传世的文献中，基本上看不到秦代的法律条文，也看不到汉代的法律条文，因此长期以来并不清楚秦汉法律的具体情况。幸运的是，出土简牍中包含不少秦汉时期的法律条文，为我们呈现了秦汉时期严密的律令体系面貌。

从目前的公布情况来看，集中呈现秦汉律令的简牍主要有云梦睡虎地秦简、云梦龙岗秦简、青川郝家坪秦牍、湖南大学岳麓书院藏秦简、江陵张家山汉简、长沙走马楼西汉简等。这些出土简牍资料显示，秦汉时代的法律形式是比较完备的，包含律、令、科、品、式等。

1. 律。律是最主要的法律形式。史书记载说商鞅制定秦律六篇，汉初萧何作律九章，但我们现在看到的出土简牍中的律名，有四十余种之多。这种反差引起了学界对秦汉律令篇章结构的讨论，比如关于萧何九章律，有学者认为"九章"之"九"不是实指，而是泛指多的意思；有学者认为"九章"之"九"是实指，秦汉律篇存在二级分类，九章为一级篇目，九章之外的律篇为二级篇目，皆应归属于九章之下。从目前的材料来看，似乎还不足以得出最终的结论。

目前所见秦汉时期的律名包括《贼律》《盗律》《囚律》《捕律》《杂律》《具律》《户律》《兴律》《厩苑律》《厩律》《告律》《收律》《亡律》《钱律》《均输律》《传食律》《行书律》《置吏律》《爵律》《军爵律》《史律》《徭律》《田律》《关市律》《赐律》《效律》《置后律》《秩律》《金布律》《仓律》《工律》《工人程》《均工》《司空律》《内史杂》《尉杂》《属邦》《游士律》《除弟子律》《中劳律》《藏律》《公车司马猎律》《敦（屯）表律》《戍律》《牛羊课》《奔敬（警）律》《狱校律》等。

《贼律》是关于危害国家安全、个人安全的犯罪和刑罚的规定，比如故意杀人、反叛国家等。《盗律》是关于侵犯公私财产的犯罪及刑罚的规定。《囚律》是规定诉讼关系的法律，简牍所见囚律有关于控告、调查、审判、上诉、复核的条款。《捕律》是关于抓捕犯人的规定。《杂律》是对杂项关系的规定，内容庞杂。简文所见包括越院墙、擅赋敛、博戏夺财、强质以及性侵犯的规定及其刑罚。《具律》是关于诉讼关系中量刑准则等的规定。《户律》是关于人口、户籍管理的规定。《兴律》是关于征伐、应征兵役、徭役的规定。《厩苑律》《厩律》是关于管理饲养牲畜及苑囿的规定。《告律》是关于告发罪犯的规定。《收律》是关于没收犯人财产、妻子和子女的规定。《亡律》是关于惩罚逃亡者的规定。《钱律》是关于货币流通及铸造的法律。《均输律》涉及车船运输事务规定。《传食律》是关于驿传的法律，详细规定不同身份的官员及有爵者享用传舍、传车的条件及膳食的数量与质量等，又规定对违反者的惩罚。这与现代公务出差消费标准规定类似。对不同身份的官员和有爵者公务出行时的住宿、车辆使用、饮食标准等，都有详细的规定。如有违反，就会受到惩处。对于长期出差也有规定，通常只提供 10 天的免费住宿和饮食，如果超过 10 天或者因大雨等天气原因滞留，则只提供粮食，自行炊煮。《行书律》是关于传送文书的法律，规定传递文书的速度及对违章的惩罚。规定不同地区驿站的设置距离、房舍数量、驿站人员的资格及优惠政策等。大家知道在秦汉时期尤其是汉代，治理如此庞大的一个国家，主要依靠的手段就是行政文书，因此有学者称汉代为文书行政的帝国。秦汉时期的文书系统非常发达，所有政令都是通过文书的逐级传达来颁行的。因此对不同类型、不同级别的文书的传递

典籍与文化 12

速度有非常严格的规定，且有定期考核。文书的收发、传递都要详细登记，包括收发的地点、时间、收发人、文书信息等。出土简牍中的邮书刺，就是邮书来往的登记。这些登记通常会作为考核的依据。如果文书在规定时间没送到，有延误，则考核时会扣除相应的劳绩。

《置吏律》是关于任用官吏的法律。《爵律》《军爵律》是关于授爵位的规定以及对违反相关规定的惩罚。《史律》是关于史、卜、祝三种专职人员的法律。主要涉及史、卜、祝的培养与考核，以及任命、调动的规定。《徭律》是关于徭役的法律。《田律》是关于垦田、缴纳刍稿、保护山林等与农业、林业、畜牧业相关的法律。《关市律》涉及官市管理、入钱规定、纺织品质量规格的规定、商贩组织形式、缴纳市场税及对违反有关规定的惩罚。《赐律》是关于优抚赐予的法律，涉及按官秩及爵位等次赐予衣物、酒食、棺椁等。《效律》是关于核校物资账目的一系列规定。《置后律》是关于爵位传承的法律。包括爵位与田宅的继承。除了嫡子继承外，还包括庶子对财产与爵位的瓜分与继承。《秩律》是关于朝廷各机构和地方郡县衙门官员秩级的规定。《金布律》是关于货币及其他物资收支保管的法律。

《仓律》是对粮草仓库管理的一系列规定，涉及仓库的规格、日常管理、设账、粮食品种的分类、供给粮食及种子的具体办法、粮食加工等。《工律》是关于手工业制作的法律，包括标准化、劳动力使用等等。《工人程》是关于官府手工业生产的法律，规定了工作量。《均工》是关于调度手工业劳动者的法律。规定学徒学成的期限及申报等。《司空律》是关于官府常用物资设施及刑徒劳作管理的规定，涉及面较广，包括对公家破旧物资的注销、借出物资的追回、损坏物资的修理、所需物资的储备、刑徒衣食的供给乃至刑徒的管理等。《内史杂》是关于掌治京师的内史职务所涉及的各项规定。《尉杂》是关于廷尉职务所涉及的法律规定，如规定各方每年都要到御史处核对法律条文之类。《属邦》是有关少数民族事务的法律。《游士律》是关于游士身份行为的限制性规定。《除弟子律》是关于任用弟子的规定。《中劳律》是关于计算劳绩的规定。《藏律》是关于物资储备的法律。《公车司马猎律》是关于狩猎的规定。《敦（屯）表律》是关于军队屯防的法律，涉及军中什伍连坐等。

《戍律》是关于边塞屯戍的法律，涉及屯戍人员的征集及具体勤务的规定。《牛羊课》是关于考核牛羊畜养管理的法律。《奔敬（警）律》是关于紧急军情发生时驰援的规定。《狱校律》是关于押送犯人的规定。

2. 令。除了法律形式的主体——律以外，还有令。以往由于很少见到具体的令文，因此学者们怀疑秦代是否有令存在。出土简牍资料证明，秦令是确实存在的，比如岳麓书院藏秦简中就有大量的秦令。不过这批简还在整理过程中，主体的令文还没有公布。据整理者介绍，其中包含若干种令名，比如：内史郡二千石官共令、内史官共令、内史仓曹令、内史户曹令、内史旁金布令、谒者令、县官田令、廷卒令、卒令、司空共令、司空卒令等。这些令名通常单独书写在一枚简上，这为确定其所属的令文带来了很大的困难。

在出土汉简中也有不少令。比如，《津关令》是关于津关通行的即时规定。张家山汉简《津关令》共 28 则。《王杖诏书令》是关于优抚持有王杖的老人的法令。汉代对高龄老人有特别的优待，70 岁以上的老人，皇帝会授予鸠杖，定期赐予一定数量的粮食、酒肉、布帛等。地方官吏不能怠慢持有王杖的高龄老人，如果有辱骂高龄老人等行为，便会受到惩处。《功令》是关于考核嘉奖的法令。《北边挈令第四》是关于北方边塞事务的法令摘录。《击匈奴降者赏令》是关于赏赐战功的法令。《令乙第廿三》是汉代律令集《令乙》第二十三条款的摘录文。《公令第十九》："坐臧为盗，在公令第十九。"《汉书·何并传》如淳注："公令，吏死官，得法赗。"公令涉及调整法律关系的范围目前还不是很清楚。《御史挈令第廿三》是汉代《御史挈令》第二十三条款的残文。《尉令第五十五》应是《尉令》的第五十五条款。《戍卒令》仅存半句残文。目前所见《赦令》为行政文书中所引用，非原条款。关于《军令》，简牍中有许多散见的与军事有关的法令条款，但简文严重残断，见有"军斗令""合战令"等称谓。

3. 科、品。除了律、令以外，还有科、品法律形式。科为律令的补充。品即品级，与级次相关的法律规定通常称为"品"。简牍所见有《购赏科别》，比如居延新简中有"捕匈奴虏购科赏"和"捕反羌科赏"，是以捕获敌方人员的多少来决定奖励的等级的有关规定。《罪人入钱赎品》是按罪次以不同数量的钱赎罪的规定。《烽火品约》是关于以烽火形式进行通讯联络的具体规定。《守御器品》应是关于守御器具数量、品种的规定。不过简牍仅见标题"郡都府、候障、亭隧守御器品",未见本文。科、品皆具有法律效力。

4. 式。还有一种法律形式称为式。式即范例、模式。目前所见有云梦睡虎地秦简《封诊式》,是针对刑事、民事案件侦破、审讯、查封等过程中常见的现象,归纳其中行之有效的处理方法和办案流程作为范式,供办案人效法和使用。从自有标题来看,包括治狱、讯狱、封守、有鞫、覆、盗自告、□捕、盗马、争牛、群盗、夺首、告臣、黥妾、迁子、告子、疠、贼死、经死、穴盗、出子、毒言、奸、亡自出、铸钱、争首等25类情况。其中《治狱》和《讯狱》是关于审理案件的要求,比如《治狱》要求审理案件时不要刑讯逼供:"治狱,能以书从迹其言,毋笞掠而得人情为上;笞掠为下;有恐为败。"意思是,审理案件,能根据记录的口供,进行追查,不用拷打而察得犯人的真情,是最好的,是上策;通过拷打取得真情是下策;恐吓犯人以至不能取得真情就是失败。《讯狱》则提供了审讯犯人的程序和技巧,要求审讯案件时,必须先听完口供并加以记录,要使受讯者各自充分陈述,即使明知其中有欺骗,也不要马上诘问。要等到供词记录完毕且犯人无辩解之后,再针对漏洞和疑点进行诘问。诘问时,又要把其辩解的话全部记录下来。然后再针对疑点,继续进行诘问。诘问到犯人辞穷,如有多次欺骗,还改变口供拒不服罪,依法应当拷打的,则依法拷打。拷打犯人必须要有书面记录,注明是因某人多次改变口供,无从辩解,故对之进行拷打讯问。

其余多为各种案件发生时的处理流程范式。比如《告子爰书》:

> 某里士伍甲告曰:"甲亲子同里士伍丙不孝,谒杀,敢告。"即令令史己往执。令史己爰书:与牢隶臣某执丙,得某室。丞某讯丙,辞曰:"甲亲子,诚不孝甲所,无它坐罪。"

这是一份有关父亲控告儿子不孝案的司法文书。大意是，居住在某里的士伍（即无爵的男子）甲向县廷控告说，他的儿子丙不孝，请求县廷将其处以死刑。县廷受理案件后，即派属吏令史己前往负责捉拿丙。令史己成功捉拿丙押送至县廷，并写了一份书面报告，说明他和牢隶臣某一起在某家拿获的丙。县丞某对丙进行了审讯，丙供称，他是甲的亲生儿子，确实对甲不孝，没有其他的犯罪行为。可见，该文书实际上呈现了"告子"类案件的司法流程，可以作为范本颁行到各地，供司法官吏参照。

5. 法律答问。云梦睡虎地秦简中还包含法律答问的形式。法律答问是对法律条款的解释，采用问答形式，所解释的大多是法律主体的刑法，也有对民事关系及诉讼程序的说明，同样具有法律效力。比如其中有如下一则法律答问：

> 士伍甲盗一羊，羊颈有索，索值一钱，问何论？甲意所盗羊也，而索系羊，甲即牵羊去，议不为过羊。

意思是，有这样一个案例：一个无爵的男子偷了一只羊，羊的脖子上套了一根绳索，绳索价值一钱，问这根绳索怎么处理，要不要计入赃款？之所以有这样的提问，是因为秦代的盗窃罪是根据所盗赃物的价值来论罪的，比如有110钱、220钱、660钱等不同的等级。虽然绳索仅价值1钱，但如果所盗其他赃物恰好价值219钱，加上绳索1钱，就为220钱，处罚就会加重一等。针对这一问题，官方的解释是，甲的本意要偷的是羊，而绳索拴在羊身上，甲就把羊牵走了，不应以超过盗羊议罪。意即甲的本意并不是要偷绳索，所以拴羊的绳索不计入赃值。

6. 奏谳书。秦汉司法中有疑难案件上报制度，即奏谳制度。《汉书·刑法志》说："县道官疑狱者，各谳所属二千石官，二千石官以其罪名当报之。所不能决者，皆移廷尉，廷尉亦当报之。廷尉所不能决，谨具为奏，傅所当比律令以闻。"意思是，各县无法判决的疑难案件，要上报到所属各郡，郡府要根据罪名和相应的法律规定做出判决，并回复给县廷。郡府无法判决的疑难案件，要上报中央的廷尉，由廷尉进行判决，并回复给郡府。廷尉无法判决的疑难案件，要附上相应的律令，一同上奏皇帝，由皇帝召集大臣共同讨论判决。这就是奏谳制度。奏谳书即是有关疑难案件的判例汇编。此类报告得到上级批准并下结论后，官方将之集中汇编，颁行全国，作为此后判案的依据，即为判例，具有与法律同等的效力，史籍中也称之为"故事"或"决事比"。秦汉时期形成了以律令条款为主、判例为辅的混合法系。

张家山汉简《奏谳书》中收录了如下一则案例：

故律曰：死而以男为后。毋男以父母，毋父母以妻，毋妻以子女为后。律曰：诸有县官事，而父母若妻死者，归宁卅日；大父母、同产十五日。傲悍，完为城旦舂，铁颛其足，输巴县盐。教人不孝，次不孝之律。不孝者弃市。弃市之次，黥为城旦舂。当黥公士、公士妻以上，完之。奸者，耐为隶臣妾。捕奸者必案之校上。

今杜泸女子甲夫公士丁疾死，丧棺在堂上，未葬，与丁母素夜丧，环棺而哭。甲与男子丙偕之棺后内中和奸。明旦，素告甲吏，吏捕得甲，疑甲罪。廷尉毂、正始、监弘、廷史武等卅人议当之，皆曰：律，死置后之次；妻次父母；妻死归宁，与父母同法。以律置后之次人事计之，夫异尊于妻，妻事夫，及服其丧资，当次父母如律。妻之为后次夫父母，夫父母死，未葬，奸丧旁者，当不孝，不孝弃市；不孝之次，当黥为城旦舂；傲悍，完之。当之，妻尊夫，当次父母，而甲夫死不悲哀，与男子和奸丧旁，致次不孝、傲悍之律二章。捕者虽弗案校上；甲当完为舂，告杜论甲。

今廷史申徭使而后来，非廷尉当，议曰：当非是。律曰：不孝弃市。有生父而弗食三日，吏且何以论子？廷尉毂等曰：当弃市。又曰：有死父，不祠其冢三日，子当何论？廷尉毂等曰：不当论。有子不听生父教，谁与不听死父教罪重？毂等曰：不听死父教毋罪。又曰：夫生而自嫁，罪谁与夫死而自嫁罪重？廷尉毂等曰：夫生而自嫁，及娶者，皆黥为城旦舂。夫死而妻自嫁、娶者毋罪。又曰：欺生夫，谁与欺死夫罪重？毂等曰：欺死夫毋论。又曰：夫为吏居官，妻居家，日与它男子奸，吏捕之弗得校上，何论？毅等曰：不当论。曰：廷尉、史议皆以欺死父罪轻于侵欺生父，侵生夫罪重于侵欺死夫，今甲夫死□□□夫，与男子奸棺丧旁，捕者弗案校上，独完为舂，不亦重乎？毅等曰：诚失之。

这实际上呈现了一桩疑难案件的处理经过。开头的"故律曰"，即是把与案件相关的法律依据全部罗列出来。其后是案情和论议情况：杜县有一个女子甲，她的丈夫丁病死了，丧棺在堂，还没有下葬，她与婆婆素晚上一起守丧。在守丧的时候，她就跟一个男子丙在棺材后面的房间里通奸，被婆婆素发现了，于是上报到官府。官府逮捕了女子甲，但在如何判决她的罪行方面产生了疑问。于是将案件上报给廷尉裁决。最初廷尉等30人经过讨论，一致认为根据法律规定的继承人顺序，丈夫的地位高于妻子，仅次于父母。如果父母死了，子女要守丧，守丧期间在丧棺附近的通奸行为，属于不孝罪，要处以弃市极刑。次一等的罪行要处以黥城旦舂刑。比照来看，女子甲的通奸行为，仅次于不孝罪，本应判处黥为舂，由于她的丈夫拥有公士爵位，可以免除黥刑，因而判处完为舂。后来有一个廷史出差返回之后，对廷尉的判决提出了异议，认为廷尉的判决不当，处罚太重。他的依据是：法律中有不孝弃市的规定。如果儿子三天不给生父饮食，属于不孝罪，应判处弃市，但如果儿子三天不到死父墓前祠祀，则不会受到惩处；如果儿子不听从生父的教导，有罪，但如果儿子不听从死父亲的教导，则无罪；如果妻子在丈夫活着的时候，自行再嫁，其与新夫皆有罪，但如果丈夫死亡，妻子有权自行改嫁，其与新夫皆无罪。以此类推，该案中女子甲的丈夫已经死亡，虽然还没下葬，但她有权自行改嫁。其通奸行为属于"侵欺死夫"而不是"侵欺生夫"，因此不能判处"完为舂"的重罪。廷史的意见最终得到廷尉的赞同。根据这个案例也可以看到，汉代女性的地位可能没有我们想象的那么低。

综上可知，秦汉时代拥有比较严密的律令体系，以法治国是主流，但其前提是专制皇权体制，与现代意义上的法治国家有根本差异。

典籍与文化 **12**

（二）守信的契约社会

从出土简牍资料可知，汉代也是一个重视契约的社会。当然，这并不是现代西方政治哲学意义上的契约社会。中国古代即十分重视契约，有文字的契约，可以追溯到西周时期，当时已出现"质剂"（买卖契约）、"傅别"（借贷契约）、"书契"（赠与和收受契约）等契约名称。其形式为判书，"判，半分而合者"，合即合券为证。至汉代，契约发展更为完备。契约通常一式多份（至少两份），同式各份之间以契刻或者以笔划线条为相合标志，以对合为信用。以契刻为合符方式者，通常称为"契券"（包括符和券）；以平面笔划线条为合符方式者，称作"傅别"（后世称"莂"），比如长沙走马楼出土三国孙吴时期的"嘉禾吏民田家莂"，即是吏民缴纳租税粮食的凭证。在汉简中，有一些契约文书得以保存下来，主要包括债券（买卖契约、借贷契约）、先令券书（遗嘱契约）和合伙契约等。下面分别举例予以介绍。

1. 买卖契约

(1)《赊买裘券》（图43）

建昭二年闰月丙戌，甲渠令史董子方买鄣卒殷威裘一领，直七百五十，约至春钱毕已，旁人杜君隽。（居延汉简26.1）

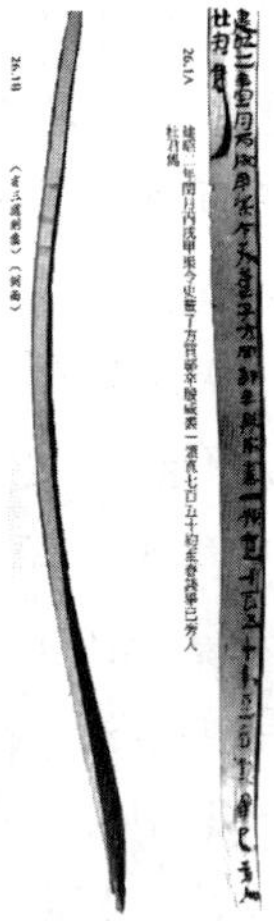

这是一件西汉元帝时期的皮衣赊买债券，大意是："公元前三十七年闰四月十二日，甲渠候官令史董子方向鄣卒殷威购买皮衣一件，价值七百五十钱，约定到春季付清钱款，见证人杜君隽。""旁人"即见证人。从图版可见，契约左侧上部边缘有刻齿。这些刻齿并非随意刻画，而是有其特定的含义，后面再详谈。

(2)《卖橐络券》（图44）

元平元年七月庚子，禽寇卒冯时卖橐络六枚杨卿所，约至八月十日与时小麦七石六斗，过月十五日，以日斗计，

图43

盖卿任。（敦煌汉简1449）

这是一件西汉昭帝时期的橐络赊卖债券，大意是："公元前七十四年七月五日，禽寇隧卒冯时赊卖橐络六枚给杨卿，约定到八月十日，杨卿付给冯时小麦七石六斗，如果超过八月十五日未交付，则按每日一斗计算，盖卿作担保人。"这件契约中规定了违约责任，如果买方不能按期向卖方支付约定的小麦，每超过一天，就要多收一斗作为违约惩罚。"盖卿任"之"任"，是担保人的意思，"盖卿"是人名。

这些债券契约表明，当时订立契约的一些基本要件，与现代类似，除了当事人双方之外，还需有第三方证人在场。

（3）《买袍券》（图45）

　　　元寿元年八月廿九日，定陶里郭叔买楼里李子功袍一令（领），价钱千，约隗（赎）至廿日钱毕以。即不毕以，约知责王长叔千钱，王长叔予子功，往至郭叔田舍，钱不具，罚酒石五斗，肉五斤。（敦煌汉简846A）

　　　责如故。人七十钱，辄食旁喰（?）人巩长孙、张买、骆子公，故（沽）酒旁二斗。（敦煌汉简846B）

这是一件西汉哀帝时期的买袍券，大意是："公元前二年八月二十九日，定陶里郭叔向楼里李子功买袍一件，价值一千钱，约定推迟至（某月）二十日付清钱款。如果到期不能付款，约定由王长叔出一千钱，王长叔支付给李子功，再前往郭叔田舍催款，如果钱款不能按期付清，罚酒一石五斗，肉五斤，仍要支付一千钱。每人出七十钱，供证人巩长孙、张买、骆子公饮食，买卖双方各买酒二斗（共同饮用，以示契约订立）。"很有意思的是，这件契约涉及第三方担保人的责任。约定如果买方不能按期向卖方支付钱款，就由第三方担保人先行支付，然后担保人再向买方索要钱款。这与今天的担保贷

图44

图45

款类似，担保人要承担相应的责任，如果贷款人不能按期还款，则由担保人还款，然后担保人再去向贷款人追索欠款。

2. 借贷契约

（1）《贷钱券》

> 元延元年三月十六日，师君兄贷师子夏钱八万，约五月尽，所子夏若□卿奴□□□□□□□□□丞故。时见者师大孟、季子叔。（尹湾汉墓出土）

这是一件西汉元帝时期的借贷契约抄件（目前出土简牍中还没有见到借贷契约的原件），可能是作为备忘抄写在木牍背面的，其中一些文字漫漶难识，大意是："公元前十二年三月十六日，师君兄借贷给师子夏八万钱，约定至五月底，由师子夏或……归还。见证人为师大孟、季子叔。"这件契约中的"时见者"，跟"旁人"一样，也是见证人，有两位，一位是师大孟，另一位是季子叔。

（2）秦令的规定

对于民间的金钱借贷，秦代有明确的律令规定。比如岳麓书院藏秦简中有如下内容：

> 十三年六月辛丑以来，明告黔首：相贷资缗者，必券书吏，其不券书而讼，乃勿听，如廷律。前此令不券书讼者，为治其缗，毋治其息，如内史律。

这是秦始皇十三年的诏令，大意是规定："百姓相互借贷金钱的，必须当着官吏的面，书写借贷契约，如果无契约而（产生借贷纠纷）提起诉讼，官府就不受理。在此令传达到之前没有书写契约而提起诉讼的，官府可受理涉及本金的部分，而不处理利息的部分，如同（已经颁行的）《内史律》的规定。"

3. 遗嘱：先令券书

（1）《先令券书》（图46）

> 1 元始五年九月壬辰朔辛丑，今高都（1）
> 2 里朱凌庐居新安里，甚疾其死，故请县（5）

88

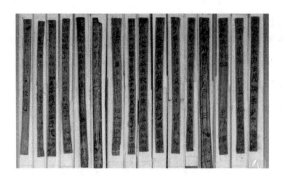

图 46

3 乡三老、都乡有秩、佐，里师田谭等（3）

4 为先令券书。凌自言：有三父，子男、女（2）

5 六人，皆不同父，欲令子各知其父家次。子女以（6）

6 君、子真、子方、缥君父为朱孙；弟公文，父（4）

7 吴衰近君；女弟弱君，父曲阿病长宾。（10）

8 先令券书明白，可以从事。（7）

9 妪言：公文年十五去家，自出为姓，遂居外，未尝（16）

10 持一钱来归。妪予子真、子方自为产业。子女缥君（9）

11 弱君等贫毋产业。五年四月十日，妪以稻田一处、桑（11）

12 田二处分予弱君，波（陂）田一处分予缥君。∟于至十二月（12）

13 公文伤人为徒，贫毋产业。于至十二月十一日，缥君、弱君（15）

14 各归田于妪，让予公文。妪即受田，以田分予公文。稻田二处（14）

15 桑田二处，田界易（场）如故，公文不得移卖田予他人。时任（13）

16 知者：里师、伍人谭等及亲属孔聚、田文、满真。（8）

89

这是目前所见中国最早、最完整的遗嘱抄本，年代为西汉哀帝时期，出自江苏仪征胥浦西汉墓。从文字内容来看，当时的遗嘱称为"先令券书"。这件遗嘱是由一位名叫朱凌的老太太所订立的。她病重临终之前，请县、乡、里的官员和亲属到场，订立了遗嘱，大体内容如下：

> 公元五年九月十日，高都里人朱凌现在居住在新安里，病得很严重，濒临死亡，因此请县乡的三老、乡官有秩、乡佐，以及里师田谭等人到场，订立遗嘱。朱凌本人口述说：孩子们有三位父亲，共六个儿女，都不是同父所生，想让孩子们知道各自的父亲及家次。女儿以君、子真、子方、缥君的父亲是朱孙；其弟公文的父亲是吴地的衰近君；其妹弱君的父亲是曲阿的病长宾。遗嘱清楚明白，可以按此办理。
>
> 老太太说：公文十五岁时离开家，自立门户，居住在外面，从来没有拿回过一文钱。老太太让子真、子方自置产业。女儿缥君、弱君等贫困无产业。五年四月十日，老太太把一处稻田、两处桑田分给弱君，陂田一处分给缥君。到十二月时，公文因打伤他人被判徒刑，贫困无产业。到十二月十一日，缥君、弱君各自把田归还给老太太，转让给公文。老太太于是接受归还的田，将其分给公文。稻田二处、桑田二处，田的边界依旧，公文不得将田转卖给他人。当时担任证人的有：里师、伍人田谭等，以及亲属孔聚、田文、满真。

遗嘱由两部分组成，第一部分主要是交代子女的生父，老太太朱凌一共嫁了三个丈夫，育有六个子女，前面四个女儿系与第一任丈夫所生，第五个儿子系与第二任丈夫所生，最小的女儿系与第三任丈夫所生。可见汉代女性的婚姻状态是比较自由的。很可能因为三任丈夫都离世较早，六个孩子并不清楚自己生父的情况，所以她要专门立遗嘱告诉他们各自的生父。第二部分主要涉及田产分配。老太太有五个女儿、一个儿子。她在分配田产时提到儿子15岁时就离家而去，一分钱都没给家里拿回来过，所以她在第一次处理财产的时候，把田产分给了比较贫困的两个女儿。但是后来因为儿子与人发生争斗，不小心伤人被判刑，刑满释放后没有产业，生活无着落。于是两个女儿主动把田产交还给母亲，母亲再分给儿子，而且规定儿子分得的田产不能转卖给他人。言下之意，如果转卖的话，可能就会失去继承权。通过这份遗嘱可以看到，汉代女性拥有财产处分等权利。虽然当时女性在公共领域的权利有限，比如不能为官，不能带兵打仗，但是在私人领域、私人空间，比如在家庭内部，女性的地位还是很高的。尤其汉代"以孝治天下"，母亲的地位从皇室到民间，都比较崇高。遗嘱最后的"知者"，也是见证人。

4. 合伙契约

（1）《中䑃共侍约》（图47）

中䑃共侍约（正面）

□年三月辛卯，中䑃䑃长张伯、石冕、秦仲、陈伯等七人相与为䑃。约：入䑃钱二百，约乙未会钱备，不备勿与为䑃。即䑃直行共侍，非前谒，病不行者罚日卅；毋人者庸贾；器物不具，物责十钱；共事已，器物毁伤之及亡，䑃共负之；非其器物擅取之，罚百钱；䑃吏令会，不会会日，罚五十；会而计不具者，罚比不会，为䑃吏定器物及人。䑃吏李仲。（背面，江陵凤凰山十号汉墓出土）

这是一件合伙契约，出自江陵凤凰山10号汉墓。其中比较关键的"䑃"字的释读，目前还有若干争议，由此对这件契约的内容、性质等也有不同的认识。比如，一种意见主张把"䑃"读作"贩"，认为这是一件合伙经商贩卖的契约；一种意见主张把"䑃"释作"服"，认为这件契约跟服役有关，即结成一个互助的团体，共同承担徭役；一种意见主张把"䑃"读作"般"，与"班"的意思相同。还有其他一些不同的意见，不过大家都认同这是一件合伙契约。

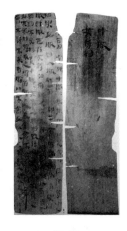

图47

（2）《侍廷里父老僤约束石券》（图48）

　　建初二年正月十五日，侍廷里父老僤祭尊于季、主疏左巨等二十五人共为约束石券里治中。乃以永平十五年六月中造起僤，敛钱共有六万一千五百，买田八十二亩。僤中其有訾次当给为里父老者，共以容田借与，得收田上毛物谷实自给。即訾下不中，还田，转与当为父老者。传后子孙以为常。其有物故，得传后代户者一人。即僤中皆訾下不中父老，季、巨等共假赁田。它如约束。单侯、单子阳、尹伯通、锜中都、周平、周兰、□生、周伟、于中山、于中程、于季、于孝卿、于程式、于伯先、于孝、左巨、单力、于稚、锜中卿，左四□、王思、锜季卿、尹太孙、于伯和、尹中功。（河南偃师缑氏郑瑶村出土）

　　这件合伙契约刻在石头上，出自河南偃师缑氏郑瑶村，年代为东汉章帝时期。主要内容是，侍廷里的25个人共同结成一个组织团体"父老僤"，集资买田82亩。如果僤中有人符合资产条件出任里父老，就共同把田地借给他，田地中的收获物皆归他所有。如果他的资产减少不能再担任里父老，就要归还田地，转借给其他应当出任里父老的人。如果僤中所有人的资产都不符合出任里父老的条件，就共同出租田地，共享收益。

图48

　　上述资料表明，秦汉时代买卖契约成立的必要条件包括双方当事人、标的物和价格。订立契约时通常有第三方在场作见证。第三方有见证人和担保人之别，见证人当时称为"旁人"，担保人当时称为"任者"。同时制定从契约，约定对违约行为的处罚，追究违约责任。契约原件上设有刻齿等防伪标志。可以说，秦汉时代的买卖契约体现了很多现代契约精神。对当事人双方身份的界定、对标的物的明确、双方应遵守的权力义务、旁证的责任都在契约中有明确规定，具有法律效力。西北地区出土的简牍中，有不少官府处理债务纠纷的文书。

前面提到，契券上通常有刻齿等防伪标志。那么这些刻齿契券是怎么制作的呢？刻齿符号有什么含义呢？湖南大学的萧灿老师绘制了契券刻齿简模型（图49），直观展示了契券的剖分方式和过程。通常两片木简相叠，在正面、背面同时记录相关内容，在侧面刻齿，刻齿形态和数量与文字记录数量相对应，然后上下分开，就变成了两份，当事双方各持一份保存。两份的刻齿形态、间距一致，不易篡改。需验证时，如果二者能对合起来，则表明其真实可信。

图49

契券上的刻齿符号并不是随便刻画的，不同的刻齿形态有不同的含义。最初大家并没有注意到这些刻齿的形态和含义，后来日本学者籾山明先生首先对刻齿的形态和含义进行了研究。他发现，不同的刻齿形状有不同的含义，代表不同的数字（图50）。比如在汉简中，Σ形的刻齿表示五千或千，Ⅎ表示百，∠表示五十，＞表示十，一表示一。以往由于不太关注刻齿细节，简牍照片通常只有正面和有文字的背面，少有侧面的照片。包含不少刻齿简牍的里耶秦简出土以后，受到中日学者的关注，胡平生、籾山明、张春龙、萧灿等先生联合进行研究，拍摄了所有简牍的侧面、背面照片，进一步发现了秦代简牍中的刻齿形态的不同含义及其所对应的数字（图51）。比如说，⌐╙┘表示万，╱╲╱表示千，┐└表示百，╲╱表示十，╲╱表示一（石、斤），━━表示一（斗、两），╱表示少半、半、太半。侧面的图版可以更为直观地展示出刻齿形态及其所对应的数字（图52）。即便是一个不识字的人，不认识简牍中所书写的文字乃至数字，但他只需要数一数刻齿，就能知道其中所涉及的钱、粮数量，这也充分体现了古人的智慧。

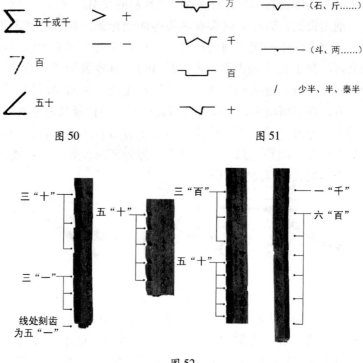

图 50

图 51

图 52

三"十"

五"十"

三"一"

线处刻齿
为五"一"

三"百"

五"十"

一"千"

六"百"

岳麓书院藏秦简《数》书中有一段话说："……百也；券千万者，百中千；券万万者，重百中。"以往一直不清楚其具体含义。后来通过上述对里耶秦简中刻齿的研究，发现表示"万"的刻齿，是在木简的侧面先刻出一个表示"百"的形态，然后在凹槽的中央部位加刻一道深痕，深痕在刻齿中的含义是"一"。这就是所谓的"百中一"代表"一万"。在木简的侧面先刻出一个表示"百"的形态，然后在凹槽的中央部位加刻一个表示"十"的形态的刻齿，就是"百中十"，代表"十万"。在木简的侧面先刻出一个表示"百"的形态，然后在凹槽的中央部位再加刻一个表示"百"的形态的刻齿，就是"百中百"，代表"一百万"。以此类推，岳麓秦简中的"券千万者，百中千"，就是在表示"百"的凹槽中加刻一个表示"千"的形态的刻齿，代表的数字是"一千万"。"券万万者，重百中"，就是在表示"百"的凹槽中重叠加刻一个表示"百"的形态的刻齿，代表的数字是"一万万"。

94

另外，关于合同的由来，也与契券有关。"合同"券书，原为一札，中写有一"同"字，主管官吏在左右两半分别书写出、入的事项后，剖分为两半，出入双方各持一券，中间的"同"字亦被剖开（图 53）。若今后发生矛盾争执，则可合"同"以为符验。这就是合同的来历。长沙走马楼出土三国孙吴"嘉禾吏民田家莂"就是这种形式的契约文书。合同文书分栏书写后，一剖为二或三，作为合符凭证的合同符号位于"田家莂"的顶端。

图 53

（三）多彩的日常生活

古人的日常生活从出土简牍中也可以略窥一斑。前面提到，出土简牍中大多为官府文书，展现了秦汉时代高效的文书行政系统。对此，学界的研究较多。这里拟给大家介绍一下古人多姿多彩的日常生活。

1. 周武王的祝酒诗

清华大学藏战国竹简《耆夜》篇，记载周武王八年征伐耆国（黎国）得胜回到周都，在文王宗庙举行"饮至"典礼庆功，参加者有武王、周公、毕公、召公、辛甲、作册逸、师尚父等，典礼中饮酒赋诗唱和："武王八年，征伐耆，大戡之。还，乃饮至于文大室……王夜爵酬毕公，作歌一终曰《乐乐旨酒》：乐乐旨酒，宴以二公；纴仁兄弟，庶民和同。方庄方武，穆穆克邦；嘉爵速饮，后爵乃从。"有学者如此翻译了诗歌的大意："端起这醇香的美酒，宴请凯旋的毕公、召公；兄弟仁厚表率，庶民和乐心同。正当这雄武英壮之年，为定国安邦立业建功。快快喝了这嘉爵中的美酒吧，我们也斟满酒相从。"

2. 秦代的酒令

北京大学也购藏了一批秦汉简牍。对于购买简牍的举措，人们有一些争议。一种意见认为不应该主动购买市场上的简牍，因为这会助长文物盗卖。另一种意见则认为如果不对市场上的简牍进行抢救购买，这些简牍就有可能被毁掉，永远也看不到了。怎样解决这一悖论，可能需要大家的智慧。北京大学购藏的秦代简牍中，包含一则颇有意思的酒令：

典籍与文化 12

饮不醉，非江汉也。醉不归，夜未半也。趣趣驾，鸡
未鸣也天未旦。一家翁濡年尚少，不大为非勿庸谯。心不
翁翁，从野草游。

有学者对这段酒令做了如下翻译："再多的酒也喝不醉，除
非浩荡如江汉。喝醉了也不回家，只要还没喝到夜半。鸡未鸣，
天未亮，何必驾车往家赶。"大有不醉不归之意。可见，古人酒
文化的遗风一直留存到了现在。

3. 汉代的《为食方》

湖南沅陵虎溪山出土汉简中有《为食方》，记录了各种谷物
和肉类的烹饪方法，以及各种调味品，如盐、姜、酒、肉酱汁
等。比如其中有关于一些食物的蒸法："如水浚蒸之，盖以巾，
偏蒸稍出，择夺去皮，锂取其膏，盛以杯，枣索、浚米装之偏
蒸"；"□之令一黍一梯、枣膏一柂，盖以巾，蒸彻上，反之复
蒸，曳出，置巾上，以手排去其大气而成为"。这批简目前还在
整理当中，近两年应该会公布。

4. 书信交往

汉代书信的书写材料主要是简牍，另外还有少量的帛和纸，
绢帛昂贵，较为少见。书信中涉及的事类非常丰富，包括求购、
问疾、贺年、请托等等，不一而足。

（1）求购

敦煌悬泉置遗址出土的汉代帛书《元
致子方书》是目前所见字数最多、保存最
为完整的帛书书信（图54）。

元伏地再拜请

子方足下：善毋恙！苦道子方发，
元失候不侍驾，有死罪！丈人、家室、
儿子毋恙。元伏地愿子方毋忧。丈人、
家室，元不敢忽骄，知事在库，元谨
奉教。暑时元伏地愿子方适衣、幸酒
食察事，幸甚！谨道：会元当从屯敦
煌，乏鞨，子方所知也。元不自外，
愿子方幸为元买鞨一两；绢韦，长尺

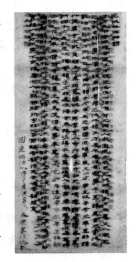

图54

二寸；笔五枚，善者，元幸甚！钱请以便属舍，不敢负。

愿子方幸留意，鞜欲得其厚可以步行者。子方知元数烦扰，难为鞜。幸甚！幸甚！所因子方进记差次孺者，愿子方发过次孺舍，求报。次孺不在，见次孺夫人容君求报，幸甚！伏地再拜子方足下。所幸为买鞜者，愿以属先来吏，使得及事，幸甚。

吕子都愿刻印，不敢报，不知元不肖，使元请子方，愿子方幸为刻御史七分印一，龟上，印曰：吕安之印。唯子方留意，得以子方成事，不敢复属他人。郭营尉所寄钱二百买鞭者，愿得其善鸣者，愿留意。

自书：所愿以市事，幸留意留意。毋忽！异于他人。

这实际上是一封求购信。一个名叫元的人，写信给子方，委托了几件事：一是请子方帮忙买一双鞋，详细注明了对鞋的尺码和材质要求；二是请子方帮忙买五支质量好的笔；三是请子方帮忙为吕子都刻一方印章，注明了印的尺寸、钮制、印文等；四是请子方帮忙为郭营尉买一条质量好的响鞭。汉代有很多人自己可能不会写字，或者字写得不够好，常请人代写书信。这封书信的主体部分可能也是请人代写的，但最末一行文字墨迹不同，不如正文工整，其中有"自书"字样，应是致信人亲笔书写的意思，其后说"所愿以市事，幸留意留意。毋忽！异于他人"，应是为了强调所托之事的重要性，希望对方一定要多加留意，要跟对待别人不一样，要特别重视。秦汉时代请人代写书信，可能是比较常见的情况。

（2）问疾

秦汉时期，如有亲友生了重病，人们通常会前去探望或者专门派人前去探望慰问。江苏连云港尹湾汉墓出土了不少名谒。所谓名谒，相当于现今的名片或者明信片。其中有良成侯问候墓主人疾病的名谒木牍（图55）。

良成侯愿谨使使奉谒再拜
问疾

图 55

97

木牍第一行书写"良成侯愿谨使吏奉谒再拜",第二行书写"问疾"二字。其中"愿"应为良成侯之名,"谨使吏奉谒再拜问疾"表明,良成侯不是亲往探病,而是专门派了一位属吏携带他的名谒代表他前去探视病人。这件名谒虽然没有题署收件人,也可知其是进呈给墓主人的。如果是一件比较完备的名谒,另一面会题写墓主人的名字,采用进某人或者敬某人足下等格式。有时问疾还会赠送鸡、米等食物或者药方,也会在名谒中加以说明。

(3) 贺年

汉代人们在正月一日时要拜访亲友,互致问候,祝贺新年,称为贺正。长沙东牌楼出土了一件东汉时期的贺正名谒木牍(图56)。长23.7厘米,宽8厘米。堪称中国历史上最早的贺年片:

> 正月……
> 故吏邓邳再拜
> 贺

图56

木牍第一行文字有些漫漶,但起首"正月"二字清晰可见;第三行仅写有一个"贺"字;第二行"故吏邓邳再拜",是拜贺者的身份和姓名。这实际上就是新年拜贺和问候。

这种通过文字书信形式进行交往的方式,在汉代也是比较频繁的,尤其是在有一定地位或者知识的群体中,当更为流行。

5. 民事纠纷

频繁的民事纠纷,也应是汉代人们的生活常态之一。官府档案中有不少关于民事纠纷的调查处理或者调解的文书。比如长沙东牌楼出土的东汉简牍《李建与精张争田自相和从书》就是一个典型的例子(图57)。

> 1 光和六年九月己酉[朔][十]日戊午,监临湘李永例督盗贼殷何叩头死罪敢言之。
> 2 中部督邮掾治所檄曰:[民]大男李建自言大男精张、精昔等。母姁有田十三石,前置三岁,[田]税禾当为百二下石。持丧葬皇宗

98

3 事以，张、昔今强夺取［田］
八石；比晓，张、昔不还田。民自
言，辞如牒。张、昔何缘强夺建田？
檄到，监部吏役摄张、昔，实核
［田］

4 所，畀付弹处罪法，明附证
验，正处言。何叩头死罪死罪。奉案
檄辄径到仇重亭部，考问张、昔，讯
建父升，辞皆曰：

5 升罗，张、昔县民。前不处年
中，升娉（聘）取张同产兄宗女妵
为妻，产女替，替弟建，建弟颜，颜
女弟条。昔则张弟男。宗病物

6 故，丧尸在堂。后［妵］复物
故。宗无男，有余财，田八石种。
替、建［皆］尚幼小。张、升、昔
供丧葬宗讫，升还罗，张、昔自垦
食宗

图 57

7 田。首核张为宗弟，建为妵故男，张、建自俱为口，
分田。以上广二石种与张，下六石悉畀还建。张、昔今年
所［畀］

8 建田六石，当分税。张、建、昔等自相和从，无复证
调，尽力实核。辞有［后］情，续解复言。何诚惶［诚］

9 恐，叩头死罪死罪敢言之。

10 监临湘李永例督盗贼殷何言实核大男李建与精张诤
田自相和从书　诣在所

11 九月　其廿六日若（诺）

这是一份有关亲属间争夺田产、最终在官府的调解下达成
和解的结案文书。案情颇有意思：原告男子李建的母亲精妵从
临湘县外嫁到罗县，后来李建的外祖父去世，由于只有精妵这
一个独生女儿，所以遗留下来的田产都应该归女儿所有。但巧
合的是，李建的外祖父去世还没有下葬时，他的母亲精妵也去
世了。由于当时李建及弟弟妹妹们年纪都很幼小，所以他的父

亲在相继处理完老丈人和妻子的丧事之后，便留在家中照顾年幼的孩子们。他母亲应继承的田产就被他的堂外祖父和堂舅舅强行霸占耕种了。后来李建年满 15 岁以后，想把这些田产要回来，但是经过多次交涉，他的堂外祖父和堂舅舅也不愿意归还，于是他向官府提起诉讼。最终在官府的介入和调解之下，双方自愿和解并达成协议，把田地分成两部分，其中 80% 归还给李建，20% 划归堂外祖父和堂舅舅所有，很可能是考虑到他们对外祖父生前多有照顾。

除了田产的争夺纠纷以外，简牍资料中还可以看到不少关于买卖的纠纷。比如居延汉简中有一件著名的甲渠候粟君控告寇恩欠钱的案子：甲渠候粟君雇请寇恩帮他去居延卖鱼，按照当时的市价，约定卖 40 万钱。但没想到等寇恩抵达居延卖鱼的时候，鱼降价了，只卖了 32 万钱。离约定的金额还差 8 万钱。于是寇恩想方设法凑齐差额，包括自己卖鱼的劳务费、儿子的工钱等等，都抵扣给了粟君，他认为自己还清了差额。但粟君不认可，认为金额不够 40 万，于是双方发生了纠纷，粟君提起诉讼，由官府受理调查。最后官府认定寇恩的确已经付清了差额，粟君败诉。

（四）虔诚的信仰世界

从出土简牍还可以观察古人的信仰世界，包括他们的思想观念和宗教信仰。

1. 占梦书

古人通常将梦作为未来的预兆，留下不少关于解梦的书。岳麓书院藏秦简中的《占梦书》记载了很多种梦的解法，即根据梦的内容来占卜，做出解释，预测可能会发生什么事情。比如：梦见虎豹预示着会遇见贵人，梦见熊预示着会见到长官，梦见喝酒预示着会下雨，梦见穿新衣服预示着会被兵器所伤，梦见桃预示着会有不好的事情发生，梦见李预示着会官复原职，等等。这是目前所见最早的专门解析梦的书。

2. 占卜方法

由于古人相信预测，于是发明了各种各样的占卜方法。

（1）神龟占

尹湾汉墓出土了一件神龟占木牍（图 58）。神龟占是为捉拿盗者而进行的占卜。木牍上绘制一个神龟图像，分八个部位，占测时即从左后足起向右行数日数，从当月朔数到占测之日，看所数到的是神龟身体的哪个部位，如右胁、后右足、尾、后左足、左胁、前左足、头、前右足等等，以此推定占测结果，甚至可以预测出盗者的姓名、所在方位：

用神龟之法。以月朝以后左足而右行，至今日之日止，问

直右胁者，可得，姓朱氏，名长，正西。

直后右足者，易得，为王氏，名到，西北。

直尾者，自归，为庄氏，名余，正北。

直后左足者，可得，为朝氏，名欧，东北。

直左胁者，可得，为郑氏，名起，正东。

直前左足者，难得，为李氏，名多，东南。

直头者，毋来也，不可得，为张氏，正南。

直前右足者，难得，为陈氏，名安，正〈西〉南。

图 58

这些书写在木牍上部的文字是占测结果，中间是乌龟形象，下部是干支。不过具体应如何操作、占测，可能还需要专门的研究。

（2）博局占

尹湾汉墓还出土了一件博局占木牍（图59）。木牍上部为六博局，下部的文字为占测结果。博局占是使用古代的一种棋类游戏"六博"局进行占卜，方法是：查找占问当日的干支在博局图上的位置，这一位置必是上面所写的"方、廉、楬、道、张、曲、诎、长、高"九个字中的一个，从木牍下段文字的栏

目中就可以查到占测的结果。

（3）天文气象杂占

还有一种方法是通过天象、云气来占卜。比如马王堆汉墓出土帛书包含一件《天文气象杂占》（图60）。图文并茂，绘有云、气、恒星、彗星等各种天文图像约250幅，并附有图像的名称、解释和占文。是一部根据星、彗、云、气等形状占验吉凶的书。有学者指出其中对彗星形状的描绘非常准确，也反映出中国古人的天象观测技术非常发达。

此外还有二十八宿占等占卜方法，涉及的占卜事项十分丰富，诸如狱讼、约结、逐盗、追亡人、病者、行者、来者、市旅、颜色、战斗等等，都包含在内。

图59

图60

3. 择日宜忌：日书

日书，是古人确定婚嫁、丧葬、生子、农作、出行、疾病等时日吉凶宜忌的参考书，类似于后世的"黄历"。目前发现了多批日书简牍，比如九店楚简《日书》、放马滩秦简《日书》、睡虎地秦简《日书》、周家台秦简《日书》、孔家坡汉简《日书》、香港中文大学文物馆藏汉简《日书》、磨嘴子汉简《日书》等。日书占卜的内容可以说涵盖了生老病死、衣食住行等民众日常生活的各个方面。比如西北汉简日书中有依据生子方位的占卜："生子东首者，富；南首者，贵；西首者，贫；北首者，不寿。"睡虎地秦简日书中有《病》篇和《相宅》篇等。由于日书将天文历法和日常生活事件交织在一起，不同历法体系导致日书的编排体系也不同，由此形成了不同的流派。

4. 告地书

除了对现实世界的吉凶选择以外，人们对于死后世界的认识在出土简牍中也有所反映。比如告地书，又称告地策，是模仿现实生活中的迁徙公文为死者办理迁徙地下事宜的文书，记录墓葬下葬的时间、墓主的籍贯、爵位和名字、随葬的奴婢和器物等内容。相当于将"户口"从阳间迁移到阴间，并且按照生前的等级享受免除徭役等待遇，反映了古人事死如生的观念。

谢家桥一号墓出土三块竹牍"告地书"。牍文所记五年十一月指吕后五年（前184），是目前发现的时代最早的告地书。一号牍交代了移徙地下的人员、物品，墓主的妻妾、子女、奴婢、马牛及车辆等：

> 五年十一月癸卯朔庚午，西乡虎敢言之：郎中 [五]
> 大夫昌自言：母大女子恚死，以衣器、葬具及从者：子、
> 妇、偏下妻、奴婢、牛马、物、人一牒，牒百九十七枚。
> 昌家复毋有所与，有诏令。谒告地下丞以从事。敢言之。
>
> 十一月庚午，江陵丞虎移地下丞，可令吏以从事。
> 臧手。
>
> 郎中五大夫昌母，家属，当复毋有所与。

这件告地书是完全仿效现实公文格式制作的。根据文书内容可知，吕后五年十一月庚午日，西乡的长官虎向迁陵丞报告：死者的儿子郎中五大夫昌前来报告说，他的母亲大女子名恚，去世之后，随葬的衣服、器具、从者等逐一进行了登记，共有197牒。昌拥有五大夫爵位，根据诏令，家属可以免除徭役。请迁陵丞转告地下丞，照此执行。当日，江陵丞接到西乡长官的报告之后，即移文给地下丞，告知照此执行。文书的抄写者名臧。文书中还特别重申，死者是郎中五大夫昌的母亲，是有爵位者的家属，应当享受免除徭役的待遇。可见古人是根据现实

世界来想象地下世界的。

5. 死而复生的故事

出土简牍中也包含一些死而复生的故事，体现了人们对死而复生的期待。

（1）北京大学藏秦简《泰原有死者》

北京大学藏秦简中有一件整理者命名为《泰原有死者》的木牍（图61）。木牍本身没有标题，系整理者取牍文首句所做的命名。讲述一个人死亡三年之后又复活的故事：

泰原有死者，三岁而复产，献之咸阳，言曰：死人之所恶，解。予死人衣，必令产见之，弗产见，鬼辄夺而入之少内。死人所贵黄圈。黄圈以当金，黍粟以当钱，白萺以当繇。女子死三岁而复，嫁后有死者，勿并其冢。祭死人之冢，勿哭。须其已食乃哭之，不须其已食而哭之，鬼辄夺而入之厨。祠，毋以酒与羹沃，祭而沃。祭前，收死人，勿束缚。毋决其履，毋毁其器。令如其产之卧也，令其魄不得蓍思。黄圈者，大菽也，魄不得蓍思。黄圈者，大菽也。劳去其皮，置于土中，以为黄金之勉。

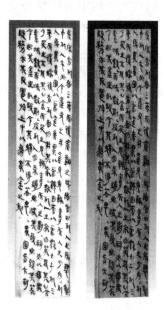

图61

死而复生的人讲述了自己在阴间的见闻，尤其是死人的好恶，比如死人最讨厌什么，要怎么给予死人衣服，死人喜欢什么等。他提到死人最看重黄圈（有学者考证认为黄圈可能就是豆芽）。黄圈在阴间可以当黄金，黍粟可以当钱，白茅草可以抵徭役。大意就是死后的世界与现实世界很相似。

（2）甘肃天水放马滩秦简《志怪故事》

甘肃天水放马滩秦简中也有一枚《志怪故事》木牍，讲述一个人死而复生的故事：

八年八月己巳，邘丞赤敢謁御史：大梁人王里□□曰
丹□□七年，丹刺伤人垣雍里中，因自刺也，弃之于市三
日，葬之垣雍南门外。三年，丹而复生。丹所以得复生者，
吾犀武舍人。犀武论，其舍人尚命者以丹未当死，因告司
命史公孙强，因令白狐穴屈出丹，立墓上三日，因与司命
史公孙强北之赵氏之北地柏丘之上。盈四年，乃闻犬狾鸡
鸣而人食，其状类益、少麋、墨，四支不用。

丹言曰：死者不欲多衣。死人以白茅为富，其鬼贱于
它而富。丹言：祠墓者毋敢嗀。嗀，鬼去敬走。已，收腏
而之，如此鬼终身不食也。

丹言：祠者必谨骚除，毋以淘祠所。毋以羹沃腏上，
鬼弗食也。

这个故事的主人公详细讲述了自己死而复生的经过。他讲
到自己之所以能够死而复生，是由于碰到了犀吾的舍人。在论
定他的生死时，犀吾属下掌管人命的舍人认为他不应该死，因
此命人把他从墓穴中挖出来。四年之后，他才逐渐得以复活。
刚刚复活的时候，他没有头发，也没有眉毛，不能说话，也不
能走路。过了好几年，他才慢慢能够说话，才恢复正常。他还
讲到死后如果亲友要来祭奠的话，必须把祭奠的地方打扫干净，
如果打扫不干净的话，鬼就不会吃那些贡品。他也讲到了一些
死后世界的内容。同样提到了白茅，说"死人以白茅为富"，白
茅可以当钱使用。这些故事反映了秦汉时代人们对死而复生的
期待和信仰，也是古人观念世界的反映。

（五）发达的学术文化

出土简帛资料也体现了当时发达的学术文化成就，相关材
料非常多。这里主要从文字、数学、医学、经典著作等几个方
面略作介绍。

1. 文字

古人非常重视文化普及教育，并为此编撰识字课本。秦始
皇时，李斯作《苍颉篇》，赵高作《爰历篇》，胡毋敬作《博学
篇》，作为"书同文"的重要措施，也是学童的识字课本。至西
汉初，这三篇合而为一，称为《苍颉篇》，共计 3300 字。该书

为韵文，四字一句，按韵部分章，北宋以后失传。目前，从居延、阜阳等地出土了很多《苍颉篇》残简。北京大学藏汉简《苍颉篇》保存了完整字 1300 余个，是迄今为止所见存字最多的本子，更接近秦代的原貌。以下为其中的《颛顼》章（图62）：

颛顼

颛顼祝融，枌榆奋光。颐豫录恢，徇隋恺裏。鄢邓析郦，

项宛郳裏。阅鬶灶趯，滕先登庆。陈蔡宋卫，吴邟许庄。

建武抵触，军役嘉臧。贸易买贩，市旅贾商。鰓展贲遴，

游教周章。黯黂黯黜，黩黝黔黢。黔黸赫赧，倏赤白黄。

瘽弃尫瘦，儿孺旱殇。恐慄怀归，趋走病狂。疵疟秃瘘，

齮齕痍伤。殴伐疚痛，朕朕睛盲。执囚束缚，论讯既详。

卜筮兆占，祟在社场。寇贼盗杀，捕狱问谅。百卅六

图62

这种四字一句的韵文，读起来朗朗上口。另外还发现有七言的《苍颉篇》，可能是另外一个流传系统。关于《苍颉篇》的编排结构和章旨问题，学界尚有争议。不过，大体是将含义相类或相关的字词编排在一起，比如"贸易买贩，市旅贾商"，"寇贼盗杀，捕狱问谅"，等等，既容易了解其含义，也容易记忆。末尾的"一百三十六"是本章的字数统计。

2. 数学

出土简牍中有不少数学著作，比如岳麓书院藏秦简《数》书、张家山汉简《算数书》等。值得一提的是，清华大学藏战国简中发现了世界上最早的十进制计算器——《算表》（图63），由 21 枚竹简组成，简长 43.5—43.7 厘米，宽 1.2 厘米。2017年 4 月 25 日获得吉尼斯世界纪录认证。说明中国古代的应用数

学，领先于世界水平。

　　根据学者们的研究，将《算表》共有的21支简，用19条红色横线连在一起，分为三个部分。最上一列及最右一行的数字在乘法中是乘数或被乘数；包括第2—20列、右起第3—21行每个方格中的数字都是乘积。第一列下及第二简圆孔上的数十条丝带，是作为引线起着联系的作用。数码是固定的，而引线是可动的，可以进行乘数和被乘数是$99\frac{1}{2}$以内的快速运算。

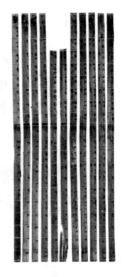

图63

　　有一点需要注意的是，古人算数的基础是加法，比如九九表中的九九八十一，表示九个九相加等于八十一。在出土简牍所见的九九表中，有一一而一、二半而一等内容，所谓二半而一，表示两个二分之一相加等于一，不能用乘法的方式来计算。

　　3. 医学

　　出土简牍中有不少关于医学的资料，包括医理、医方等，比如武威医简中就包含了好几十个医方。实践表明，很多古代的医方到现在仍然有很好的疗效。中医学史的研究者认为，上古的中医药源流包括经脉医学、汤液医学和导引医学三系。从出土简帛文献来看，张家山汉墓出土医书包含了经脉医学的《脉书》和导引医学的《引书》两种；马王堆汉墓出土的《足臂十一脉灸经》和《阴阳十一脉灸经》属经脉医学，《五十二病方》《养生方》属汤液医学，《十问》《合阴阳》《导引图》则属导引医学；成都天回汉墓医书，有属扁鹊经脉医学的《脉书》《逆顺五色脉藏验精神》和《刺数》，以及属汤液医学的治六十病药方。这些简帛医书构成了中国医学的源头，体现了《素问》所谓"圣人杂合以治"的医学融合趋势。

　　马王堆汉墓所出帛书中有《导引图》(图64)。所谓"导引"，是呼吸运动和躯体运动相结合的一种医疗体育方法。马王堆《导引图》分上下四层，描绘了不同年龄人群的导引动作44个，其中男性与女性的数量大致各半，有老有少，姿态或坐，或站，或徒手导引，或持器械运动。31处有文字说明，标注名

107

称及功用。

图 64

4. 六经与诸子之书

《汉书·艺文志》所载的六艺、诸子、诗赋、兵书、术数、方技等"六略"，在出土简帛古书中都有所发现。特别是战国时期的简帛文献，在秦统一之前就埋入地下，未经秦始皇焚书影响，所以能够最大限度地展现先秦古籍原貌。我们现在能看到的一些战国简帛古书，很可能是汉代人都没有看到过的。另外，还有一些文献，虽有著录，但失传已久，或在后世被怀疑为"伪书"，在简帛古书中也得以重现。

（1）《筮法》：清华大学藏战国竹简中有《筮法》篇，系统地记载用数字卜卦的内容和理论方法，其中绘有八卦方位图，是目前所见最早的八卦图。

（2）《厚父》：《尚书》佚篇。众所周知，关于《尚书》的篇数及真伪历来都有争议。在清华大学藏战国竹简中发现了不见于传世典籍的《尚书》佚篇，十分宝贵。比如《厚父》篇，记录了王和厚父的对话。王在讲话中追溯夏代历史，强调勤政、用人、敬畏天命等对于政权的重要性。厚父在回应中不仅强调要知民心、处理好官民关系，还特别强调要戒酒："今民莫不曰余保教明德，亦鲜克以谋。曰民心惟本，厥作惟叶，矧其能丁良于友人，乃宣淑厥心。若山厥高，若水厥深，如玉之在石，如丹之在朱，乃是惟人。曰天监司民，厥征如之服于人。民式克敬德，毋湛于酒。民曰惟酒用肆祀，亦惟酒用康乐。曰酒非食，惟神之飨。民亦惟酒用败威仪，亦惟酒用恒狂。"经学者考证，厚父是夏人的后裔，"王"可能就是周武王。全文虽只有短短数百字，但内容丰富，且篇名前所未闻。从体式、内容、文句和用词上看，《厚父》都与《尚书》相类，应属《尚书》的佚篇。

此外还有很多其他古书篇章的发现，虽然有一些只是残篇，并非全部，但仍然为我们研究古代的学术文化提供了重要的资料。

（六）别样的历史

下面我们讲讲某些与史书记载不太一样或者是历史上有争议的问题，或许通过出土简牍能够引发进一步的思考，当然不见得都能解决问题，最终的定论还需要一定的时间。

1. 秦人起源于东方还是西方？

关于秦人的起源问题，学术界历来就有争论，存在两种截然不同的观点，即"西来说"和"东来说"。清华大学藏战国竹书《系年》记载：

> 周武王既克殷，乃设三监于殷。武王陟，商邑兴反，杀三监而立录子耿。成王屎伐商邑，杀录子耿，飞廉东逃于商盖氏，成王伐商盖，杀飞廉，西迁商盖之民于邾吾，以御奴且之戎，是秦先人，世作周卫。周室既卑，平王东迁，止于成周，秦仲焉东居周地，以守周之坟墓，秦以始大。

据此，则秦人源于东方的商奄（今山东曲阜一带），周成王平定三监之叛后，秦人首领飞廉东逃入奄。周朝将周公长子伯禽封到原来奄国的地方，建立鲁国，统治"商奄之民"，后来

109

"商奄之民"被周人强迫西迁到今甘肃甘谷、礼县附近，也就是秦人最早在西部居住的地方。一些学者认为这段记载是证明秦人迁自山东的又一新证据。不过也有学者认为这只是一种版本的记载，尚不足以推翻秦人起源于西方的说法。虽然还存在争议，但是至少出土材料给我们提供了一种不同的记载。

2.《孙子兵法》的作者是孙武还是孙膑？

文献记载孙武、孙膑都有兵法传世，但后世只流传一部《孙子兵法》。宋人叶适因《春秋左氏传》未记载孙武事迹，因而怀疑孙武其人其事，后世因之怀疑《孙子兵法》为伪托或真伪相杂，争论的焦点是《孙子兵法》的作者是孙武还是孙膑？

1972年，山东临沂银雀山汉墓同时出土《孙子兵法》与《孙膑兵法》，证明《孙子兵法》为孙膑所作之说不可信，《孙膑兵法》比《孙子兵法》篇幅多，且有所发展，在战争和战术的论述上也有自己的特点。这两部兵书的出土，澄清了笼罩在孙武、孙膑其人其书上的迷雾，证实了孙武、孙膑的存在，并各有兵法传世，使得聚讼千年的《孙子兵法》《孙膑兵法》的学术公案得以解决。

3.《道德经》还是《德道经》？

传世的《老子》八十一章，上篇为《道经》，下篇为《德经》，所以通常又称为《道德经》。但从出土的《老子》来看，却正相反。马王堆帛书有《老子》甲本、乙本，都是《德经》在前，《道经》在后。北京大学藏汉简中的《老子》，分别题为《老子上经》和《老子下经》，其中《上经》就是今本《德经》，《下经》就是今本《道经》，也与传世版本《老子》的顺序正好相反。为什么会出现这种情况？这也是研究学术史的学者们非常关注的问题。据此我们可以看到，古书在流传过程当中，其早期的状态和现在流传的状态是有差异的。

4. 秦二世是否篡位？

秦二世到底有没有篡位，也是近年重新引起关注的问题。根据《史记·秦始皇本纪》的记载，秦始皇本来要立公子扶苏为继承人，由于李斯、赵高趁秦始皇病死之机篡改遗诏，才让胡亥继位，并逼公子扶苏自杀。因此，通常都认为秦二世是篡位者。然而，秦汉简牍则陈述了不同的版本，带来了别样的历史书写。

2013 年湖南益阳兔子山 9 号井出土了秦二世元年胡亥登基之后发布的诏书："天下失始皇帝，皆遽恐悲哀甚，朕奉遗诏，今宗庙吏（事）及箸以明至治大功德者具矣，律令当除定者毕矣。以元年与黔首更始，尽为解除故罪，令皆已下矣。朕将自抚天下，吏、黔首，其具行事，毋以繇（徭）赋扰黔首，毋以细物苛劾县吏。亟布。以元年十月甲午下，十一月戊午到守府。"该诏书中强调了秦二世继位的合法性，有"朕奉遗诏"的说法，也有赦免罪人、德惠吏民的举措，与《史记》记载的秦二世胡亥的形象有所不同。有学者据此认为秦二世不是篡位者，而是合法继位。也有学者持相反的意见，认为诏书中"朕奉遗诏"云云有"此地无银三百两"之嫌，正是其篡位的证据。

北京大学藏西汉竹书中有一篇自题为《赵正书》，主要记述秦王赵正（秦始皇）第五次出巡回程途中生病、死亡前与李斯商量立继承人到秦二世继位后诛杀诸公子大臣、直到秦灭亡的历史过程，其中大部分篇幅记录秦始皇临终前与李斯的对话、李斯被害前的陈词以及子婴的谏言等内容，作者在篇末总结认为秦二世胡亥身死国亡是因为"不听谏"造成的。其内容和

《史记·秦始皇本纪》《史记·李斯列传》《史记·蒙恬列传》中的某些记载相似，但在一些事件的记载上与《史记》又有较大差异，二者可对照参证。《赵正书》中有如下一段文字：

> 赵正流涕而谓斯曰："吾非疑子也。子，吾忠臣也。其议所立。"丞相臣斯、御史臣去疾昧死顿首言曰："今道远而诏期窘，臣恐大臣之有谋。请立子胡亥为代后。"王曰："可。"王死而胡亥立，即杀其兄夫（扶）胥（苏）、中尉恬。大赦罪人，而免隶臣高以为郎中令。

这段话记述了秦始皇临死之前与李斯等人议定继承人的过程。李斯等人经过讨论，认为扶苏相隔过于遥远，如果诏命他继位的话，传递诏书的这段时间势必成为帝位真空期，从而为朝中大臣谋乱提供了可乘之机，为了防患于未然，建议立跟随在身边的胡亥为继承人。秦始皇认可了这一提议。据此，则胡亥为秦始皇临死之前所立的继承人，而非赵高、李斯篡改遗诏而立。考虑到《赵正书》中有些记载与《史记》高度一致，表

明两者可能有相同的史料来源，但书写者却做了不同的书写。

当然，也有一些问题之所以产生争议，其实是对史书记载的误读所引起的。比如说赵高到底是不是太监，是不是宦官？2000多年来以讹传讹，大都把赵高当成是一个大宦官，当然这可能也跟大家讨厌他的所作所为有关系。实际上，历史上也有学者做过辩证，前辈学者也有过讨论，认为从《史记》本身的记载来判断，赵高本人并不是一个宦官，他没有被阉割，不是太监。因为他有女儿，还有女婿。后来的研究也证明，以往既有对材料的误读，也有史书传抄的错误。《史记》记载说赵高"生于隐宫"，古人解释说"隐宫"的意思是指受了宫刑的人要在专门的地方居住休养，这实际上是一种误解。后来出土的张家山汉简《二年律令》中的相关规定表明，受过肉刑处罚肢体不全的人不方便在大庭广众之下抛头露面，只能去专门的机构劳作，这些机构称为"隐官"，也有学者认为"隐官"是对这类人的身份称谓，但都倾向于认为史书中的"隐宫"应是"隐官"之误，即史书里的"宫"字写错了，应该是"官"字，由此造成了误解。还有一个误解是，史书里提到赵高有宦籍，以往认为"宦"就是指宦官，出土简牍资料表明这里的"宦"并不是太监或者宦官之意，"宦"其实指的就是仕宦，即出仕为官，比如张家山汉简中"宦皇帝者"的意思是在皇帝身边为官，所谓的宦籍实际上就是指官员有专门的名籍。这是属于后人理解错误引起的问题，即史书记载本身并没有错，而是我们误解了史书的记载。

类似的情况还有很多，比如大家都知道张衡发明了地动仪。关于地动仪的结构，史书记载说"中有都柱"，以往的复原模型是把中间的柱子立在地上的。但按照地震学的观点来看，这并不科学。后来经过研究，有学者发现以往误解了"中有都柱"的含义。原文只是说中间有根柱子，但并没有说这根柱子是怎么设置的。按照地震波的原理，中间的柱子应该像一个钟摆那样悬挂起来，才能达到感应地震的效果。后来的地动仪复原模型即采用了这种新的结构。

通过出土资料我们可以发现，历史是有多个面相的。史学家所记载的只是其中的一个剖面，而我们对于历史的判断需要有多个维度。

三、简帛学的形成

最后我想简单谈一下简帛学学科的形成。出土简帛资料是第一手的原始材料，具有非常重要的史料价值，能够证实历史记载的可靠，纠正历史记载的偏差，补充历史记载的不足，拓宽历史研究的领域，对相关历史研究产生了极大的推进作用。比如出土简牍中大量的官府公文，有助于了解当时国家的行政运作、政令的推行以及相关的制度，包括土地制度、赋税制度、户籍、人口管理、吏制、爵制、边境的屯戍守卫体系、关塞管理，乃至行政区划、历史地理等等，相关的材料都非常多。

简帛书籍实物的出土，对研究中国古代书籍制度具有重要意义，使我们对古书的创作、构成、阅读、解释、选取和淘汰、传播和保存、图书分类等有了更加深入的理解。简帛书籍的内容广泛，涉及儒家、墨家、道家、易学、阴阳家、兵家、诗赋、小学、算术、数术方技、医药等领域，对学术史研究意义重大，有助于重建和恢复古代的知识系统和知识结构，在很大程度上改写了古代学术史的面貌。对古文字研究、古书的辨伪与校勘、史学研究、古代文学、医学与数学成就、早期儒学史、道家与数术研究、先秦秦汉学术史的重建等领域产生了极大的推动作用。

简帛的发现和研究，不仅给历史学研究带来了一股活力，而且也极大地促进了考古学、古文字学、古文献学、语言学、古文书学等相关学科的发展。这些学科借助于简帛新材料，在各自的领域都取得了丰硕成果。比如大量书写在简牍上的随葬品清单即遣册的发现，对于考古学来说也有很重要的意义。随葬品清单中罗列了很多器物的名称，为考古发现的器物辨识和定名提供了重要的参照，对于名物制度的考释也意义重大。

王国维曾在清华大学的演讲中指出："古来新学问起，大都由于新发见。"他所提及的 19 世纪末 20 世纪初的四大发现，即殷墟甲骨文字、敦煌塞上及西域各处之汉晋木简、敦煌千佛洞之六朝及唐人写本书卷、内阁大库之元明以来书籍档册，后来都形成了专门的学问。前面提到，除了中国出土大量简帛之外，在东亚其他国家如韩国、日本也发现了很多木简，因此简帛学逐渐发展成了一门独立的国际性学科。简帛学的研究范围主要包含三个方面的内容：

一是简帛的发掘、清理保护、整理释读及成果公布。大家知道西北边塞出土的简牍比较干燥，只需要在一定的温度条件下保存即可。但是南方地区的很多简牍出土时是浸泡在水里的，如同煮熟的面条一样柔软，需要进行特殊的处理和保存。目前主要有两种保存方式，一种是置于饱水状态中保存，一种是脱水干燥保存。从效果来看，这两种保存方式都各有弊端，比如脱水以后的简牍容易开裂，饱水的简牍容易滋生细菌，究竟怎么才能更好更长久地保存简牍，还需要进一步的探索。由于简帛上的文字跟后世有所区别，需要专门的学者进行释读，然后将图版和释文一起公布，供学界利用。这些都是最基础的研究工作。二是简帛制度本身的研究，包括选材、修治、形制、编绳、字体、符号、标题等，研究简牍制度的形成与演变。三是结合简帛资料和传世文献，研究当时的政治、经济、军事、法律、思想文化、社会生活等各个方面，在推进历史学研究的同时，也推动考古学、古文字学、古文献学、古文书学等相关学科的发展。

总之，正是由于出土简帛资料的重要价值，使得简帛学发展成了专门之学。我也希望大家都来关注简帛，因为它是我们传统文化的一部分，并非高不可攀，它就是一种史料，只不过是书写在竹木之上的。

谢谢大家！感谢大家倾听！

参考文献

1. 李均明等著：《当代中国简帛学研究（1949—2009）》，北京：中国社会科学出版社，2011 年。

2. 山东博物馆、中国文化遗产研究院编：《书于竹帛：中国简帛文化》，上海：上海书画出版社，2017。

邹大海

出土简牍开启中国古代数学世界的大门

　　邹大海　1965 年生于湖南新化。1988 年在湘潭大学数学系获理学学士学位，1994 年在中国科学院自然科学史研究所获理学硕士学位。1994 年至今在该所工作，2006 年任研究员，2010 年被批准为博士生导师。历任中国科学院自然科学史研究所编辑部主任（2015 年 10 月—2016 年 9 月），《自然科学史研究》副主编（2016 年—2019 年 3 月）、主编（2019 年 3 月至今），全国数学史学会理事（2002—2011），中国数学会理事（2012—2015），国际科学史研究院通讯院士（2019 年 5 月），中国数学会数学史分会常务理事（2015 年 10 月—2019 年 5 月）、副理事长（2019 年 5 月至今），河北省祖冲之研究会副理事长（2011 年至今）。主要研究中国数学史、中国早期科学思想史。对中国早期数学史有较系统深入的研究，尤其注重考古材料的利用。著有《中国数学的兴起与先秦数学》，主编《中国近现代科学技术史论著目录》。代表论文有《墨家和名家的不可分量思想与运动观》《出土〈算数书〉初探》《略论李俨的中算史研究》《The Concept of Force（li 力）in Early China》《睡虎地秦简与先秦数学》《秦汉量制与〈九章算术〉成书年代新探——基于文物考古材料的研究》等。

谢谢各位女士、各位先生的光临，感谢大家在周末休息的时间来听这样一个比较枯燥的报告，这对我是一个鼓励。讲座题目是《出土简牍开启中国古代数学世界的大门》，这个主题的领域是数学史。数学史实际上涉及两个领域，一个是数学的领域，一个是历史的领域。数学大家都有充分的认识，这个学科"无孔不入"，这是我国最著名的一位在世数学家吴文俊先生的说法，意思是数学在什么地方都有。另外一个就是历史领域，历史学是中国一个古老的学科，在中国古代就很受重视，比数学要受重视得多。历史学也是一个非常重要的学科，实际上任何事物都有它的历史，所以我杜撰了一个说法叫作"无物无史"。认识历史对于我们认识世界，甚至于认识自己都有很重要的作用。当然，平常说的历史学不包括自然史。

我们今天讲的范围，首先是我们中国的数学史。中国有悠久的历史，包括方方面面的历史，数学也是其中一个重要部分。数学史以前不太受重视，后来随着现代社会的进步和现代文化的兴起，数学和数学史也随之受到了重视。现代中国对历史有方方面面的研究，中国数学史的研究起步也比较早，实际上也成为历史研究的一个很重要的方面。

在研究历史的时候，史料是一个很重要的方面。史料的种类很多，以前常用的是所谓的传世文献，是通过传抄、刻印等手段，把那些比较久远的历史材料一代代地传下来形成的。随着材料的扩张，考古材料成为一个重要的方面，其中很重要的部分就是简牍。简牍是在纸张广泛应用以前主要的书写材料。我现在所讲的内容就是逐步地从一个比较大的范围进入到一个小的范围，即简牍和中国数学史。由于简牍本身并不是一直在用，所以本次讲座牵涉的时段属于中国数学史的早期阶段。

本报告主要分为以下几个方面。第一是引言。第二是关于一些数学文献、数学材料的具体介绍。第三是数学发展与社会环境的关系。第四是用简牍材料检验以前的研究结论和研究方

117

法，进而改进今后的研究方法和思路。第五比较宏观，利用简牍材料来勾勒中国古代数学在早期阶段发展的宏观脉络，对简牍在其中所起的作用做一个初步的探讨。最后是结语。

一、引言

首先讲一下什么是简牍。把竹子和木头加工成片，比较薄、比较窄的称为简，比较厚一些、比较宽一些的称为牍，合在一起就称为简牍。一般来说，简是用竹子做成的，通常比较窄，牍是用木头做成的，比较宽；但是也有宽的竹牍和窄的木简。简牍作为书写材料，是文字的载体，古人在上面写字、画画。我们利用简牍来研究历史，主要看重的是它上面所记录的内容，即在简牍上书写的文字、符号，偶尔还有图画。为简单起见，我们说到简牍，强调的就是它上面所记录的内容。当然简牍本身有时候也会用到，但主要还是利用上面的内容。

简牍的使用主要是在公元3世纪及以前，因此简牍所能反映出的数学发展情况，也只是公元3世纪和以前的情况，基本上不能反映更晚的情况。当然后面的时代偶尔也会有一点材料，但是非常少。简牍后来被纸张所取代，取代久了之后，大多数人，甚至是学者，就对简牍比较陌生了。通过简牍，可以比唐人、宋人或者明人看到更早的一些材料，这是现代人跟一定时间段的古人相比更占优势的一个方面。

20世纪初西方的一些探险家在中国西北发现了一些简牍，从那以后就陆续有一些简牍被发现，这些发现深刻地影响着中国历史研究的很多方面。王国维曾经说过，重大的发现会对学术有重大的影响。关于现代学术，他说有四大发现，即"殷虚甲骨文字、敦煌塞上及西域各处之汉晋木简、敦煌千佛洞之六朝及唐人写本书卷、内阁大库之元明以来书籍档册"[①]，其中第二项就是简牍。起初发现的简牍还比较少，只有几百枚，经过这么多年后，发现简牍的时段和地域都大为扩展，现在简牍的总量据估计在30万枚以上，而且还在陆续增加。

简牍材料对中国历史和文化的研究产生了深远影响。在中国数学史研究中，简牍材料的应用曾经是比较有限的。最早是王国维整理了九九残简，九九就是我们现在所说的乘法口诀，因为最开始的那一句是"九九八十一",所以这个乘法口诀又叫九九。后来我们中国数学史的开山祖师李俨先生就据此加以介绍[②]。

　　早期比较系统地利用简牍来研究数学史的是严敦杰先生,严敦杰先生在劳幹的《居延汉简考释　释文之部》1943 年出版以后就发掘其中与数学相关的材料,并且和相关传世文献进行对照,发表了《居延汉简算书》,说明更多的数学史问题。这是早期数学史研究的一篇比较有分量的文章。后来利用简牍对数学史的研究有建设性的论著不多,基本限于严先生的范围之内。这样的局面维持了很长一段时间,一直到1983 年和1984 年之交的时候,在湖北江陵张家山的 247 号汉墓中出土了一部数学著作,叫作《算数书》。随着这部书的出土,陆续有一些关于它的材料披露出来,除了对《算数书》本身以外,也带动了对其他简牍中数学信息的发掘与利用。

　　图 1 就是《算数书》一些简的照片。图 2 的两支看上去较大的简是图 1 中右边两支简上部的放大照片。图 2 右边是六号简的背面,上面是《算数书》的书名;左边的这支则是一个数学问题的开头,内容是关于乘法相乘的前面几句。这部书很重要,它是已经发现的第一本大部头的整部数学著作,而且它的时代也很确定。它是在吕后二年即公元前 186 年或最多晚一年的一座墓里出土的,所以这部书的时代肯定不晚于吕后二年[③]。

典籍与文化 12

图 1　　　　　　　　　　　　　　　图 2

119

图 3 是在湖南西部龙山县里耶镇的一个古井里出土的材料。这则材料记录的是九九表，就是我们所说的乘法口诀表，以"九九八十一"开头，这是一个比较完整的表。但是很遗憾，它前面这两句"九九八十一""八九七十二"破损了，没保存好，不过还是能看得出来。

图 3

虽然 1983 年和 1984 年之交的时候已经出土了这部《算数书》，但是整理时间很长，由于各种原因它发表得比较晚。可能有的同志不太知道，考古学界有一个规矩，发掘整理的人如果没有把材料整理出来正式发表，那么别人一般是不能去染指的。一般情况下，如果不是直接参与的人，很少有机会接触到这种材料，即便接触到也不能去利用。一直到 2000 年的 9 月份，《文物》上才正式地发表了《算数书》。

利用简牍材料研究中国数学史，主要是从 2000 年以后才热起来的，到现在也有十多年的历史。随着中国基础建设的大发展以及盗墓贼的"专业化"，古墓被发掘或者被盗掘的情况也就越来越多，所以我们见到的材料也会越来越多。关于古代数学的一些比较重要的大批量材料主要是从 2000 年以后才有机会见得比较多，当然以前也会有一些。我在这里对与数学有关的简牍材料分两类做一个简单的介绍。

（一）专门的数学材料

首先要提到的材料，就是我们刚才所说的张家山汉墓出土的《算数书》，它是正式考古发掘的。

第二项材料叫作《数》，是湖南大学岳麓书院从香港的一个文物市场里买回来的，这批简共有 2000 多支。其中有一部分，有 200 多支，是一部数学书，题有书名叫《数》。这批竹简里有年号，其中一支简所记录的年份最晚，是公元前 212 年，所以估计《数》这部书可能也是在公元前 212 年左右的一座墓里发掘出来的④，到底是不是从同一个墓里面发掘出来的，现在还不能完全确定。

第三项是北京大学藏秦简中的数学书，也是来自香港文物市场，是由北京大学校友买回来捐给北大的。它可能是从一座秦始皇后期的墓里发掘出来的，这座墓出土的材料最晚的年代是公元前 214 年⑤，所以时间大致跟前面的《数》差不多。其中的数学内容非常丰富，但是现在公布的内容很少，而岳麓书院的《数》已经全部公布了。

第四项是睡虎地汉墓竹简《算术》，这是在湖北云梦睡虎地的一座墓里挖出来的，时间大约是公元前 157 年前后，也是由正式的考古发掘出来的材料⑥。目前只公布了很少量的材料。

第五项是安徽阜阳双古堆汉简算书。这是出自西汉文帝时期的墓，时间不晚于公元前 157 年。这部书现在只存有 20 多个编号的竹简残片，所以量很少，但是里面有很重要的内容⑦。这也是比较早发掘出来的。

第六项是 20 世纪 70 年代山东临沂银雀山汉墓出土的竹简算书，墓的时代是在汉武帝的早期，也只残存了一些碎片。这座墓大家比较熟悉，因为里面出土了《孙子兵法》与《孙膑兵法》两部书，这两部书的出土解决了长期以来围绕《孙子兵法》《孙膑兵法》聚讼不已的问题。这里面也有一点算学的材料。

第七项是清华大学收藏的战国时代算表，这是目前为止最早的数学材料，不过这个材料到现在还没有发表⑧。其他还有一些零零星星的材料，就不具体介绍了。

（二）非专门而与数学有关的材料

我们研究数学史的时候，有时候不光是研究数学的材料，也要利用别的材料来研究。简牍里面也有一些其他的材料，对数学史的研究非常有用。这些材料实际上很多，我们现在所能说出来的可能还比较少，有些是我自己关注到的，比如说睡虎地的秦简，这是最早发现的秦代简牍，记载了很多关于法律的东西，对秦代历史的研究很有用。其中有一些东西可以跟数学的材料联系起来，对数学史的研究也非常有用。睡虎地秦简有一个好处就是时间标志的意义比较大，它距离秦始皇统一中国只晚了四年。

另外就是张家山的汉简，与刚才提到的对于数学史研究具有重要意义的《算数书》是同一个墓里发现的。其他就是我们很熟悉的居延汉简、敦煌汉简里的一些材料。还有一批材料是香港中文大学文物馆收藏的简牍，这批简牍里面也有一些材料对数学史的研究非常有用。

以上概括了简牍材料的情况和对数学史研究的意义，下面我们看一下简牍材料到底呈现了怎样一个数学世界。

二、2000 年前原汁原味的数学文献：
问题、方法和思想

图 4 是睡虎地的《秦律》，是秦代或战国时秦国的法律材料。其中关于怎样考核的一些内容，称之为《效律》，大致内容是规定如果哪些工作做坏了，坏到什么程度，就要相应地做怎样的处罚。其中很多地方就涉及对数学计算水平的要求。

下面介绍一下具体的数学材料的情况。以前我们主要利用传世的文献来研究数学史。传世材料很重要，其中最早也是最重要的数学经典是《九章算术》。对于研究数学史的学者来说，以前要了解早期数学的情况就要先看《九章算术》，但是《九章算术》作为传世文献，是一代一代、一份一份地抄写或刻印流传下来的，几乎每一次都会有或多或少的变化、差错。已知《九章算术》最早的刻本是公元 1084 年的刻本，保存到现在的是一个公元 1200 年的翻刻本，这也是现存最早的《九章算术》

版本。1084 年的版本距离《九章算术》编成，大概有 1100 年的历史，甚至更长一点。

面对这样的材料，我们就要充分考虑它是不是有可能出错。我们通过简牍提供的一些实例可以检验一下这种情况。比如说第一个例子，有关分数的加法法则，它在《九章算术》里已有了。在岳麓书院藏秦简里有一个问题，叫作"合分述"，也就是两个分数相加的方法："母乘母为法，子互乘母为实，实如法得一。不盈法，以法命分。""合分述"的"述"通"术"；《九章算术》也有一个"合分术"，内容是

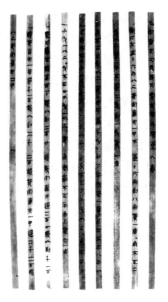

图 4

"母互乘子，并以为实，母相乘为法，实如法而一。不满法者，以法命分"。

这里面有一些术语，我们大致解释一下。"母"和"子"分别是分母和分子的意思。"实如法而一"中，"实"就是被除数，"法"是除数，"实如法而一"的意思是说实里面如果有一个法，就得到一，言下之意就是有几个法就得到几，它实际上相当于我们现在的被除数除以除数的概念。

具体来看一下，比如说有两个分数 $\dfrac{b}{a}$ 和 $\dfrac{d}{c}$，要求它们的和，这就是合分。"母互乘子"，就是先由一个分数的分母，比如说前面这个分数的分母是 a，它乘上另一个分数的分子 d，即 $a \times d$；然后它的分子 b 又乘后面那一个的分母 c，即 $b \times c$，再把这两个乘积相加，得到的和（$ad + bc$）就叫作"实"，也就是被除数。接下来，就是将两个分数的分母 a、c 相乘，"母相乘为法"，就是以 ac 为法，也就是除数。然后用这个算出来的法去除前面算出来的实，如果除尽了就得到一个整数，如果除不尽就不仅得到整数部分，而且实中还有余数，也就是实中"不满法"的部分，即比除数小的这一部分。这个时候怎么办？就要"以法命之"，就是说用除数来作为分母，以余数为分子命名一

123

个分数，最后的商是一个带分数。两种文献除求实、法的次序相反、个别文字不同外，其他的完全相同。这是古代做分数加法的情况，在出土的简牍里关于四则运算还有很多其他的问题和方法，说明《九章算术》的四则运算法则是早已有之的。

第二个例子是约分与求最大公因数，后者是为前者服务的。约分与求最大公因数，一般都是在小时候就学过的内容。在张家山汉墓《算数书》里有一个条目，写的是约分和约分术。这里面讲到如何约分："以子除母，母亦除子，子母数交等者，即约之矣。"这里面的"除"字表示什么？不是我们现在做除法的"除"，而是表示"除去"，也就是相减。用这个分数的"子"去除"母"，就是从"母"里面减去"子"，减完以后这个结果又跟前面两个数中那个较小的相减。如此反复地相减，最后就会得到两个相等的数，也就是说最后余下来的数跟减数相等，古时候就把它叫作等数，也就是分母和分子的最大公因数，以这个数去除分母、分子就约分了。该条目里还会讲到是否为偶数的情况，如果是偶数的情况就先要折半，因为具体讲起来比较复杂，我就不说太多。总之，大致思路就是我刚才所说的那样。

下面是《九章算术》里面关于约分与求最大公因数的内容，它就显得更加简略，而且表述也更加精确："副置分母子之数，以少减多，更相减损，求其等也。以等数约之。"它是用分子、分母里面小的数去减大的，余下的数跟减数又相减，这样一直减下去，就会达到余数跟减数相等的局面，这就得到等数，以它除分母、分子就约分了。这种表达更加一般化，也更明确一些，实际上它们两个的方法是一样的。我们还可以看到《九章算术》与《数》或者《算数书》有很多其他的相似之处，甚至是一样的方法。

有一个例子牵涉到比例的算法，比例算法是日常生活中常用的算法，从小学就已经在学。比例算法在《九章算术》里面很多，在出土文献里面也有很多。出土简牍中有个"女织"的问题，在《九章算术》里也有类似的问题，而且这两个问题的数据几乎是一样的，只是稍微有点区别。问题的大意是说有一个女子，她很善于织布，她今天织的布是昨天的两倍，明天织的又是今天的两倍，就这样一直织了 5 天，共织了 5 尺布，问她第 1 天、第 2 天一直到第 5 天，每天分别织了多少布？这个问题涉及比例分配的概念。她每天的织布量，在《九章算术》里面取的比例是 1、2、4、8、16，《算数书》里面取的比例是 2、4、8、16、32，可以看出这两个比例实际上是一样的，只是有两倍的关系。有了这样的比例，然后就用相当于我们今天比例分配的方法来解题。《算数书》里面是这样解，《九章算术》里面也是这样解，这就说明《九章算术》里的题目是有更早渊源的，而不是在它流传过程中间有人随便加进去了这样一个问题。

在更早的秦始皇末期的岳麓秦简《数》中也记录了一个方法，这个方法对应着一个类似的问题，它是说一个人每一天都比他上一天要多织一倍，3 天共织了 10 尺布，求每一天分别织了多少尺的布。这里边记录的方法跟前面两个问题记录的方法是一样的。几个问题之间的这种相似性可以说明汉代的《九章算术》中就应当有这一类的记载，不能因为现存最早的《九章算数》版本是宋代的，就怀疑汉代的版本中原本没有这样的记录，从而认为它是流传过程中间加进去的。现存的汉代文献，有些只有宋代的版本，甚至只有明代的版本，但不应该轻易否定其真实性，如果没有确凿证据，就不要轻易地把它说成是流传过程中加进去的。

接下来的例子也能说明这个情况，这是岳麓秦简中一个计算等腰梯形面积的问题。丈量计算田地面积是古代一项很重要的活动，所以中国古代关于面积计算的问题主要是依附在田地计算这样实际应用的背景上设立的。这里涉及一

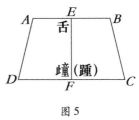

图 5

个概念叫作"箕田"（图 5），箕田是一个等腰梯形的样子。可能城里的朋友不太了解箕田，但是农村的朋友应该很多人都知道、都用过簸箕，箕田就是形状像簸箕的田。《数》说：

箕田曰：并舌、踵步数而半之，以为广，道舌中丈彻踵中，以为从（纵），相乘即成积步。[9]

舌，舌头，这里指梯形的上底；踵，通"踵"，脚后跟，这里指下底。舌和踵，就是头和尾。"并舌、踵步数而半之"，就

是把上面这一条边加下面这一条边，加完以后折半，也就是除以 2，用它作为"广"，也就是作为一个宽度。然后"道舌中丈彻疃中，以为从"，意思是把上面这条边的中点 E、下面这条边的中点 F 连起来，把这条连线作为"从"（通"纵"），然后把"广"和"从"相乘，就得到这个等腰梯形田的面积。这里涉及"广"和"从"的概念。古代把东西方向的长度称作"广"，南北方向的长度称作"从"。当然也不一定是严格地按照东西、南北方向，稍微斜一点也可以，笼统地指两条互相垂直的长度也是可以的。古人在求面积的时候利用的这种算法，跟我们现在用上底加下底、乘高再除以 2 是一致的。

在《九章算术》里也有类似的算法："术曰：并疃舌而半之，以乘正从。亩法而一。"只是词汇的使用不一样。它用"舌""疃"，但没有用"广""从"，而是用的"正从"，"正从"表示高，比较明确。前面讲到舌的中点 E 到疃的中点 F 的连线 EF 要作为"从"，那么我们能看出这是对称的形状。以前说箕田的形状是等腰梯形，但没有明确的证据，现在利用这道题目就可以证明箕田问题确实是讲等腰梯形的。

我们今天计算梯形面积的方法，上底加下底、乘高再除以 2，跟古代是一致的，只是算法上有点不一样。古代是先把上底加下底，加完后先除以 2 再乘以高；我们现在是加完后先乘以高再除以 2，所以步骤上有些不一样。《数》的这道题目有一个特点，它体现了古人是以何为广，以何为从。出现广和从的概念，就意味着这道题实际上是把等腰梯形当作长方形来看待的，所以这里面体现了一种思路，就是对于那些不规则的多边形，求它们的面积时要化成长方形来处理。在《九章算术》里就没有体现这样的思路，它只是一个很具体的上底跟下底相加、除 2 再乘高的计算步骤。这就是《数》体现的秦代算题的原汁原味，两种算书体现的信息有些不一样。

下一个问题是圆台体体积的计算。古代把圆台叫作圆亭，在岳麓书院秦简里面有一个圆台体积的计算方式。在张家山汉简和《九章算术》里也各有一个计算方法。这三本书的计算方法实际上都是一样的，相当于是分别求出上底周长的平方，下底周长的平方，上底周长与下底周长的乘积，把这三个乘积相加，之后乘以高，然后再除以 36。这种算法实际上取圆周率为

3。取圆周率为3也是中国古代很独特的一个现象，中国古人从很早的时候就是取圆周率为3，到后来的学者比如刘歆、刘徽等人加以改进，再到众所周知的祖冲之将圆周率算到了小数点后的7位，虽然已经算出来较为精确的圆周率，但很多问题还是继续取圆周率为3。取圆周率为3被认为是古法，即古代的方法。可能对很多的应用问题来说，取圆周率为3也不是那么不精确，而且古时候还没想到要用符号来表示圆周率，所以在列举具体数学问题的时候，为了方便说明问题就还取3了。虽然别的圆周率有时候也用，但是用3的情况特别多。

如果我们撇开圆周率3这个不精确的数据不管，上面三种书所提供的方法就是完全准确的公式，稍微有一点区别就是先求上下底周长的平方还是先求上底周长与下底周长的乘积，这只是次序上面有区别，其他的基本没有区别。三种书都记载了这样的公式，就说明这类公式应该是在很早的时候就为中国人所熟知了。圆台的体积公式是很复杂的，单凭猜测或者经验是很难得到这样的体积公式的，这也说明当时应该有比较好的推导方式。

下面这个例子是盈不足方法。盈不足是中国古代一种带有普遍意义的解题方法，这个方法后来经过阿拉伯一直传到欧洲。现在国际数学界比较明确的观点，认为这个方法可能是中国影响其他地区的。在《九章算术》里面专门有一章来介绍这个方法的各种情形。以前把这个方法归到不晚于《九章算术》成书的时代，也就是公元前1世纪。现在简牍材料证明这个方法其实出现得很早。

岳麓书院秦简《数》里用"盈不足"求解一个问题：

> 贷人钱三，今欲赏（偿）米，斗二钱，赏（偿）一斗，不足一钱，赏（偿）二斗有赢一钱，即直一斗、二斗，各直赢、不足其下，以为子，子互乘母，并以为实，而并赢、不足以为法，如法一斗半。

这实际上是一个借钱还米的问题。比如我从一个人那里借钱借了3钱，但是还的时候不还钱，还什么？还米。已经知道米价是一斗2钱，问应还多少米？这个题目比较有意思，假设还一斗的话，那么它还不足 1 钱，就是说还差 1 钱没还上。如果还二斗米的话，又多还了 1 钱，问应该还多少米？古人是用算筹来计算，

1	2	母	假设数
1	1	子	赢（盈）不足

图 6

把假设的数一斗、二斗放在一排（称为母），然后把相应的不足数和盈数置于下方（称为子）。也就是说，第一次是还一斗，第二次还两斗，把这两个数排列好。还一斗的时候不足的 1 钱，还二斗的时候多出的 1 钱，放在下面排好（图 6）。排好以后就把它们交叉相乘，乘出来的结果相加，得到的和就作为被除数。然后把底下这两个数相加，作为除数，相除得到 $1\frac{1}{2}$ 斗，就是应该还米的数量。

我们只需稍微留意便会发现，这个题目解得特别复杂，它本来是很简单的：借人 3 钱，要还他米，一斗是两钱，我用 3 钱除以这 2 钱不就得到一斗半吗？为什么弄得那么复杂？所以这可能也是古人比较有意思的一个方面，他兜了个大圈子，为什么要兜这么大一个圈子？这就说明作者设计这个题目，其目标不是要算这个题，而是要用一个很简单的数据来展示怎样用盈不足方法来解决问题。盈不足方法有很多种情形，做假设时的结果有的时候是两次都多，有的时候是两次都少，有的时候是一次少一次多，有时候是一次少一次正好合适，会出现各种各样的情形。《九章算术》里就详细地记录了各种情形，出土文献记录的则不完全，但是我们可以通过一些不完全的信息推断，《九章算术》里记载的方法实际上在出土文献中都能够体现出来，它们的作者已经会用这些方法了。结合这样多方面的考察，可以知道，盈不足这套方法实际上在先秦时期，即秦统一以前早已出现，只是当时的某些术语会不一样。

下面是关于勾股的一个有趣的题目。勾股我们大家都知道，初中的时候都会学过勾股定理，它不论是在古代还是现代，都是一个很重要的定理。这个定理经过扩展，影响到数学的很多领域，包括现在数学界最大最有名的菲尔兹奖、沃尔夫奖的得主，都有人的得奖成果是对勾股定理演变而来的结果进行研究得到的。

关于勾股定理的这个趣题是岳麓书院秦简里的：

□有圆材薶（埋）地，不智（知）小大，断之，入材一寸而得平一尺，问材周大几可（何）？即曰，半平得五寸，令相乘也，以深一寸为法，如法得一寸，有（又）以深益之，即材径也。

　　它说有一段圆形的木材埋在地里，不知道木材的大小。用斧头去砍的时候，砍进去一寸深，口子的长度是一尺，就只知道这两个条件，要求木材的周长。但是这个题目后面的文字有点问题，算出来的结果是它的直径。是前面"材周大几可（何）"有错还是"径"字抄错了，这还不太肯定，但很有可能前一处抄错了。

　　古人是怎么计算的呢？我们来看，古人面对这样一个圆形（图7），不知道它的直径，因为基本上都埋起来了。用斧头去砍的时候，就获知矢 h 是一寸，弦 a 是一尺，古人求木材直径的具体算法是：把弦折半，即除以 2，得到 $a/2$，再平方，之后再除以矢 h，除完以后得到的商数，再加上这个矢的长度 h，即可以得到直径。这个算法相当于公式：

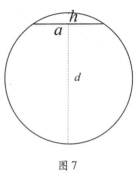

图 7

$$d = (a \div 2)^2 \div h + h = \frac{\left(\dfrac{a}{2}\right)^2}{h} + h$$

　　在《九章算术》"勾股"章中第 9 题也是同样的问题，只是稍微有点区别。《九章算术》的情境是木材埋在墙壁里，而不是埋在土里。岳麓书院秦简是用斧头去砍，《九章算术》是用锯子去锯，锯出的深度也是一寸，长度也是一尺，数据都是一样的，计算方法也是一样的。

　　我们现在看到这道题，可能觉得它跟勾股定理没有太大的关系，这需要做一个说明，说明这个方法是怎么来的。数学史家去复原这个方法的推导的时候，只有两条途径，一条途径就是用勾股定理，另外一条是用相似三角形对应边成比例的定理来推导。当然用后一个方法即相似三角形的定理来推导实际上更为简单，但是更简单并不意味着古人就恰好用这个方法。为什么说不用这个方法呢？因为用相似三角形定理来推导的时候还必须用到另外一个定理，半圆周上的角是直角，里面还有一些对应的几何关系，这些几何关系是古希腊传统的思路，在中国古代的数学文献和其他文献中都没有找到一点踪迹。但是反过来，用勾股定理在中国古代是有踪迹可循的，就在《九章算术》的刘徽注里。刘徽是公元 3 世纪时的一个数学家，他在数学史上的地位实际上比我们熟知的祖冲之的地位还要重要。刘徽在公元 3 世纪给《九章算术》做注，全面地阐释了《九章算术》的方法，为那些方法奠定了理论基础。以前的算书，哪怕很难的算书，几乎没有具有记载方法是怎么来的，甚至没有这方面的说明。刘徽为《九章算术》中各种算法提供理论依据，尽管在现代学者看来只有一些是严格的，还有一些是不严格的，但是他确实奠定了这个理论基础，而且为后代的数学家所学习。

刘徽做注解时就对《九章算术》里这个勾股问题的算法的得来做了解释。他的思路要化归为前面第 6 题"引葭赴岸"、第 7 题"立木系索"的情形，归结到它们的方法。而对这两个问题的解法他是用勾股定理来进行的推导。当然，他的化归还用了一些别的方法。具体讲起来比较复杂，这里就不细说。他推导的时候不是专门针对一个问题，而是把很多问题成系统做的。这套思路发展成了一个分支，这个分支的种种思路也都属于勾股的传统。所以刘徽用勾股定理来做推导，是非常符合中国古代数学传统的。

从这样的角度来看，这道题的推导最有可能运用的就是勾股定理。《九章算术》"勾股"章前 3 个问题都对勾股定理有一个一般性的描述，更早的《周髀算经》里也有勾股定理的描述。所以勾股定理是古人已经知道的，没有疑问。我们虽然不能百分之百的肯定，但是古人运用勾股定理来解决这个趣题的可能性无疑是极高的。

关于勾股定理我稍微多说两句，它在《周髀算经》和《九章算术》里都有记录。《周髀算经》是一部关于宇宙理论的书，大约在西汉时期成书，里面也收录了一些更早时期的材料。《周髀算经》记载西周初年一位叫商高的数学家与周公的对话。周公我们大家都知道，孔子连做梦都梦见他，他是孔子特别推崇的西周初年的政治家。在二人的对话里面就涉及了我们平时所熟知的勾股定理的勾三、股四、弦五的特例。

书中又记载了陈子与荣方的对话，讲到太阳（日 A）的高度是 8 万里，太阳垂直到地面的地点（日下 B）距离观测者（观测点 C）6 万里，求太阳到观测者的距离（图8）。它实际上是以 BC 作为勾、AB 作为股，由它们求弦 AC。他怎么求呢？他说"勾、股各自乘，并而开方除之"（图9）。这相当于一个公式：$AC = \sqrt{BC^2 + AB^2}$，也就是勾的平方加上股的平方，然后再开方。

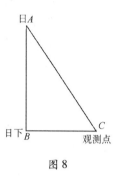

图 8

图 9

在这个问题里，勾、股、弦分别是 6 万里、8 万里和 10 万里，与勾三、股四、弦五的比例是完全相等的。有的学者认为，陈子所知道的只是勾股定理的一个特例，他并不是真正知道勾股定理，这个 10 万里是根据勾三、股四、弦五的比例拼凑出来的。

这种看法肯定是错误的，为什么说是错误的呢？首先，古人的说法是"勾、股各自乘，并而开方除之"，这完全是勾股定理的一个一般性描述，没有牵扯到具体的数字。其次，陈子明确说明了他这个数字是怎么来的，他说是将勾平方、股也平方，然后合并，再"开方除之"，也就是开方来求，可见最后是用开方的方法算出来的。开方这个方法，学习现代数学的人可能觉得比较简单，但实际上我们要是动手算的话，恐怕很多人都不

131

会算。所以在古代要算开方还是一件不容易的事情。《周髀算经》不仅知道开方，而且从问题本身来看，陈子这个时候肯定知道普遍的勾股定理。陈子是什么时代的人呢？根据天象的数据，科学史家推测他观测的时代大致在公元前 7 世纪到公元前 5 世纪之间[①]。

《九章算术》有勾股定理的 3 种形式，还记载了它的各种应用，说明这两本书在勾股定理上肯定有更早的共同渊源。刘徽做注的时候就提到《九章算术》是很早的时候就有的书，由于秦始皇焚书，导致这部书被损坏了，后来汉代有两位数学家收集残存下来的文本，做了一番增删整理的工作，形成了汉代的《九章算术》。

按照刘徽的说法，《九章算术》"勾股"章有很早的渊源。其他材料中还有一类与勾股对应的东西叫旁要，它的时代更早，也应该包括勾股定理的内容。从传世文献的几个方面综合来看，应该是先秦时期就有勾股定理。但这只是一种合理的推测，还需要别的证据，因为流传过程中也有可能把它加进去，还是存在这种可能的，不能把它完全排除掉，这个时候就需要证据。

在这种情况下，我们来看一下岳麓书院藏秦简《数》的这个题目。这批秦简是秦始皇时期的竹简，当然这个问题也有可能更早，所以它再晚也应该是秦始皇时期的东西。这个问题本身不是勾股定理本身的陈述，它是用到勾股定理，那就意味着勾股定理在更早的时代就已经为人所知，才有可能应用到方方面面中去。所以我们可以这样说，秦简里的这道特殊的题目为勾股定理在先秦甚至更早时期就存在，提供了一个比较有力的证据。

接下来一个问题就是正负数。正负数是初中代数中学习的概念。关于正负数的产生，现在国际上比较公认的是以《九章算术》中"方程"章为最早，这个"方程"与现在所说的列方程解应用题的"方程"是一样的名字，但是意思不太一样。"方程"章里引进的正负数概念，跟我们现在也有点出入。至于正负数概念是不是还可以比《九章算术》在公元前 1 世纪编成的时代更早，我们可以根据出土材料做一个推论。

公元前 186 年的《算数书》里有一个条目"医"，写在两支竹简上，是对医生治病效果的考核。这个条目里面有一些文字，由于竹简保存得不好而残缺了，但还是能了解到一些信息。我对这个问题做过一些考证，指出这个条目是对医生治病效果的考核：作为一名合格的医生，最低的标准是有效病例 60 个、无效病例 20 个，有效的病例不能比这个比例低，他才能算合格。后面又讲了一种稍微高的比例，有效病例仍为 60 个时失败的病例就只有 17 个多一点。这个条目的内容大致是这样一个情况。

在描述过程中，古人用到了"得算"与"负算"这两个词来表示有效的病例与失败的病例，它体现了一种正负相反的数量观念。这跟《九章算术》中两个数的性质是相反的这样的概念是一样的。这不同于我们平时说两个相反的事物的数量。举个例子，好比我今天赚到 80 块钱，昨天亏了 60 块钱，这里亏的钱和赚的钱在性质上是相反的，但是它不是在数量上面做区分，而是通过赚钱和亏钱这两个性质的具体事情来区分的，所以这跟正负数的概念是不一样的。

正负数的概念本身的作用也可以在生活中通过具体的实例做区分来实现，而形成正负数概念需要产生两个数量，且它们具有相反的性质，这样的概念是很特殊的，在日常生活中间其实是并不需要的，所以它最有可能的起源就是在方程里面产生，典籍与文化 12而不是由现实生活的需要而产生。古代的方程相当于现代的一元一次方程组，它的列法中没有 x、y、z，而是把未知数的系数和常数项，在几个方程中按同样的次序竖着排下来，相当于把我们现代的增广矩阵由横式变成纵式。在所谓消元的时候，要将两列数相减，这时对于有些问题的方程，会出现这样的情况，这一列与那一列相比，上面的数可能要大但同时下面的数却要小，那么不论你是用这一列去减那一列，还是用那一列去减这一列，都会出现不够减的情况，此时如果不引进新的数概念，消元求解的过程就进行不下去。也就是说在方程运算过程中，就必然会导致正负数观念的产生。在这样的情况下产生正负数概念之后，又可以用到实际生活中去[11]。

前面提到对医生的考核中出现的正负数，是不能自然地产生的，它甚至都没有讲到治病效果，所以只能视为正负数概念在治病法规里的应用。这个法规出现在汉代早期墓的竹简上，那么它是不是汉代才出现的？我们经过考证以后觉得这个可能性非常非常小，因为汉代早期的法律主要是继承秦代的。汉代初期法律趋向宽松，因为统治者总结秦亡教训的时候就说秦代法律太严，导致百姓没法过日子，所以民众才会造反。汉代也继承了秦代的法律，但是确实放得宽一些。类似规定医生治病效果的法律，我们现在都还没这样规定。如果秦代没有这样的规定，汉代还要加进去这条很苛刻的法律，这是不符合汉代的社会背景的。

如果说汉代以前已经有这样一条法律，汉代的人把它抄下来那才是有可能的。所以我们觉得这条法律最早只能产生在秦代或战国时期的秦国。这样看来，这条法律本身应该是在更早的时候形成的，这就说明正负数的观念应该是在先秦或者至迟在秦代的时候就有了，所以才能应用到法律里面去，反过来也可以证明正负数在先秦时期是非常有可能存在的⑫。正负数只能产生在方程里，所以方程这种算法也非常有可能是先秦时期就已经产生了。

以上是关于早期数学的一些具体例子。此外，在思想方面，从简牍中也能看到古人对数学重要性的强调。现在大家都知道数学很重要，从小学开始一直到大学都在学，只要上过大学的人，起码学过十几年数学。古人也认为数学是基础，但是一般不强调它的重要性。在《颜氏家训》里面就讲到一句话，"算术亦是六艺要事，自古儒士论天道、序律历者皆学通之，然可以兼明，不可以专业"，大意是算术也是六艺里面一件很重要的事情，自古以来的儒士论天道、谈音律、讲历法的时候都要学习、弄通它，但是算术只能作为兼明的课程，作为业余学习的内容，而不能作为专业。《颜氏家训》里的这段话代表一种长期以来中国古代对数学的看法。

在对待数学的态度上，数学文献当然会呈现出一点不一样的地方，虽然也不大讲专业性，但是有的著作如《周髀算经》《孙子算经》都讲到数学很重要，天文、地理、人事这些东西都要用数学，但这种情况不是很多。北京大学收藏的秦简记录了鲁久次和陈起两个人的对话，讲到数学的重要性。北京大学秦简现在只披露了一小部分，这段对话据说有 800 多字，现在也只披露了很少的一部分，其中两支简里有几句话比较有意思：

鲁久次问数于陈起曰："久次读语、计数，弗能并彻，欲彻一物，何物为急？"陈起对之曰："子为弗能并彻，舍语而彻数，数可语也，语不可数也。"⑬

我们读了这段对话，能明显感觉到陈起像是老师，久次像是学生。久次说我学习了读语和计数两样东西，发现能力兼顾不了，不能两样都弄通。如果只学通一样的话，我应该先学什么？哪一件才是最急迫的？陈起跟他说，你因为不能两样都学通了，那就把语放下，先把数弄明白了。因为数可以管语的事情，语不能管数的事情。

数当然是数学，语是什么呢？实际上不是特别确定，但我们知道以前有诸子百家之说，秦始皇焚书的时候要把"诗书百家语"烧掉，"诗"是《诗经》，"书"是《尚书》，"百家语"就是诸子百家的著作，实际上就是出自百家的一些学说。语应该也是属于这类的书，整理人打了个比方，说语相当于现在的文科，数相当于理科，说明陈起认为理科比文科重要，而且他觉得数学的功能、作用更大，所以要先学数学。陈起的回答体现了数学的重要性，把数凌驾于语之上，反映了战国时期某些学者的观念，这种例子是很少见的，以前没见过这么明确的说法。这就体现了战国时期百家争鸣的时代背景，那个时代的思想比较活跃，各种思想都有。

以上只是我们挑选出的一些例子，出土文献里面的材料还有很多，这些例证只能给大家稍微做一些介绍，方便大家体会。首先它能证明现存传世的数学文献的内容和方法一般并不是后世流传过程中才加进去的。其次，古代的数学文献往往会有一些出人意料的材料，它们提供了新的信息，开阔了我们的视野，也为我们了解古代数学的表达方式提供了直接的依据，因而具有很重要的价值。比如上面北京大学秦简中陈起与鲁久次对话中对数学重要性的强调就为我们认识先秦时期的数学思想提供了新的依据。在具体的数学问题方面，也有一些重要的新材料。比如岳麓书院秦简里有一个不定问题，非常出人意料。一般来说数学问题都有一个确定的解，而不定问题则有两个或更多的解。这个不定问题本来光整数解就有 3 个，书中用盈不足方法求出一个解，我们以前从来没想过会有这样的问题。还有一个方面值得注意。数学和军事关系本来非常密切，军队里很多事务也是需要计算的，但是在早期的文献里面我们很难看到关于军事的数学问题。在岳麓书院秦简里面，有一个关于安营扎寨的计算问题，这种问题也是以前没见到过的。当然出土简牍里还有一些别的新问题。这些新的问题非常有趣，能够让我们看到早期数学中以前从不了解的方面。

三、数学发展与社会环境的关系

中国古代数学的一个特点就是数学和实际有密切的关系。简牍材料中间有数学文献，也有与数学相关的关于社会各个方面的文献。这些材料中有很多具体细节，从中可以看到数学与其他方面的关系，比如前面提到的陈起与鲁久次的问答反映出百家争鸣的时代环境中，不同的学者对数学的不同看法。

数学与法律的关系也很重要，比如说前面所举的正负数的例子。还有一个例子值得多做介绍。

《九章算术》的第二章叫"粟米"，这一章的开头有一张数据表格：

粟米之法：

粟率五十	粝米三十
粺米二十七	糳米二十四
御米二十一	小䵂十三半
大䵂五十四	粝饭七十五
粺饭五十四	糳饭四十八
御饭四十二	菽、荅、麻、麦各四十五
稻六十	豉六十三
飧九十	熟菽一百三半
糵一百七十五	

这是各种粮食的换算标准，称为"粟米之法"，它涉及很多种类粮食和把它们加工以后的产品，如没有舂的谷子（稻谷、粟谷），还有由谷子舂出的各种米、煮出来的饭，甚至还有麦子、豆子等。"粟米"这一章基本上是这张表格的应用。这个表格提供了一系列的基本常数，整部书涉及粮食换算的地方也遵循着它。我们通过考察发现，这些数据实际上是跟战国时期秦

国到秦代的法律有密切的关系⑭。

在睡虎地秦墓出土的法律里面，就有关于各种粮食的比例：

> 禾黍一石为粟十六斗大半斗，舂之为粝米一石；粝米
> 一石为鑿（糳）米九斗；鑿（糳）米九斗为毁（毇）米八
> 斗。稻禾一石为粟廿斗，舂为毁（毇）米十斗，十斗毁
> （毇）为粲米六斗大半斗。麦十斗，为䴲三斗。麦、叔、
> 荅、麻十五斗为一石。稟毁（毇）粺者，以十斗为石。⑮

这是法律上规定的政府仓储部门各种粮食加工或换算的比
例，这种法律实际就是上面"粟米之法"的依据，这就体现了
数学涉及的一些常数与当时法律的关系。历代法律很多，而秦
代和秦国的法律非常苛繁、严格，有的甚至可以说是严酷，秦
律的这些特点就跟数学有密切的关系。一方面法律之所以能制
定得这么严苛，必须有高度发达的数学作为保障；另一方面严
苛的法律又会促进算法的改进，所以也会推动数学的进步。这
就是数学跟法律的关系。

实际上数学与很多方面都有密切的关系，比如说数学与测
量的关系、与度量衡的关系、与会计的关系、与统计的关系、
与财政、工程、历法等方方面面都有关系，这些关系在简牍里
有比较多的反映，由于内容太多我们不一一介绍。

四、简牍对检验和改进研究结论和
研究方法的意义

下面我们探讨一下简牍材料对学术研究的结论和方法的影
响。我们做史学要根据具体的史料来做分析，或者说直接解读
某个材料。在解读材料的时候如果它有一些东西没说清楚，我
们就需要根据不同的材料进行合理的推理，这样就得到一些推
论。既然是做推论，由于人跟人有差异，思路有相同的地方也
有不同的地方，所以结论也有同有异。有同的时候还比较好办，
有异的时候怎么办？有没有什么办法来做检验？这时候出土简
牍就提供了宝贵的依据。出土简牍有一个好处就是时代比较明
确，而且很多内容都非常具体，它能直接用来进行检验。

以前有一些西方的学者对中国古代的数学成就表示过怀疑。有些书我们认为是汉代的，但是最早的版本只能到宋代，有的学者就怀疑，这些书从汉代到宋代中间隔了那么长时间，是不是加进去了东西？他怀疑当然也是可以的，做科学当然需要怀疑。我们前面举了那么多的例子，把《九章算术》的一些材料跟出土简牍的对应材料做了对照，从这些非常接近的文献和算题我们可以看出，一些早期的文献比如说汉代的文献，经过了多次的传抄甚至翻刻才流传到现在，现在这个版本虽然有可能存在着变化、存在着错误、存在着增删，但是如果我们没有特别的证据的话，还是可以把它作为讨论早期数学的依据的。

我们现在再举一个例子，是关于均输的。均输是《九章算术》第六章，里面有一些很复杂的方法。以前的学者就根据汉武帝时期实行均输法来推论这个方法只能在汉武帝时期或之后，这样的推论在以前是被广泛接受的，但是出土材料证明这个观点是不对的。"均输"章的算题可以分为典型的均输问题和非典型的均输问题，前面 4 个问题是典型的均输问题，它们是比较难的，后面是相对比较简单的。

在吕后时期的张家山 247 号汉墓，也就是出土《算数书》的墓中也出土了均输律，那就说明均输法肯定不是汉武帝时候才有的。这是第一个证据。第二个证据是，在汉文帝时期的一个墓葬中，发现了两个关于数学的残片。通过对照，发现这两个残片是《九章算术》中第一个问题残存下来的文字。这说明《九章算术》的这个问题是继承以前的东西，它在比汉武帝更早的时代就有了[16]。

再看第三个证据。在西汉宣帝时期的《盐铁论》这部书里，讨论了古今两种均输。其中古之均输实际上跟数学上典型的均输是一致的，今之均输才是汉武帝时期以来的均输[17]。这说明一些现代学者把古今两种均输混淆了。第四个证据是均输这种考虑多个参数影响的情况下如何进行合理分配的算法，在先秦时期有其需要，这个问题讲起来比较复杂，这里就不多说了。总之，均输在比较早的时代就已经出现了，以前的结论被证明是错误的。

刚才所说是典型的均输问题。下面是一则非典型均输问题的材料，它是睡虎地汉简《算术》里的一个算题（图 10）：

重车日行五十里，空车日行七十里。今一日七反，问载、输所相去几。（左简）

何里？曰：四里六分里一。术曰：并空、重，以七反乘之，为法。空、重相乘，为实。（右简）

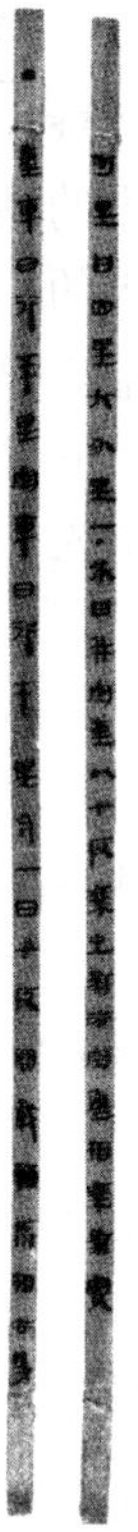

出土这个算题的墓葬大约是在汉文帝末年到汉景帝初年，即公元前157年前后，比汉武帝时期实行均输法要早近50年，表明非典型的均输问题也是早就有的。所以不能把均输这一章内容的产生时代定得太晚，古代的说法认为均输是很早就有的，确实是有道理的。

古代传统的说法，在先秦时期就有盈不足，是"九数"之一，为汉代编成的《九章算术》"盈不足"章的来源。由于传世文献中盈不足方法和算题最早出现在《九章算术》中，所以有的学者认为是汉代才产生的。盈不足方法是什么样子，我们前面已经介绍过了，这里不再多说。我在多年前已经根据张家山汉简《算数书》里面出现的盈不足问题的特点，分析出《九章算术》里的盈不足方法实际上在《算数书》里面得到了应用，因而盈不足方法还要从西汉初年往前推到更早的时代，我结合其他的证据，证明先秦时期就有盈不足方法[18]。

图10

后来在岳麓书院的秦简《数》里面也发现有盈不足的方法，这本身说明盈不足方法不晚于秦代，而《数》中盈不足内容的表述又不是原始的产生形态，那么这种方法的产生就应该更早；而且出土简牍中盈不足问题和方法的表述具有多样性，说明它只有产生得更早才能传播开来、用到不同的场合。所以，这恰好证明了我以前的结论。总的来说，盈不足算法虽然比较复杂，但它还是中国数学早期的成果，至少可以追溯到战国时期。

以上我谈了简牍文献对前人研究结论的检验，说明以前不少结论是错误的。为什么出错，我大体上总结了几点原因：

（1）由怀疑直接滑到否定，过于轻率。我们做科学研究当然可以怀疑，但史料的记录可疑并不代表否定。以前有的学者有一个倾向，觉得这个记录很可疑，就一下子滑到否定了。某个事件不一定有，然后把不一定有就说成没有。虽然有这样的倾向，但也是因人而异。

（2）有人有一种倾向，对相信史料的记载重视证据，而对怀疑和否定古人的记载却轻视证据。有人在怀疑的时候，对证据的确认和推导的逻辑关联的要求不是那么严格。我们确信古人的记载当然需要证据，对怀疑和否定古人的记载其实也同样地需要证据。

（3）对于证据的有效性，有的没有有意识地做一个评估的工作。

（4）有时候论证有点不严谨，有点笼统。

我们研究历史，一个重要的依据就是史料。对于史料，一个是要搜集，广泛地搜集，一个是应用。方法主要是讲应用。结合上面关于前人结论出错原因的分析，关于研究方法我自己总结了几点。

第一，对史料的怀疑和审查永远是必要的，从疑古派一直到现在实际上都是如此，史料都是应该审查、需要怀疑的。但是怀疑一个事物同样需要证据和推导，你怀疑一个东西和你相信一个东西，你觉得一个东西是什么样的和你觉得这个东西不是什么样的，同样都需要强调证据和推导，需要把可疑和不存在这两种情况区分开来。

第二，评估证据的有效性，严格审查证据与论点之间的逻辑关系。当确定逻辑关系不强时，要把论点做调整，而不是拐弯抹角地把原来的论点给论证了。

第三，对于同一个问题的不同来源的史料，如果不知道史料之间关系的话，依我个人的私见，如果不违背已经确定的知识，那么你利用这些材料构建一个历史认识时，要让这些材料和平相处，互相之间都能利用起来，这个材料说明这一方面，那个材料说明那一方面，这样来构建出一种对历史的认识。与此相反的方式是让史料之间互相否定，比如一个人用这个材料否定那个材料，另外一个人（有时候是同一个人）用那个材料否定这个材料，结果弄得好像两个材料都没有用，那么有人（有时候是同一个人）就干脆另外提出一个新的解释出来，把很多史料都做原意以外的理解。这样得出的结论不一定就错，但错的可能性会比较大。我觉得让材料协调、和平相处，比让材料互相攻击的方式来做出解释，往往会更有价值一些。

第四，在同等条件下与问题直接相关的史料比间接的史料要优先。研究一个问题，有的材料是直接说明这个问题的，有的材料只是间接说明这个问题的，这二者是有距离的，利用的时候直接的材料要优先。这是一点。另一点是出自专业人士的意见应比非专业人士的意见优先。比如说对于数学、对于《九章算术》的成书，刘徽是一位专业人士，其他的历史学家比如范晔是非专业的人士。在这样的情况下，刘徽的说法就比一般的历史学家分量要重。

我刚才说这么多的方法，讲如何取舍，是要力图得到一个最有可能成立的结论。就像法官判案的时候，掌握了很多很多的材料，能判断这个人的嫌疑最大，那个人的嫌疑最小，在这种情况下，如果没有铁定材料，只能说明这个人最有可能犯案，但不能说这个人一定犯案，那个人一定不犯案。在历史研究中，往往后来会出现新的证据来检验原有的结论。但在没有新的证据之前，我们可以说能解释最多材料的意见，不一定是最正确的，但它是最有可能是正确的，就是说它正确的可能性最大。

五、简牍对重建战国至汉代数学 发展基本脉络的重要价值

最后一个问题，出土简牍对重建战国至汉代数学发展的基本脉络具有重要的价值。中国早期的数学有两种类型的知识，一种我给它取名叫实用算法式的，它跟实际结合得比较紧密，它的形态是算法，具体内容就是各个类型的问题怎么算，会给出一些算法。另外一种是讲数量之间关系还有其他数学对象的相互关系和性质的知识，这是一种理论化的数学知识。这两种知识在战国时期都有，并且互相影响。实用算法式的数学知识一直是主流的，理论化的数学知识是非主流的，属于支流。出土文献有利于加深我们对主流的认识，现在的出土材料主要是前一个类型。

关于中国早期的数学，以前最早的著作只有《九章算术》和《周髀算经》。大家都承认它们吸收了更早时期的一些东西，但它们的时代是西汉，就是说直到西汉时期才编成现在的样子，所以要讨论更早时期的数学是什么样子，只能根据别的证据反推，但是这样推起来比较费劲，而且也不太能令人信服。

出土材料为重建早期的数学史提供了有利的条件和依据。它首先的一个好处是时代下限大都很确定，看它从什么墓中发掘，就可以确定它的时代下限。比方某些具体问题和算法见于出土材料，便可以确定它们被创造的时间下限。出土材料的另外一个好处是，它有时会含有一些具体的信息，能跟别的材料结合起来，进行各方面的对照，充分发掘它们各自所蕴含的信息，进行推导，可以得出创作某些具体问题和算法的更准确或更合理的时间范围。

综合考虑多方面的因素，就可以建立一个关于早期实用算法式数学发展的大致脉络。这里面有的环节还得不到证明，但有些是能证明的。我根据刘徽的记载和其他材料，把大致的发展脉络梳理了一下。我认为实用算法式数学文献可分为经典和非经典两个系统。

春秋战国时期，在西周"九数"的基础上，形成了基于分数的各种算法。刘徽说周公制定礼乐制度时有"九数"。在流传到现代的《周礼》里面记载了六艺，数是六艺里面最后的一项，就叫作"九数"。据东汉早期经学家郑众的注释，"九数"有9个科目，跟《九章算术》的章名只有很细微的区别。刘徽说《九章算术》是从"九数"发展来的，而原本的《九章算术》在先秦时期就已经存在，由于秦始皇焚书而被损坏，后经过汉代的人整理加工，形成了他所看到的《九章算术》。从前面的一些讨论看，刘徽的说法并非空穴来风。

根据他的描述和各方面的材料，可以这样看待经典系统：春秋时期，在西周"九数"的基础之上，形成了基于分数的各种算法，包括了郑众所列的"九数"中的主要的数学门类，并且有可能存在着一本变化着的《九章算术》，这本书的规模大致与我们现在所看到的《九章算术》差不多，是一本经典的数学著作。这本书由于秦始皇的焚书和秦末的战火遭到了损坏，经过汉代的张苍、耿寿昌进行抢救、增补和删减，并加以整理，最后形成了现在所看到的《九章算术》。这本书的成书时代就是耿寿昌活动的时代，在公元前50年前后。这就是从"九数"到《九章算术》的发展脉络，我们可以称为经典系统。它的流变可以简单地表示为：原始的"九数"——发展中的"九数"——原始的《九章算术》——发展中的《九章算术》——受损的

142

《九章算术》——修订中的《九章算术》——现传西汉后期编成的《九章算术》。

与经典系统相对，就有非经典的实用算法式数学文献。它们受经典文献系统直接或间接影响而形成，《算数书》《数》及其所取材的数学著作，北京大学秦简中至少一部分算书，居延汉简中的数学文献等，可归入此类。此类文献数量巨大，因时、因地、因事、因兴趣而编作，借鉴、增删、组合不定，随意性较强，传承网络复杂，比经典系统更难概述其间的关系（当然不是没有关系）。非经典系统的文献有的偏重于专业、有的偏重于应用，有的则兼而有之。经典和非经典的两类文献都处在变化中，它们互相影响，而以前者影响后者居多。

六、结语

总的说来，出土简牍对于中国早期数学的研究具有独特的意义和价值。由于出土材料大多有着明确的时间下限，这就为我们从历时性的方面考察问题提供了具体的、基本而有力的证据。

早期数学知识的大量实例，不仅能够准确地反映当时数学知识的面貌，而且可以检验以前根据有限的信息从不同的思路出发推导出来的各种数学史的结论，并进而让我们反思以前运用史料的方法。在这样的基础上进行探索和深化，可以使我们对中国早期数学史的重建工作做得不仅更加具体而且更加坚实。这个方面虽然已经取得了一些进展，但是还有很多工作要做。特别值得注意的是在非数学类的其他简牍文献里面有很多有用的信息，虽然我们以前也对此已经做了一些工作，但它们还没有得到充分的发掘和利用，所以这一方面的研究还有较大的施展空间，是有志于简牍与数学史研究的人值得去做的一个领域。非数学类的文献和数学文献的有机结合，不仅可以弥补某些方面缺乏数学文献的不足，还可以立体地认识数学和社会诸多方面的关系，这往往会收到一些意想不到的效果。

现在已知的与数学有关的简牍文献，我们刚才讲了很多，好像内容多得不得了，可以把很多问题都解决了，但其实也有很多的局限。它们的局限在哪？对于全面了解战国至汉代的数

143

学发展来说，目前的简牍数学文献的数量其实还很有限，特别是涉及的时间跨度还不够长。战国时期的简牍，现在虽然有清华大学藏战国竹简中的一个算表，但毕竟数量太少。简牍数学文献主要集中在秦始皇末年到西汉中期特别是早期，东汉的材料很少，西汉后期的材料也很少，所以出土有较多数学简牍的时间跨度是比较短的。特别遗憾的是，至今还没有发现明确属于先秦时期的整部数学著作，所以研究先秦时期的数学以及数学在上古时期的演化，还是需要用以前所用的反推方法，这个方法还是处在一个重要的地位。

另外，出土文献所涉及的数学知识的范围，尤其是类别的范围还很有限，所以我们也不能对出土材料抱过高的期望。特别是关于数学理论这个重要的方面，出土材料还特别少，这是目前简牍材料一个很大的缺陷。所以我们在做研究的时候，还是要注意到目前简牍材料的一些缺陷，不能过分夸大它的价值。

我今天就讲这些，谢谢各位！

讲座 丛书 **注释：**

①王国维：《最近二三十年中中国新发见之学问》，傅杰编校《王国维论学集》，北京：中国社会科学出版社，1997年，第207—211页。

②李俨：《中国算学史》，上海：商务印书馆，1937年，第5—9页。

③张家山二四七号汉墓竹简整理小组编著：《张家山汉墓竹简［二四七号墓］》，北京：文物出版社，2001年，前言。

④陈松长：《岳麓书院所藏秦简综述》，《文物》2009年第3期，第75—88页；朱汉民、陈松长主编：《岳麓书院藏秦简（贰）》，上海：上海辞书出版社，2011年，前言。

⑤朱凤瀚：《北京大学藏秦简牍概述》，《文物》2012年第6期，第65—73页。

⑥湖北省文物考古研究所、云梦县博物馆：《湖北云梦睡虎地M77发掘报告》，《江汉考古》2008年第4期，第31—37页。

⑦⑯⑰胡平生：《阜阳双古堆数术书简论》，《出土文献研究》第4辑，北京：中华书局，1998年，第12—30页。

⑧整理按语：此项材料已发表于李学勤：《清华大学藏战国

竹简（肆）》下册，上海：中西书局，2013年。

⑨朱汉民、陈松长主编：《岳麓书院藏秦简（贰）》，上海：上海辞书出版社，2011年，第67页。

⑩梁宗巨：《世界数学史简编》，沈阳：辽宁教育出版社，1982年，第331—332页；程贞一、席泽宗：《陈子模型和早期对于太阳的测量》，收入《古新星新表与科学史探索——席泽宗院士自选集》，西安：陕西师范大学出版社，2002年，第426—435页。

⑪邹大海：《从出土简牍文献看中国早期的正负数概念》，《考古学报》2010年第4期，第481—504页。

⑫邹大海：《从出土文献看上古医事制度与正负数概念》，《中国历史文物》2010年第5期，第69—76页。

⑬韩巍：《北大秦简中的数学文献》，《文物》2012年第6期，第85—89页。整理按语：这段对话已于2015年全部公布，见韩巍：《北大藏秦简〈鲁久次问数于陈起〉初读》，《北京大学学报》（哲学社会科学版）2015年第2期，第29—36页。

⑭邹大海：《关于〈算数书〉、秦律和上古粮米计量单位的几个问题》，《内蒙古师范大学学报》（自然科学汉文版）2009年第5期，第508—515页；邹大海：《从出土文献看秦汉计量单位石的变迁》，2012年8月26—31日在日本京都大学数理解析研究所"2012 RIMS研究集会「数学史の研究」"报告，后刊于 *RIMS Kôkyûroku Bessatsu B50*：*Study of the History of Mathematics*，*August 27 – 30*，*2012*，Research Institute for the Mathematical Sciences，Kyoto University，June，2014，pp. 137—156.

⑮这段原文在原简上有讹误，此为校勘后的文本，见邹大海：《关于〈算数书〉、秦律和上古粮米计量单位的几个问题》《内蒙古师范大学学报》（自然科学汉文版）2009年第5期，第508—515页。

⑱邹大海：《从〈算数书〉盈不足问题看上古时代的盈不足方法》，《自然科学史研究》2007年第3期，第312—323页。

参考文献

1. 李俨：《中国算学史》，上海：商务印书馆，1937年版，1955年修订版。

2. 钱宝琮主编：《中国数学史》，北京：科学出版社，1981年。

3. 邹大海：《中国数学的兴起与先秦数学》，石家庄：河北科学技术出版社，2001年。

4. 王国维：《最近二三十年中中国新发见之学问》，傅杰编校《王国维论学集》，北京：中国社会科学出版社，1997年。

5. 严敦杰：《居延汉简算书》，《真理杂志》1944年第3期。

6. 张家山二四七号汉墓竹简整理小组编著：《张家山汉墓竹简［二四七号墓]》，北京：文物出版社，2001年。

7. 彭浩：《张家山汉简〈算数书〉注释》，北京：科学出版社，2001年。

8. 萧灿：《岳麓书院藏秦简〈数〉研究》，北京：中国社会科学出版社，2015年。

9. 朱汉民、陈松长主编：《岳麓书院藏秦简（贰）》，上海：上海辞书出版社，2011年。

10. 朱凤瀚：《北京大学藏秦简牍概述》，《文物》2012年第6期。

11. 韩巍：《北大秦简中的数学文献》，《文物》2012年第6期。

12. 陈松长：《香港中文大学文物馆藏简牍》，香港中文大学文物馆，2001年。

13. 彭浩：《中国最早的数学著作〈算数书〉》，《文物》2000年第9期。

14. 邹大海：《出土〈算数书〉初探》，《自然科学史研究》2001年第3期。

15. 邹大海：《从〈算数书〉和秦简看上古粮米的比率》，《自然科学史研究》2003年第4期。

16. 郭书春：《试论〈算数书〉的数学表达方式》，《中国历史文物》2003年第3期。

17. 邹大海：《从〈算数书〉与〈九章算术〉的关系看算法式数学文献在上古时代的流传》，《赣南师范学院学报》2004年第6期。

18. 邹大海：《从先秦文献和〈算数书〉看出入相补原理的早期应用》，《中国文化研究》2004年第4期。

19. 邹大海：《睡虎地秦简与先秦数学》，《考古》2005 年第 6 期。

20. 邹大海：《从〈算数书〉盈不足问题看上古时代的盈不足方法》，《自然科学史研究》2007 年第 3 期。

21. 梁宗巨：《世界数学史简编》，沈阳：辽宁教育出版社，1982 年。

22. 程贞一、席泽宗：《陈子模型和早期对于太阳的测量》，收入《古新星新表与科学史探索——席泽宗院士自选集》，西安：陕西师范大学出版社，2002 年。

23. 邹大海：《出土简牍与中国早期数学史》，《人文与社会学报》2008 年第 2 期。

24. 邹大海：《关于〈算数书〉、秦律和上古粮米计量单位的几个问题》，《内蒙古师范大学学报》(自然科学汉文版) 2009 年第 5 期。

25. 陈松长：《岳麓书院所藏秦简综述》，《文物》2009 年第 3 期。

26. 邹大海：《从出土竹简看中国早期委输算题及其社会背景》，《湖南大学学报》(社会科学版) 2010 年第 4 期。

27. 邹大海：《从〈墨子〉看先秦时期的几何知识》，《自然科学史研究》，2010 年第 3 期。

28. 邹大海：《从出土文献看上古医事制度与正负数概念》，《中国历史文物》2010 年第 5 期。

29. 邹大海：《从出土简牍文献看中国早期的正负数概念》，《考古学报》2010 年第 4 期。

30. 肖灿、朱汉民：《勾股新证——岳麓书院藏秦简〈数〉的相关研究》，《自然科学史研究》2010 年第 3 期。

31. 胡平生：《阜阳双古堆数术书简论》，收入《出土文献研究》第 4 辑，北京：中华书局，1998 年。

32. 邹大海：《从出土文献看秦汉计量单位石的变迁》，2012 年 8 月 26—31 日在日本京都大学数理解析研究所"2012 RIMS 研究集会《数学史の研究》"报告。后刊于 *RIMS Kôkyûroku Bessatsu B50*：*Study of the History of Mathematics*，*August 27 - 30, 2012*，Research Institute for the Mathematical Sciences，Kyoto University，June，2014.

刘国忠

清华简的整理与研究

　　刘国忠　清华大学教授，历史学博士，现任清华大学历史系副主任，清华大学出土文献研究与保护中心副主任。2012年入选教育部新世纪优秀人才、北京市中青年社科理论人才"百人工程"。主要从事中国古代史、历史文献学等领域的教学研究工作。已出版《走近清华简》《唐宋时期命理文献初探》等4部专著，主编教材1部，发表论文80多篇。

各位女士、各位先生，大家下午好！非常荣幸能有机会到"中国典籍与文化"系列讲座跟大家一起来分享清华简的相关情况。我本人这几年一直参加清华简的整理和研究工作，对清华简的相关情况了解比较多一些，所以在这里跟大家一起来分享。如果有什么不对的地方，希望大家批评指正。

我不知道各位读者朋友对清华简是否熟悉，应该说每一年清华简都有很多的新闻，也可以说清华简是当下古代文史研究的一个热点。

今天下午的讲座，主要分为三个方面：一是书于竹帛，说明中国古代为什么用简来作为书写材料；二是清华简的入藏与整理过程；三是清华简与古代文史研究的关系。

清华简本身，它是写在竹简上的文献。为什么中国古人用竹简作为书写材料，这一点应该追溯到人类早期文明的书写材料上面。我们知道，文字的发明可以说是人类划时代的进步标志，在漫长的远古时代，如果没有文字，人们的交流只能依靠口耳相传。比如我们今天这样一个报告厅，我们互相之间可以有交流与沟通，但是没有参加今天下午活动的人，他就没有机会了解相关的情况。如果没有文字，人与人之间的交流在时间和空间上都会受到很大的限制。可是当有了文字之后，我们所有的活动都可以书写下来，记录下来，这样人类的文明就超越了时间和空间的界限，可以得到很好的传播。我们今天可以了解几千年以前的历史和几千年以前的文化，最主要的依据当然就是文字。我们通过读司马迁的《史记》，可以了解秦汉时期甚至更远古时期的历史文化。也可以读《春秋左氏传》，还可以读其他的一些文献，比如《诗经》，等等。2000 多年以后，这些文献读起来还能够引起共鸣，可以让我们心潮澎湃。所以文字的发明，是人类的一个伟大创造。因此，我们经常把文字的发明，作为人类进入文明时代的一个标志。因为有了文字，人类就可以摆脱时空的局限，可以把我们的文明传播下去。所以文字的发明是人类进入文明时代的一个重要标志。

但是文字不是写在空气里的,它必须书写在一定的载体上。而在造纸术发明以前,世界各地的先民用来书写文字的材料,是很不一样的。

比如说古代埃及,我们都知道在尼罗河的下游流域,生长着一种纤维植物,就是纸草。纸草大概有人的手腕这么粗,高度有3—5米。古代的埃及人就创造性地利用纸草来作为书写材料。埃及的纸草文书是怎么制作呢?当地的先民先把纸草的表皮剥掉,剥掉之后就剩下里头的纤维。把纤维一片一片地切下来,这样横着竖着交叉放在一起,加以锤击,纸草里的汁就流出来,然后会比较牢固地粘在一起。把它晒干以后,就成了书写材料。这种加工好的纸草材料可以很长,甚至可以达到四五十米,古代埃及人就将这种纸草材料用于书写。我们现在之所以能够了解古代埃及的文明,很重要的一点就是利用了纸草文书所记载的埃及历史。后来纸草这个词本身,就成了英文"Paper",即纸这个词的来源。

我们再把目光转到两河流域,即现在的伊拉克这一带。两河流域非常炎热干燥,那里很少有纸草这样的植物,而且其他的植物也很少。当地的古代先民们就把泥土进行加工,制作成书写材料,即所谓的泥版,在泥版还没有阴干之前用一些很尖的木棍在上面写字。由于写出来的字的样子特别像钉子头,所以被人们称为楔形文字。从公元前3000多年开始,当地的苏美尔人就开始使用这种泥版文书,后来两河流域的其他民族也纷纷使用这种泥版来作为书写材料。近代以来,考古学家在两河流域考古工作中,发现了大量的泥版文书,对于我们了解两河流域的文明起到了十分重要的作用。这种泥版的好处是廉价,因为泥土到处都是,很容易加工。当然缺点也是很明显的,它很重,一块不太大的泥版,差不多就有1公斤重。所以你要看一本50页的书,就有50公斤重。而且这种书没法装订在一起,怎么摆放、怎么阅读都比较麻烦。但是正是由于泥版文书的存在,当地的文明面貌也得以记录和保存下来。

其他地区的古代文明也都创造性地运用各种方法来制作书写材料。比如希腊文明,他们的先民经常用加工以后的羊皮来作为书写材料;印度文明则经常用一些贝叶树的叶子来书写,后来说的贝叶经就是从这来的；古代的玛雅文明也是拿一些树叶来作为书写材料，等等。各地的文明都有它自己的特点，都能创造性地加工出一些书写材料来记录他们的文明。

中国的文明跟其他国家的文明相比，有我们自己的特色。我们古代的先民用作书写的材料很多，其中最为普遍的是竹子或是木头制成的简。简的制作，应该说跟中国的气候关系密切。我们知道中国南方地区竹子很多，而竹子本身生长很快，加工又比较方便，所以用竹子制作竹简，在中国的南方地区是非常普遍的。

我们来看竹简的加工。先把竹子砍下来，拿锯子把它锯成一节一节的竹筒；随后将它们劈开，变成竹片；然后打磨，并把竹节处刮削平整。竹子有竹青的一面和竹黄的一面，竹子朝外的一面是竹青，朝里的一面是黄色的，所以称为竹黄。古人用竹简来写字，不是写在竹青的上面，而是写在竹黄上面，为什么会这么处理呢？实际上这是很科学的。因为竹青的这一面是竹子的外表皮，有一层蜡质的东西，墨汁不容易粘在上头，很容易脱落，作为书写材料就不是很合适，而竹黄的这一面经过加工后就很适宜书写。所以古人把竹黄这一面作为竹简的正面，而竹子朝外的竹青一面反而成了竹简的背面。经过晒干或者是用火烤干之后，竹简就可以用来书写了。整个过程大概就是如此。

一般来说一根竹简上能够写的字是比较有限的，大概能写二三十个字，所以一篇比较长的文章，光靠一支简是写不下的，要用若干支的简编在一起，才能写完一篇文章，因此竹简必须用绳子编起来。为了防止捆绑竹简的编绳上下滑动，古人会在竹简朝右的这一侧编绳的位置刻一个小缺口，绳子绑在小缺口上，就不易滑脱了。这样一根一根的竹简就绑在一起，形成一篇简文。考古发现古代的竹简上面都有编绳的痕迹，甚至有些简上面的丝线已经断了，可是线头还保留在竹简上，这种情况也是很多的。这是竹简本身的一个特点。需要说明的一点，古代的气候有时会比较温暖湿润，所以竹子的分布范围要比今天广，当时像河南，甚至山西的一些地方都有竹子的分布，不像今天这样，主要是在淮河及长江流域以南，古代和现代的气候是有所差别的。

除了竹简之外还有木简。木简主要是北方地区比较多，因为北方没有竹子，没有竹子就采用木头。木头本身的加工跟竹子的加工是比较一致的，原理都一样，所以就不再多说。

　　竹子上的字，可能有的人会误认为它们是用刀刻的，这一点也需要纠正。竹简上的字都不是拿刀刻的，因为竹子的纤维是比较粗的，用刀去刻画的话是很难刻出字的，除非刻的是很大的字，而且刻字是非常吃力不讨好的差事，效率极低，所以竹简上的字没有用刀刻的，都是拿毛笔蘸着墨来书写。毛笔在中国的发明是很早的，过去一种传统的说法是秦始皇时的一位将军叫蒙恬发明了毛笔。这种说法是不对的。早在距今六七千年以前的仰韶时代，中国古人就用毛笔类的东西在陶器上画出一些图案。到了距今 4000 多年前的时候，我们已经看到用毛笔写的一些字。比如说在很有名的山西襄汾的陶寺遗址（这个遗址的年代相当于尧舜时代，距离今天有 4000 多年），在这个遗址的一个陶扁壶上，就发现了一个很著名的"文"字（图 1），这个陶罐虽然破了，但是字还可以看得很清楚，上面有用红色朱砂写出来的字，这个字跟我们今天文字的"文"是非常接近的，这是很有特点的一个字。

　　讲了半天竹简，甲骨文和青铜器上的铭文跟竹简或者木简有什么关系呢？竹简和木简是当时

图 1

最常用的一些书写材料，而且当时书籍的形式就是竹简或者木简，而不是甲骨文或是青铜器。

　　甲骨和青铜器上的字是为了一些特定用途来写的。甲骨是商朝的国王或贵族在占卜的时候刻写的一些字，它本身有一些特定的用途，是为了占卜的需要才在上面写字。青铜器本身是一些器物，有时候为了纪念性的活动铸造器物，会把相关的情况刻写在器物上面。比如说得到国君的赏赐，像国君赏赐车马，或是一些铜贝，甚至有时候赏赐几条鱼，那都是很荣耀的事情，所以需要做一个铜器来纪念。或者是打官司打赢了，或者是打了胜仗，也会做铜器纪念。金文本身多是一些纪念性的文字，铸在器物上头，是为了让子孙后代铭记他们祖先所取得的功劳或受到的赏赐。所以这些器物上的文字本身并不是为了流通或是为了广大读者的阅读来书写的，而是由于一些特定的用途写在上头或是铸在上面。

当时真正流行的书籍一类的东西，是用竹子或是木头来加工的。我们可以想象，要在甲骨上面刻字，是要费时费力的。在竹简上面写字和在甲骨上刻字，花的时间和精力不可同日而语，所以甲骨文这些东西并不是很流行的文字，而是王室和贵族具有特定用途的一些文字。真正流行的书写材料，应该是用竹子或木头制成的简。

可能会有读者问，有没有发现过商代的竹简或者是木简呢？到目前为止我们还没有能够发现商代的竹简或者木简，原因也非常简单，竹子和木头是非常容易腐烂的，并不是那么容易保存下来，所以到现在为止还看不到。但是很多文献或遗物可以揭示，当时这些简确实是最主要的书写材料，比如说我们看《尚书》有一篇叫《多士》，《多士》里就说到"惟殷先人，有册有典"。《多士》这一篇是在商朝灭亡以后，周公对商朝的贵族所做的训诰，里面提到商朝的祖先是"有册有典"。"册"是什么呢？是一根一根的简拿绳子编联起来，"册"字本身就是一个象形字，就是简的意思。"典"是什么呢？"典"就是把 "册"放在书架上，上面的部分是个"册"字，底下是个书架或几案，这就是"典"，所以"典"是个会意字，把一些书放在书架上，说明这些书很重要，很珍贵，即所谓的经典。周公对商朝贵族们所做的训诰，明确地说你们商朝的先人是"有册有典"，可见商朝的主要文献是"册"或"典"的形式，即用竹子或木头做的简册，这种简册才是他们最主要的书写材料。

另外，当时的史官被称为"作册"，我们知道，史官要不断记录每天发生的事情，比如国君的言行，国家的大事，等等。这些史官被称为"作册"，本身也说明史官用来书写的材料就是简册。

另外，我们看当时书写的汉字本身，也是非常有意思的，很多字的写法很有特色。比如一些动物，我们看这个老虎，或者大象，或者马，或者狗，或者是鱼，这些都不是以它们本来固有的形态出现的，他们都把这些动物竖了起来（图2）。这个"马"字本来是象形字，但马头现在却变成是朝上的；大象也是，象的鼻子朝上；老虎也是，虎头朝上；狗也是这样，鱼也是这样。这跟这些动物正常的形态是完全不一样的，大家都可以理解。为什么中国古人要把这些字立起来？这一点大家都很好奇，但是一直没有人解释清楚，后来有一位留法的华人学者写了一篇文章来解释这个问题。他说这些字为什么这么写呢？因为当时是写在竹简上的。竹简本身是窄条形的，比较窄，像清华简，大概就是一根筷子的宽度，比我的手指头还要小一些。要把动物本身的形状画下来，横着画，有时候往往不好写得开，但是立起来就没有任何问题。所以当时把动物立起来，就是因为这些字经常是在竹简上写的，为了书写方便就把它立起来，最后就变成了一种约定俗成的书写形式。这是很重要的一点。它也证明，当时的主要书写材料就是竹、木简，因此才形成了这些与动物相关的字的独特写法。

·虎
·象
·马
·犬

图 2

　　另外汉字行款的排列习惯，也是跟竹简的使用密切相关的。我们知道古代汉字的书写都是从上到下、从右到左来排列，这与很多民族的文字书写方式不一样。古代的汉字为什么会这样排列呢？学者们经过研究，发现这也是与用竹、木简为书写材料有关。因为古人写字的时候，他们也是习惯用右手拿着毛笔，左手把简放在胳膊上头，这样托着来写。写完以后，顺手就把这支简放在右边，左边再去拿一根简，继续拿起来写，写完以后再往右边放。因为简本身就是窄长条的，所以这样书写的结果，自然而然就形成了从上到下、从右到左的排列习惯。如果一开始就写在甲骨或者铜器上头，就不一定是按这种形式排列了。我们从这些方面可以判断，汉字的书写特点是跟最早使用竹、木简作为书写材料密切相关的。

　　汉字里的很多字也与简册的使用有关，比如说"牒"字，"牒"字从"片"，即劈开的木头或者竹子，"牒"就是指竹简；再比如说"札"，就是短小轻薄的木简；"篇""册""卷"都是把简连成篇，等等。甚至过去文人写信常用的"八行书"的信纸，本身都是模仿简册形式而制作的。所以竹简和木简这种书写特点，在我们今天汉字的很多方面都得到了很充分的体现。

　　除了竹简和木简之外，中国古人还用"帛"这种白色的丝织品来作为书写材料。丝织品应该说比简册更方便一些，因为

156

它比较轻便，而且很好画图。但是它不利的地方是什么？就是它比较昂贵。我们知道中国是最早养蚕织布的国家，丝织业非常发达，但是丝织品本身在古代也是很昂贵的。你要把这个很昂贵的丝织品来作为书写材料，除非你家境非常充裕，否则不容易承担。所以虽然有用帛来作为书写材料，但是一般来说没有竹简或者木简那么普及。中国什么时候开始用帛来书写？目前还说不清楚，但是最晚到春秋时期也一定出现了。在战国时期的《墨子》里，就两次提到一个成语叫"书于竹帛"。这个词就成了造纸术发明以前，中国古代书籍书写形态的反映。在造纸术发明之前，中国最主要的书写材料就是简和帛，特别是竹简和木简，比帛使用更为广泛。

还有一个词叫"牍"，我们常说简牍。比较大块儿的简称为牍。简一般是写一行字的，如果写两行字或者更多的话，就经常称为牍。有的牍很宽，古代常将大树加工制作成"牍"。

在考古过程中发现了大量的古代简牍（图3）。比如照片中左边的是郭店简，郭店简是在湖北荆门郭店村的一个战国楚墓里头发现的。中间是里耶简，里耶简是秦代的简，2002年在湖南龙山县的里耶镇发现的，这也是个惊人的发现。最右侧的就是张家山汉简，是在湖北江陵的张家山发现的西汉早期的一些简。

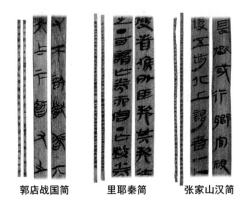

郭店战国简　　里耶秦简　　张家山汉简

图3

简册的使用一直到到汉代以后，实际上还延续了很长的时间。我们知道东汉时期蔡伦改进了造纸术。在造纸术得到改进和推广以后，简册和纸张实际上并行使用了很长时间。一直到南北朝时期，简册还在使用。简册的使用历程如果最早从商代开始算的话，一直延续到南北朝时期，实际上延续了2000多年，比纸张的使用时间还要长。所以简册的使用应该说是中国文化史上的一个重要现象。

我们刚才介绍的是"书于竹帛"，讲为什么用简作为书写材料。下面讲第二个问题，就是清华简的入藏与整理过程。

清华简不是经过科学发掘面世的，这是特别可惜的。中国出现了一个让我们非常痛恨的行业，就是盗墓。现在中国的盗墓现象非常严重，尤其是在冬天。我们知道冬天田地里的庄稼收割了，而且正好是农闲时节，一些盗墓分子乘机去野外从事盗掘活动。所以每年冬天的时候，就是盗墓特别猖獗的时候，大量的古墓都遭到了严重的破坏。如果大家有机会读读《中国文物报》就知道，盗墓现象现在猖獗到何种程度。这批简本身就是被盗墓贼盗掘的，盗掘以后很快走私到了香港，并在香港的文物市场上出现。后来清华大学的李学勤先生听说这个消息

之后，请香港中文大学的张光裕教授帮着去临摹了一些简，传真过来，李先生看了内容之后非常震惊，发现这里头有非常珍贵的历史文化典籍。所以后来李先生等人又亲自去香港观察实物，确定这批简本身是非常可靠、非常珍贵的古代竹简，建议清华大学尽快把这批竹简抢救回来。但是大家知道清华大学的经费本身是不能拿来买走私文物的，大家可以理解，每笔钱都是国家拨的钱，不能用来买走私的文物，而且买这批简也是没有任何发票的，在财务方面没法报销。于是清华大学就请一位叫赵伟国的校友，请他个人捐钱，把这批简买下来，再无偿捐献给清华大学，用这个形式把这批竹简抢救了回来。这批简入藏清华大学的时间是2008年的7月15日。入藏之后因为内容特别珍贵重要，所以引起了海内外学术界广泛的关注，媒体多年来也一直持续地做各种报道，可见清华简本身对古代文史学研究的重要性。

这个照片就是竹简刚到清华时的照片（图4），它们是装在一批塑料筒里，这个筒大概比羽毛球筒还粗一些，有60厘米长。筒里的竹简被人用保鲜膜裹了起来，周围再塞很多软的东西，如棉花、海绵、毛巾等等，把筒塞得严严实实。把这些东

西移开以后就是这个样子。打开以后漆黑一片，这是没有清洗整理之前的情况。

图 4

其中还有一篇简文，虽然有个别的简脱落出来，跟别的简混在一块儿，但基本上还是成卷的。这种成卷的竹简，在目前我们发现的战国时期的简里头，是唯一的一个。在考古发掘中也发现很多的简，但全部都散开了。这篇简能成卷保存下来是非常难的，因为竹简在地下泡了2000多年以后丝线基本都烂了，在地下水的浸泡下都漂移开了。所以竹简在地下要维持比较固定成卷的状态是很难的，这一卷简的这种成卷状态就更显珍贵。

还有一些简被盗墓分子做了一些加工，以便对外兜售。怎么个加工法呢？他们找那种比竹简宽，比竹简长一些的现代竹片，把古代的简放在现代的竹片上面，再用保鲜膜裹起来，两头再用透明胶给粘住。盗墓分子这么处理，是为了让人能看见竹简上的字，以便于对外兜售。这种简本身因为受到盗墓分子的干扰，所以它的文字保存情况就不如那些未受干扰的，有些文字会有损毁，另外竹简本身也会出现比较多的残断。

刚才讲到清华简是在2008年的7月15日入藏的，我们每天都去观察，因为当时已经放假，放假以后学校也没有太多人，就只有我们几个老师在。当时学校的意见是等到开学之后再清理保护，但是我们每一天都要去观察，观察简会不会出问题。在7月17日我们去观察的时候，就发现竹简好像有些不对劲，有一些比较浓的味道，另外有一些地方开始变白。我们看到这种现象就很警觉，在第一时间跟学校领导汇报，校领导也在第一时间赶到库房，安排化学系分析中心的老师，来提取浸泡竹简的液体。因为竹简本身必须泡在水里头，这些简能够保存下来，主要是因为泡在水里，其原因一会儿再说。液体提取是在7月17日，当天晚上结果就出来了，说这种液体很适宜霉菌的生存。简在地下泡了2000多年，它本身的纤维和半纤维素都降解了，竹简本身最怕的是什么？就是一些霉菌。霉菌对简的破坏有时候是致命性的，在湖南出土的简里头就发现过一种现象，早上看的时候简的上面有个黑点，黑点就是霉菌，到了下午的时候霉菌把简侵蚀出来一个洞，所以这种霉菌对竹简造成的破坏是最可怕的。我们听到这种情况都非常着急，担心这里头霉菌繁殖会对简造成很大的破坏。所以在 18 日的上午，校领导就紧急召开会议，决定马上改变原来的部署，立即对竹简做抢救性的清理。所以 18 日下午我们就开始准备用来清洗保护竹简所需要的一些材料。从 19 日开始，我们几个工作人员就着手做竹简的清洗保护工作。

清洗保护工作总共持续了三个月，一直到 10 月初才告一段落。清洗保护过程中有很多可圈可点的事情，在 2008 年 7—10 月的那段时间，大家知道这是奥运会召开的时期。那个时候北京是戒严的状态，外地的东西很难运进来，但是我们清洗保护竹简又需要很多化学药品，所以这就特别麻烦，需要层层报批，非常费劲。而且好多东西在北京采购不到，但是外地的车又进不来，所以费了很大的周折。每天的奥运比赛都非常热闹，但是我们的工作人员放弃了节假日，每天都在库房里头，一天一天做清洗抢救的工作。里头还有很多很有意思的事情，我就不一一介绍了。

对于简上的一些特殊现象，我们在清洗保护的时候，都非常留意。比如说在竹简反面有时候有个别的文字，还有一些编号的数字，还有朱砂的线等等，我们都一个一个尽量保留下来。我们的清洗工作应该说是竭尽所能，最大限度保存了竹简上头的各种信息。这种保护本身对后来竹简的整理工作提供了非常好的基础。

这是我们在清洗整理时候的照片（图 5）。我们当时用的是医用搪瓷盘，把简放在搪瓷盘里来做清洗保护。简本身都是泡在水里头的。它为什么能保存下来呢？就是因为它在地下的时候泡在水里，我们分析它最大的可能性就是出土在湖南湖北这一带。

图 5

因为湖南湖北这一带地下水位很高。墓葬挖开以后，把死者和陪葬品埋下去，水会很快渗透到墓里，所以整个墓在没被扰动之前，是整体泡在水里头的。当地还有很多青膏泥或者白膏泥，它的透气性很差，如果把墓上的土夯实的话，几乎可以不透气。墓里头的一些微生物本来会靠水里的氧气生存，但是过了一段时间以后，氧气耗光，新的空气进不来，这些微生物没有了氧气，很快就死掉了。墓里就成了真空的状态，整个墓葬就类似于一个大罐头。因此包括死者的尸体、他穿的衣服以及一些陪葬的漆器，还有竹简等等，各种物品都能保存下来。所以湖南湖北保存这些古代的墓葬，保存的古代的东西，能保存得特别完好，跟这种独特的自然条件是有密切关系的。

相反，中原地区就不一样。中原地区是一会儿干一会儿湿，如果地下有简或漆器这样的东西，也会很快腐烂。这种环境就不容易保存古代的竹子或木头。所以我们在殷墟没能发现古代的竹简或者木简，这也是很正常的，也许我们永远也发现不了。这跟当地的气候条件有密切的关系。

这是没有清洗整理以前的简（图6）。我们清洗整理就拿最细最软的毛笔，实际上是女士画眉毛的那种笔，一点一点地把竹简上面的脏东西和霉点去掉，再用杀菌剂杀菌，就是这样一个情况。

这些简的状况很有特点，它们在地下浸泡了2000多年以后，虽然没有腐烂，但是很糟朽，轻轻一碰就容易碎，容易断。打个形象的比方，这些简就像是煮过的宽面条一样，软绵绵的，非常脆弱。所以在清洗过程中要非常非常细心，全神贯注，不能有任何的马虎，因为一不小心就会把毛笔的墨迹碰掉，或者把简损毁，会给竹简造成不可挽回的伤害。因此，我

图6

们清洗的时候非常小心。竹简本身非常朽软，但是竹简的外面

有时候粘有一些泥土，这些泥土粘附在竹简上头，按理说应该是很容易去掉，但由于它们在竹简上粘了2000多年，已经发生了变化，变成了很坚硬的一层外壳，虽然里头的芯儿（即竹简部分）是很软的，但是外头的壳（泥土）却是非常硬，所以清洗整理非常麻烦，一般来说我们一个上午只能清洗出一枚竹简。我们几个工作人员，大概用了三个月的时间，最后清洗出来2500枚简，一枚枚的竹简就是这样清洗出来的。

这些是清理出来的现代竹片（图7），我们之前提到过，有一些简是用现代竹片垫在下面，大家可以看到，这些现代竹片上面霉迹斑斑，非常可怕。这些霉菌会对简造成破坏，这是非常危险的。

图7

这是竹简上清洗下来的一些脏东西（图8），有很多很多，遇到一些较大的块儿，我们一般拿那种很细的、用竹子或者木头做的小铲子，一点一点地把脏东西揭开。

这是我们清洗保护以后的简（图9），竹简上的字和竹子的颜色可以看得很清楚。放大看，上面的字保存得非常完好。为了保存这些字，每个整理者都付出了很大的代价，眼睛都近视了好几度。竹简要放在水里头清洗，水面是反光的，会把灯光反射回来，对眼睛刺激很大。尽管如此，我们还是非常高兴，因为我们把竹简上面的字尽最大的努力给保存下来了。

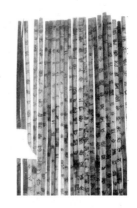

图 8   图 9

　　图中的竹简保存在不锈钢盘里头（图 10），我们放了 70 多个不锈钢盘，把 2000 多枚简放在里头。大家可能会觉得很奇怪，一开头的时候我们是拿搪瓷盘装竹简，后来为什么要换成不锈钢盘呢？这里面有一个原因，最早的时候我们都是买的搪瓷盘，结果在清洗保护的过程中我们就很吃惊地发现，搪瓷盘在用了两个多月以后，上面的搪瓷竟然开裂，而且往下掉。我说过，这个简本身是非常朽软的，搪瓷要是掉到竹简上面的话，那就会对竹简造成很大的破坏。我们一看就吓坏了，所以赶紧联系到广东方面的厂家，购买了不锈钢盘，最后全部搪瓷盘都更换为不锈钢盘。大家可以理解我们做这一工作时，每个人都是一万分的小心，搪瓷盘本身也是小心翼翼挪动的，而且我们库房都是恒温恒湿的，都是 20 度左右，可是在这种环境底下，我们新的搪瓷盘没过两个月就开始出问题了，然而我们的简 2000 多年还能保存下来，这个对比反差也是很明显的。

图 10

在清洗保护的过程中，清华大学为了协调校内外的力量来进行竹简的清洗保护和研究工作，决定成立一个机构，就是"清华大学出土文献研究与保护中心"。这个中心现在是教育部人文社会科学重点研究基地，当时请李学勤教授来担任中心的主任。在清洗保护的过程中，李学勤教授几乎每天都要来库房看，来了解每一天的清洗整理的进展。我们有什么重要的发现，也会第一时间向李先生报告，他也会在第一时间来观察情况。

清洗保护阶段在 2008 年 10 月初告一段落。这批简的学术价值怎样，真伪情况如何？我们作为当事人，对于这批简本身的内容、价值，当然是很清楚的。但是我们不能"王婆卖瓜自卖自夸"，不能由我们自己说，应该请国内外最重要的一批研究竹简的专家们，请他们来鉴定，对我们竹简本身的价值做一个评判。所以在 2008 年 10 月 14 日，清华大学就请了一批国内第一流的、从事考古、古文字、历史研究的专家学者，请他们来对清华简本身价值和真伪做一个评价。专家们对我们的竹简表现出极大的兴趣，而且最后对我们的竹简给予了极高的评价。

专家们的鉴定意见认为，这批竹简内涵丰富，初步观察以书籍为主。为什么以书籍为主？因为我们现在发现的竹简本身有两种。一种是档案类的，比如官员的名单，或者是发放粮食的记录，或者是打官司时的案件档案，或者是病人祈祷的记录，或者是占卜的记录等等，这些东西比较多。这类材料我们一般称为文书档案类文献。另一批就是当时供人们阅读的、流通的书籍。我们的清华简是以书籍为主，其中有对探索中国历史和传统文化极为重要的经、史一类的书。我们知道中国的典籍按四部分类，可分为经、史、子、集。清华简最主要的书籍是经类，即儒家的经典，和一些史类，即历史著作，以这两类为主。这种发现在历史上是有的，在西汉和西晋都曾有发现。但是近代以来，考古中所发现的这一类文献还比较少见。清华简的大多数内容在已经发现的先秦竹简中是从未见过的，具有极高的学术价值，在简牍的形制和古文字研究等方面也具有重要的价值。这一批竹简应该是楚地出土的战国时代的简册，是十分珍贵的历史文物，涉及中国传统文化的核心内容，是一项罕见的重大发现，必将受到国内外学者的重视，对历史学、考古学、古文字学、文献学等学科会产生广泛而深远的影响。事实证明鉴定组对我们清华简的鉴定意见是完全正确的，我们后来经过5年多的整理工作，将他们的鉴定意见一一加以证实。目前清华简对于历史学、考古学、古文字学、文献学等很多学科，已经和正在产生广泛深远的影响。

经过专家出具鉴定意见以后，清华大学在10月22日正式召开了新闻发布会，公布入藏战国竹简的消息。

后来我们还对竹简本身做了一些物理化学方面的测定。一是对简本身做了碳14的测定，我们是拿的无字的残片。为什么拿无字残片？因为碳14本身它是一种破坏性的测定，所以你拿去测定的简本身是拿不回来的，测试完就没了。如果拿有字的简去测，就会把简破坏。所以我们只能把竹简上的一些没有字的碎片拿去测。经过测定的结果是公元前305年±30年，相当于战国中期偏晚。对于战国时期的历史我们一般是这样区分的：公元前400年以前作为战国早期，公元前300年以前作为战国中期，公元前221年以前作为战国晚期，所以清华简属于战国中期偏晚的时段。

分析中心对竹简的样本也进行了含水率的测定，含水率差不多400%。因为竹简本身在地下浸泡了2000多年，已经完全糟朽了，现在看上去虽然是一根一根很完整的简，但里头基本上是空的，它的纤维和半纤维素都有可能降解，里头充满了水分，所以含水率很高。如果新鲜的竹子是100%的话，清华简的含水率就是400%。中国林业科学研究院对我们无字残片的鉴定结果是刚竹，这是南方很常见的一种竹子。

从2008年12月开始，我们就对简进行拍照。拍照本身也是一项创造性的工作，因为我们是带水拍照，这种拍照的方式过去也没有采用过，后来我们拍出来的照片效果非常好，目前在国内的竹简拍照方面，我们的方法得到了推广。拍照过程总共用了20天，我们将2500枚简全部拍照完毕。

从2009年3月份起，我们就开始利用拍出来的照片对竹简进行试读。我们把简的数码照片投在墙上，一根一根地来看。这些简除了我们之前说的那一卷之外，其余的完全丧失了原有的次序。我们只能按照现在杂乱无章的次序，一根一根地看。在读简的过程中，我们发现有些内容互相之间是有关联的，就尽量放在一块儿来编联。

读完以后就进行编联。编联是怎样一个过程呢？我们有2500枚的简，既照了正面的照片，也照了反面的照片，我们把正面和反面的照片按照原大，一条一条剪下来，再把正面和反面粘在一块儿，使之类似一根一根的简，这样就把照片作为原简的替代品，做互相的比对。每根简上面都写上编号，在考古学上一般要对竹简做一些编号，这样的话每根简都有它的"户口"了，我们就根据它上面的信息和各种特点，反复地对比、编排，再区分出到底是哪一篇的。这个工作本身有点像拼图游戏，就是要把所有的简回归到它原来的次序里。这样编排出来的结果，清华简大约有65篇，都是古书。这是一个大致的数字，有可能还会有一些局部的调整，但估计会在70篇以内，大概是这样一个情况。

清华简为什么会受到大家高度关注？这是由清华简的学术价值所决定的。清华简有几个主要的特点：

首先是时代很早。我们刚才讲到，根据碳14测定，清华简的抄写时代是在公元前305年。这个时间点特别重要，我们知道在公元前213年的时候，秦始皇焚书。焚书以后，先秦的典籍可以说是遭到了前所未有的大破坏，很多古籍因此丧失，或失去了原来的面貌。而我们这批简是在公元前305年前后就埋到地下，它没有受到后来秦始皇焚书的影响，所以能最大限度保存先秦古籍的原貌，因此它属于国宝级的奇珍。

第二点是数量很多，我们总共有2500多枚，大概整理出来65篇文献。清华简的这一数量可以说是目前我们发现的战国时期竹简中数量最大的一批。

第三点是清华简都是些很重要的书籍，意义特别重大。清华简因为都是古书，而且是以经、史一类的古书为主，它涉及中国传统文化的核心内容，很多书的价值是空前的，对我们重新研究中国上古文明具有不可替代的价值。这也是清华简的一个特点。

后来我们开始逐步公布清华简。从2009年3月起，中心老师开始陆续撰写整理研究清华简的文章。2009年4月13日，《光明日报》刊登了中心老师所撰的一组文章，介绍我们最早编联出的一篇简文，我们给它取名叫《保训》。《保训》这篇简是讲周文王在位第50年的时候生了重病，预感到自己将不久于人世，他就把儿子发（即后来的周武王）叫到身边，交代后事，给他留下一篇遗嘱，这个遗嘱我们给它取名叫《保训》。这里面有很多有意义的事情，而且出现了"中"，类似于后来儒家所说的中庸之道，这个"中"的思想引起了学者们的热烈讨论。所以《光明日报》当时就开辟了一个专栏，叫"解读清华简"，引起了学术界长时间的参与讨论。后来《保训》简的图版在2009年第6期的《文物》上公布了，实际上我们把文章交给《文物》是更早的，3月底就给了《文物》，但是刊物的出版周期很长，最少3个月以上。而报纸的周期快，4月初给它，4月13号就登出来了，所以《文物》反而出在后面了。这是《保训》简的一个照片（图11），总共有11支简，其中第2支简上半段残了、缺了，我们把所有的简都找了好几遍，希望能把那半支简找出来，可惜已经不存在了。这个不存在有两种可能，一种可能是盗墓贼在墓里捞简的时候没拿干净，这是一种可能性；第二种可能是在走私或流散过程中有所损毁。具体什么情况我们就不知道了，但是这半支没有保存下来，还是很可惜的。

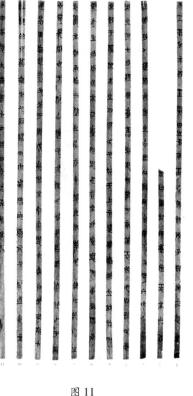

图 11

2009 年 4 月清华大学校庆之前，出土文献研究与保护中心举行了成立仪式。我们前面说过，清华大学出土文献研究与保护中心在 2008 年 9 月就已经成立，但是由于我们工作很忙，一直没有举行成立仪式，所以在校庆之前，学校专门给我们补办一个成立仪式。李学勤先生当时又公布了一篇简文，称为《耆夜》。《耆夜》这篇简文讲的是周武王八年时去讨伐一个国家叫耆国，耆国在古代也称为黎国，这个国家有不同写法，也称为耆国，也称为黎国。周人打败耆国后，回来举行一个很隆重的庆功仪式。在庆功仪式上，周武王和他的大臣们都一一登场，还饮酒赋诗，这是一个很有意思的现象，有周公的诗，有武王的诗，有各位大臣的诗。这在过去是从未见过的，也是很有意义的。这篇简文发表以后，也引起了很热烈的讨论。这里有一首诗，是武王写给周公和毕公的（图12），"乐乐旨酒，宴以二公"，大意是快乐地享用美酒（旨酒就是美酒的意思），来款待你们二公——周公和毕公。说"纤仁兄弟，庶民和同"，我们兄弟之间非常友爱，而且百姓也非常和睦。"方臧方武，穆穆克邦"，你们文武双全，是我们国家的栋梁之材。"嘉爵速饮，后爵乃从"，快快把你们杯中的美酒喝完，后面还有美酒等着你们。

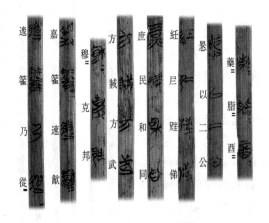

图 12

从 2009 年 9 月份开始，我们开始做《清华大学藏战国竹简》整理报告，这第一辑的整理工作，准备在 2011 年百年校庆之前正式出版。我们整理工作本身是以团队的形式进行的，清华简本身有 60 多篇，我们在整理之前先选一些，比如我们第一辑总共选了 9 篇，就把 9 篇的简文交给中心的若干位老师，让他们来负责整理。每个人先去读，然后写一个初步的整理稿，写完以后拿到中心一起来讨论，然后大家给该老师的整理稿提各种各样的意见，供他修改时候参考。该老师根据大家的意见继续修改，修改完以后再拿来，大家继续讨论。一般来说每一篇简文都要经过三次反复的修改和讨论，最后交给全书的主编李学勤教授，让他统一来改。这种整理模式最大限度地发挥了集体的力量。所以清华简整理工作本身，每一篇都凝聚着我们整理小组所有学者的智慧，这样最大限度地避免个人的局限性。这样的流程，有点类似于马王堆帛书整理小组的模式。

我们的整理报告一方面要保证有清华简正面的彩色照片，另外还要有背面的彩色照片。过去公布竹简，一般来说只公布正面的照片，反面的照片很少公布，因为当时认为不重要。但是我们觉得竹简本身就是一个考古学的遗物，竹简的背面也是考古学遗物的体现，所以应该把这方面的情况展现给读者。一般来说有机会接触竹简实物本身的人，毕竟是很少的，大部分学者只能依靠竹简的照片来研究。我们想最大限度地把竹简各方面的信息都提供给读者，所以我们把正面和背面的信息都提供出来了。事实证明这个做法是非常必要的，因为竹简背面实际上有很多信息，是过去大家从来没有意识到的。我们公布之后，大家根据竹简背面的信息，发现对于竹简编联非常有效。所以现在竹简背面的信息对于竹简编联的重要性，已经得到了学术界的公认。另外我们既要有原大的照片，又要有放大的照片，有放大到两倍的照片，这样方便读者的阅读。读者或是书法爱好者如果想看更多的文字细节，可以看放大照片，这样的话就能比较完整地把竹简各方面的信息全面展现出来。

第一册的整理报告总共收了 9 篇文献，《尹至》《尹诰》《程寤》《保训》《耆夜》《金縢》《皇门》《祭公》《楚居》，我们为什么选这 9 篇？主要是有三方面考虑。一是简文的内容比较完整，越完整，前后读起来就越方便。二是目前我们对它们的整理工作比较成熟，这些篇目中，有多篇可与传世本对照，比如说《金縢》，《金縢》见于《今文尚书》的《金縢》篇；《皇门》见于《逸周书》的《皇门》篇；《祭公》见于《逸周书》的《祭公》篇。它们能够有今本对照，这样的话我们就可以认出很多字。大家可以理解，这些简本身是用战国时期楚国文字书写的，楚国的文字和秦国的文字很不一样。过去大家对楚文字研究得很少，而现在有传世本的话，最好的一点就是有些字我们可能过去不认识，但是与传世本一对，就可以把那些字认出来，所以这是一个好处。另外的一个考虑，就是这几篇学术价值特别重大，我们选的这9篇，其中8篇都是《尚书》和《逸周书》这样一类的文献。《尚书》《逸周书》都是关于商周时期甚或更久远的重要历史文献的汇编，所以价值特别重大，我们选这9篇，也充分考虑到了它们的重大学术价值。

比如这一篇叫《祭公》(图13)，就是传世本《逸周书》的《祭公》。清华简的《祭公》可以纠正传世本《祭公》大量的错误，《祭公》这一篇过去很多地方根本读不通，但是自从清华简《祭公》篇问世以后，原来《祭公》篇里头读不通看不懂的地方，现在就能彻底明白了，所以特别有意义。

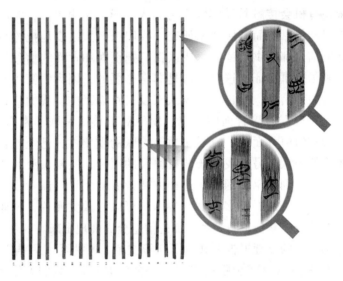

图 13

经过努力，第一辑的整理报告在2010年的12月出版了，本来清华大学的校庆在2011年的4月，但是我们的整理报告赶在2010年12月份的时候就已经正式整理出版了，由上海文艺集团旗下的中西书局出版。大家对中西书局这个出版社可能不知道，这个出版社它就是为了出清华简而成立的，它想拿清华简作为一个品牌来做。所以他们一炮打响，现在成了国内最重要的出土文献的出版社，现在国内几乎绝大部分竹简的出版工作，都由他来做。就是因为出了我们的清华简，质量特别高，所以大家都对他们比较放心，把很多本由文物出版社出的竹简整理报告给抢去了。这是我们出的清华简书的样子（图14），是线装的，但是书比较长，因为我们公布的竹简是原大的，清华简中大部分简的长度是46厘米长，所以这个书设计为50厘米长，这样可以容纳得下。设计得古色古香的，很不错。2011年1月5日，清华大学举行了清华简第一辑的成果发布会，

图 14

李学勤教授就把第一辑里头重要的成果和重要的学术价值做了一个介绍。

第二辑的整理报告收录了一篇历史著作，我们给它取名叫《系年》。《系年》这篇文献是从周武王灭商开始讲，一直讲到战国初期，是这样的一部历史著作。里头记载的很多事件和人物都不见于传世文献，或与传世文献有很大的区别。这个整理报告是2011年的12月份出版的。

第三辑整理报告是在2012年12月份出版的，收录了8篇文献。其中有一篇是类似于《诗经·周颂》的诗歌，叫《周公之琴舞》，这个篇名是这篇诗歌原有的名字，它是西周初年一篇类似于《周颂》的诗歌。另外一篇类似于《大雅》，我们给它取名叫《芮良夫毖》，芮良夫是周厉王时期的一个大臣。众所周知，周厉王时期政局混乱，芮良夫对政治非常忧心，所以写了一首劝谏的诗，这首诗有180句，是目前我们所看到的《诗经》一类诗里头最长的一篇。第三篇是《傅说之命》，《傅说之命》在过去也称为《说命》，在伪《古文尚书》里有这一篇，但是我们这一篇和伪《古文尚书》是不一样的，这个是真正的《古文尚书》中的《说命》篇，很有学术价值。第四篇是《赤鹄之集汤之屋》，讲商汤、伊尹和夏桀的故事，这是一篇战国时期写的小说，小说里头有很多稀奇古怪的故事，大家没想到当时小说可以写得那么栩栩如生，很有意思。第五篇叫《祝辞》，是讲巫术的一篇文献。第六篇叫《良臣》，是讲中国古代君王重要的贤臣。因为《说命》由三篇组成，所以是6种8篇。这是在2012年的年底公布的。

第四辑整理报告于 2013 年年底正式推出。这一辑总共收了三篇文献，一篇叫《筮法》，一篇叫《别卦》，一篇叫《算表》，后面还会详细地介绍。这三篇主要涉及《周易》，跟《周易》有密切关系，另外跟数学也有关系，《算表》是一篇数学史的文献，跟科技史密切相关。后面我会仔细介绍。

这四辑整理报告的出版都受到学术界的强烈关注，有关的研究成果在不断涌现。大家知道，现在很多博士、博士后，他们研究上古这一段都是以清华简作为博士论文的选题或者博士后出站报告的选题，这种例子很多，我们就不一一介绍了。

我们的规划，是每一年的年底出版一辑整理报告。按照目前的整理速度，我们大概需要 15 年左右的时间，可以把我们所有的简公布完毕。清华简出完以后，我们差不多就该退休了，大概是这么一个过程。但是研究工作是长期的，清华简公布之后，它们就会成为一批新的经典，这种经典的研究是无限的。像《诗经》，像《尚书》，像《春秋左氏传》，这些经典作品，我们 2000 多年以后还在研究。我们现在对清华简这些材料还只是做整理公布的工作，它的研究也是可以持续几百年几千年的，甚至上万年的。所以这个研究是遥遥无期的，但是整理工作我们希望在这十几年里头把它们全部完成。

下面我们讲第三个方面问题，清华简与古代文史研究。清华简它到底对我们古代文史研究有什么意义，我想在第三个方面做一个介绍。

随着时间的推移，我们的整理工作不断地展开，研究也会不断深入，清华简的价值在今后还可以得到不断的体现。我们现在说的只是针对我们目前的整理情况所做的一个介绍。

目前来看，清华简的整理工作有很多很重要的价值。首先一点是重现了先秦时期的《尚书》等经学文献和类似典籍，包括《尚书》和《逸周书》，甚至一些不在《尚书》《逸周书》的篇目里，但是它们的价值和《尚书》《逸周书》一样重要，这对于中国古代文明的研究意义太重大了！我们知道，在上古史研究中，《尚书》是最重要的典籍。《尚书》原有 100 篇，但是经过秦始皇焚书以后，就只剩下 28 篇，后来在东晋时候，又出现了伪《古文尚书》，后人为了争论其真伪，讨论了 1000 多年，我们今天也可以对这些伪《古文尚书》的真伪有个比较明确的结论。因为上古的文明主要由《尚书》这样的文献来承载，清华简发现的60多篇文献里，大概有20篇是属于《尚书》《逸周书》一类的文献。它们对于先秦历史文化的意义就太重大了。《古文尚书》真伪之争持续了1000多年，这些《古文尚书》到底是真是假呢？正好清华简里头有同样的一些篇目，我们一对照就可以知道，伪《古文尚书》跟清华简所见到的《尚书》那些篇完全不一样，所以从这个角度来说，清华简在很大程度上已经给伪《古文尚书》的真伪问题提供了一个定论性的结果。比如说清华简里有一篇《尹诰》。《尹诰》这篇在伪《古文尚书》里有，但被改名为《咸有一德》，篇中的内容与清华简的内容是完全不一样的。当然我们仍然可以做进一步研究，而且我们并不否认伪《古文尚书》的价值，伪《古文尚书》不管是真是假，至少从东晋以来就一直流传下来，它里头的思想也是很重要的。从学术的角度说，它的真伪是一个方面，它的价值是另一方面，这两方面是并行不悖的。

另外我们可以看到清华简揭示了许多闻所未闻的历史真相。清华简里面有一些历史著作，这些历史著作记载的很多历史人物、历史事件，我们过去从来不知道，或者没有想到是这样一个情况。这对我们研究上古史的意义很大，改变我们心目中整个先秦历史的形象，对上古历史研究有很重要的影响。

举个例子，我们知道秦国后来崛起于甘肃的天水一带，从天水一直迁到关中，然后由关中逐步向东吞并六国，这个过程我们是很清楚的。但是秦国到底是怎么崛起的，从哪来的，这个情况过去是不了解的，或者说有很大争论。我们知道秦国是嬴姓，我们称秦始皇为嬴政。这个嬴姓特点是什么呢？他们原来主要分布在山东一带，还有江苏的北部和河南的东部，嬴姓的分布范围就在东边地区。但是秦国也是嬴姓，可他却在天水这一块儿。问题就来了，秦国跟东边嬴姓的国家到底是什么关系？这在过去是说不清楚的一件事情。所以历来关于秦国的起源有两种说法，一种说法是他起源于东方，另一种说法是他起源于西方，两种说法之间，谁也说服不了谁。清华简《系年》正好记了周武王灭商以后的历史，其中在谈到周公东征之时讲到了秦国的起源。秦国起源到底是怎么回事呢？秦的起源跟秦的两个先人很有关系。一个叫飞廉，一个叫恶来。他们都属于助纣为虐的典型，因为秦人的祖先跟商朝关系很密切，所以飞廉和恶来都是死心塌地跟随商纣王的。后来周武王伐纣，在牧野之战的时候，恶来被杀掉了，飞廉由于不在现场，所以他逃过一劫。后来飞廉到哪去了？他跑到了东方，跑到了商奄，商奄又称为商盖，在今天的曲阜这一带。后来周武王去世，武庚和"三监"，就是管叔、蔡叔和霍叔联合起来造反。这时候飞廉就觉得条件成熟了，所以他就起来联络同姓的各国，当时秦国的先人都在山东半岛这一块儿，所以他就联络其他同姓国纷纷起来造反，在东方闹得特别凶。后来周公东征，把武庚和管叔、蔡叔都给杀了。然后东征大军进一步征讨，就去平定"商奄之乱"，去打飞廉，飞廉后来就被周公杀死了。这个情况过去我们也知道。但是周公把飞廉杀了以后，还有一个举动，我们就不知道了。原来，周公把飞廉的一些党羽，把商奄这些遗民西迁，迁到了西方一个叫朱圉的地方。朱圉这个地名见于《尚书》的《禹贡》篇。朱圉在什么地方呢？在甘肃天水的甘谷县，甘谷县的西边有一座山叫朱圉山，这个地名到现在依然存在。所以周公就把飞廉的后人西迁到了朱圉山这一带，实际上是把他们发配到了西北边陲，而这些人恰恰就是秦国的先人。这样我们就恍然大悟了，为什么嬴姓的秦人最终跑到了西北地区，实际上是被周人惩罚，强行西迁到西北边疆，帮他们去驻守，去抵御戎人即西北的少数民族，就是这样一个过程。

我们还专门去朱圉山进行实地考察。朱圉山特别有意思的是什么呢？它离甘肃省的礼县特别近，从山上过去非常近，当地的领导告诉我们，从山上过去，40 里地就能到礼县的大堡子山，那一块儿就是秦国历代国君的墓葬，而秦人最早到西北的定居地朱圉山就在这附近。可以看出清华简的这一记载确实非常有意义。

另外就是发现了前所未知的周代诗篇。比如我们前面说的《耆夜》这一篇，另外还有我们刚才说的《芮良夫毖》和《周公之琴舞》。我们知道芮良夫是当时很著名的一个谏臣，他对周王朝忠心耿耿，他不满于周厉王采取的暴政，所以多次劝谏周厉王，《国语》和《诗经·桑柔》都有他劝谏周厉王的一些内容。我们在清华简里发现的《芮良夫毖》这一篇，也是他劝谏周厉王和大臣们的一篇诗，内容也是非常重要，有些话我们现在读起来还非常感慨，比如他说"言深于渊，莫之能测"等等，或者"天之所坏，莫之能支"，"天之所支，亦不可坏"等等。但是我告诉大家，绝大部分的诗是很难懂的，《周公之琴舞》和《芮良夫毖》非常难懂，大家如果有兴趣可以读一读，这是非常古雅的一些诗，研究文学史的学者可以从中找到很多可以做的工作。

另外我们还复原了楚国的历史及历史地理。刚才讲到清华简第一辑里公布了一篇《楚居》，这篇简文不仅记载楚人起源的种种传说，而且还记载了比较完整的楚王世系以及历代楚王的居处建都，这是我们过去从来不知道的。我们过去都知道楚国的首都叫郢，屈原曾经有一首诗叫《哀郢》；春秋时期，吴国的伍子胥曾攻入郢都，鞭楚平王之尸，这些事情我们都很清楚。郢的地点大家都知道，是在湖北江陵南边的一个遗址，叫纪南城，因为它在纪山之南，所以称为纪南城，那儿的周边有很多楚国贵族的墓葬。过去考古工作者在纪南城一带进行了长期的考古调查和发掘，但主要发现的都是一些战国时期楚国贵族的墓葬，更早的贵族墓葬就找不着了，这是很奇怪的事情。直到我们看了《楚居》之后才恍然大悟，原来楚国是把都城称为郢，他迁到哪就把哪称为郢，所以他的郢都是很多的，共有十几个郢，都城在不断地变。伍子胥攻入郢都鞭楚平王尸的时候，当时楚国的郢都根本不在江陵，所以过去大家把江陵作为郢都来推算伍子胥的进军路线，就怎么看都不合适，现在我们才知道，那时候楚国的国都根本没在湖北，而是在安徽，完全不是一个地方。这就对楚国相关的考古调查工作有重要的意义，而且也可以知道郢都的变化，很多情况都可以与考古发现的战国楚简相对应，可以彻底解决很多过去解决不了的问题。这是《楚居》的照片（图15），相当完整，只有几根缺几个字。

清华简第四辑对《周易》研究的推动也特别大，特别是涉及《周易》卦序的问题。我们知道现在的《周易》是64卦，它的排列顺序从古以来就是这样，研究《周易》的人对此都很清楚，它的卦序特点叫作"两两相偶，非覆即变"，两个两个是一组，而且它们是倒过来的或者是相反的，是这样一个关系。这种卦序到底是什么时候开始的，在古代有没有其他的卦序排列方法，大家过去都有很多的讨论。在马王堆帛书发现之后，大家就发现，在汉代有另外一种卦序，跟我们现在《周易》的卦序完全不一样，引起了学术界几十年来的热烈讨论。这两种卦序到底哪种早，哪种晚，学者们有很多讨论。清华简第四辑公布了一篇《别卦》，实际上就是讲《周易》卦序的，《别卦》的卦序和马王堆帛书的卦序完全一样，或者说跟它完全吻合，但是还可以有其他的变化方式，这是我们过去从来不了解的。这样至少可以证明，马王堆帛书的卦序方式在战国时期已经存在了，这对于《周易》卦序的研究会有很大的推动作用。

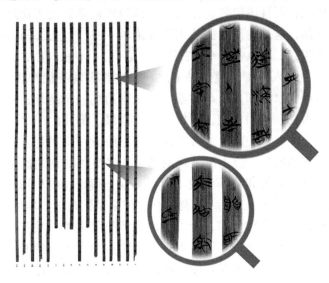

图 15

另外一篇很重要的是《筮法》，就是一开始我给大家看的成卷的那一篇。我们之所以说它"成卷"，是因为它保存得非常完整，这一篇一个字都不缺，而且上面还有图，这是战国时期的卦位图（图 16），也是我们目前为止能看到的最早的八卦的卦位图。这一篇的意义是什么呢？我们知道《周易》的每个卦，是用阴爻或者阳爻，或者说刚爻或者柔爻，来称呼《周易》的六爻。而我们这个《周易》的卦是用数字表示的，比如一、七、四、五、九等等。这种用数字来表示卦的情况在过去的考古发现中也有一些，但是比较零星，而我们这一篇是非常完整的一篇，讲到了数字卦算卦的方法，所以它很可能推动数字卦问题的研究，这方面的意义非常重大。

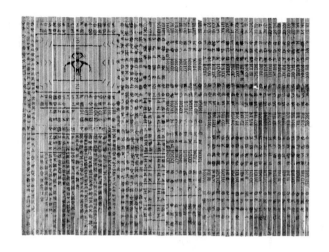

图 16

　　另外我们还发现了世界上最早的十进制数学的算具实物，我们给它取名叫《算表》。《算表》这篇是什么样呢？就是这样的一篇简文，我们可以看它放大的图片（图17）。它上头有一个一个的用朱砂画的横线，连起来看它就是用朱砂画出的表格。这些表格都是这些数字组成的，如果将其还原成阿拉伯数字的话，就是这样的一个表格（图18）。这个表格到底是做什么用的呢？我们经过分析研究，发现它是一个非常有意思的、类似于计算器的东西。我们首先来看原图（图19），每支简的上面有一排数字，数字下面有一排钻出来的孔，孔里有一些丝线，虽然已经腐烂了，可我们依然能看到里面有一个黑点，这就是烂在里头的丝线。最右边的一支简也是数字，然后第二支简则是一些孔，孔里面则是朽烂的丝线。如果作计算器来用的话，每支简最上面的这排数字和最右边这支简上的数字，可以分别作为乘法的乘数和被乘数。

　　我们来举个例子，尝试来做一个运算（图20）。比如说我们想知道81×72等于多少，要口算的话可能一下子很难算出来，如果用《算表》来计算的话就非常容易了。这些孔里头原来有丝线，丝线是可以往下拉的，右侧第2支简上也绑了很多的丝线，可以往左侧拉。要算数的时候，可以先在上面一排找乘数81。这是一个80，这是1，这样就把81找了出来，再在最右边的这支简上把70和2找出来，然后从上往下拉两根线，从70和2这里也

177

往左拉两根线，这样的话这四根线就会产生四个交叉点，四个交叉点的结果就是我们想要的乘积。这就是一个非常精彩的计算器。

图 17

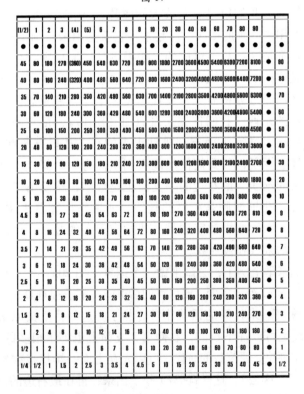

(1/2)	1	2	3	(4)	(5)	6	7	8	10	20	30	40	50	60	70	80	90		
●	●	●	●	●	●	●	●	●	●	●	●	●	●	●	●	●	●	●	●
45	90	180	270	(360)	450	540	630	720	900	1800	2700	3600	4500	5400	6300	7200	8100	●	90
40	80	160	240	(320)	400	480	560	640	800	1600	2400	3200	4000	4800	5600	6400	7200	●	80
35	70	140	210	280	350	420	490	560	700	1400	2100	2800	3500	4200	4900	5600	6300	●	70
30	60	120	180	240	300	360	420	480	600	1200	1800	2400	3000	3600	4200	4800	5400	●	60
25	50	100	150	200	250	300	350	400	500	1000	1500	2000	2500	3000	3500	4000	4500	●	50
20	40	80	120	160	200	240	280	320	400	800	1200	1600	2000	2400	2800	3200	3600	●	40
15	30	60	90	120	150	180	210	240	300	600	900	1200	1500	1800	2100	2400	2700	●	30
10	20	40	60	80	100	120	140	160	200	400	600	800	1000	1200	1400	1600	1800	●	20
5	10	20	30	40	50	60	70	80	100	200	300	400	500	600	700	800	900	●	10
4.5	9	18	27	36	45	54	63	72	90	180	270	360	450	540	630	720	810	●	9
4	8	16	24	32	40	48	56	64	80	160	240	320	400	480	560	640	720	●	8
3.5	7	14	21	28	35	42	49	56	70	140	210	280	350	420	490	560	630	●	7
3	6	12	18	24	30	36	42	48	60	120	180	240	300	360	420	480	540	●	6
2.5	5	10	15	20	25	30	35	40	50	100	150	200	250	300	350	400	450	●	5
2	4	8	12	16	20	24	28	32	40	80	120	160	200	240	280	320	360	●	4
1.5	3	6	9	12	15	18	21	24	30	60	90	120	150	180	210	240	270	●	3
1	2	4	6	8	10	12	14	16	20	40	60	80	100	120	140	160	180	●	2
1/2	1	2	3	4	5	6	7	8	10	20	30	40	50	60	70	80	90	●	1
1/4	1/2	1	1.5	2	2.5	3	3.5	4	5	10	15	20	25	30	35	40	45	●	1/2

图 18

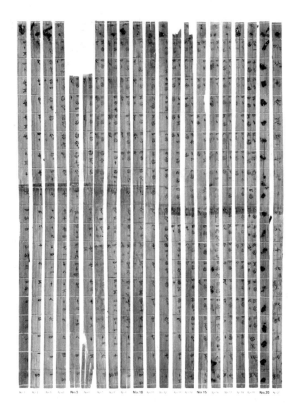

图 19

以81×72的运算为例

1/2	1	2	.....	70	**80**	90		
●	●	●	.....	●	●	●	●	90
45	90	180	.....	6300	7200	8100	●	90
40	80	160	.....	5600	6300	7200	●	80
35	**70**	140	.....	4900	**5600**	6300	●	70
⋮	⋮	⋮		⋮	⋮	⋮		
1	2	4	.....	140	**160**	180	●	2
1/2	1	2	.....	70	80	90	●	1
1/4	1/2	1	.....	35	40	45	●	1/2

5600+160+70+2=5832

图 20

这个《算表》不光可以做乘法，也可以做除法，也可以做乘方、开方。国内外数学史专家对我们的《算表》非常感兴趣，

179

英国的《自然》网络版上已经有专门的报道，而且我们3月份要召开一个中外的数学史专家们关于《算表》的研讨会。实际上在此之前，世界各国的数学史专家们几乎都来考察过我们的《算表》，对我们的《算表》一篇赞不绝口。

《算表》里不仅仅有乘积，还出现了一些分数的概念（图21）。过去也有一些分数概念，比如说二分之一，就是"半"。"半"这个概念我们的先人很早就有了，楚文字里的"半"字是李学勤老师最早认出来的。我们看左边这个字就是楚文字里头"半"字的写法。右边这个字也是李学勤老师认出来的，这个字或者读 cái 或者读 zī 都可以，类似于锱铢必较的"锱"，是四分之一的意思，这个字也是李学勤老师认出来的。他是因为《算表》的缘故，最早把这个字认了出来。以前我们不知道先秦时期的人们还有四分之一的观念，只知道他们有三分之一、三分之二、二分之一这样的认识。三分之一，他们叫小半，三分之二叫大半，半则是二分之一，这几个先秦时期的概念我们过去是知道的。但是"锱"这个概念表示四分之一，我们过去从来不知道，这一次李学勤教授在研究《算表》的时候终于把这个字给认出来了。这是我们对先秦数学成就认识的一个重要突破。

图 21

清华简《算表》不仅可以做整数的乘法，还可以做二分之一和四分之一的乘法。

我们再举个例子（图22）。比如 $71\frac{1}{2} \times 92\frac{1}{2}$ 到底得多少呢？我们用《算表》照样可以算出来。我们看这是 90，这是 2，这是 $\frac{1}{2}$，我们可以向下拉三根线；这是 70，这是 1，这是 $\frac{1}{2}$，我们可以向左拉拉三根线，这样的话六根线就形成九个交叉点，把这九个交叉点加起来，它的乘积就是 $6613\frac{3}{4}$，乘积就算出来了。

清华简对古文字研究的意义也非常重大，我们知道清华简本身是用楚文字书写的。楚文字本来是一种死文字，秦始皇统一六国之后，就把楚文字和其他东方六国的文字都废除了，所以秦国的小篆就成了中国通行的文字。20世纪以来，在考古过程中发现了很多楚文字的材料，所以我们对楚文字的认识已经在逐步地深入。清华简的发现和公布，对楚文字研究的推动特别大，因为清华简是一批书籍，而书籍有很多内容是可以跟古书对照的，这样的话很多过去不认识的字，我们一对照就认出来了，有一些虽然并不能整篇对照，但是有一些句子是可以对出来的。这样我们长期以来不认识的字，就可以通过清华简认出来。认字的影响不仅仅作用在楚文字身上，因为楚文字本身也是从甲骨文和金文演变而来的，如果能把楚文字认出来，那些甲骨或金文中不认识的字，我们也可以通过将楚文字的线索回溯，把甲骨和金文里那些不认识的字也给认出来。这样一来很多对甲骨、青铜器的研究和讨论可能也要重新来分析了，等等。所以这种古文字研究本身，是牵一发而动全身的。因此，清华简对古文字研究是非常有价值的。另外，清华简还有助于古文字研究的转型。因为过去研究古文字，主要依赖于许慎的《说文解字》，许慎的书是小篆，而且是东汉时期的小篆。现在有甲骨文、金文，金文主要是西周、春秋时期，在战国这一段则有个比较大的缺环，如果我们把包括清华简在内的楚文字作为回溯古文字的一个点的话，就可以做出更为科学，更为可靠的研究。这对于古文字研究的转型也是一个很重要的机遇。

$$71\frac{1}{2} \times 92\frac{1}{2} = ?$$

1/2	1	2	⋯⋯	70	80	90		
●	●	●	⋯⋯	●	●	●	●	
45	90	180	⋯⋯	6300	7200	8100	●	90
40	80	160	⋯⋯	5600	6300	7200	●	80
35	70	140	⋯⋯	4900	5600	6300	●	70
⋮	⋮	⋮		⋮	⋮	⋮	⋮	
1	2	4	⋯⋯	140	160	180	●	2
1/2	1	2	⋯⋯	70	80	90	●	1
1/4	1/2	1	⋯⋯	35	40	45	●	1/2

$$6300+90+45+140+2+1+35+\frac{1}{2}+\frac{1}{4}=6613\frac{3}{4}$$

图 22

181

还有一点意义是什么呢？由于清华简的出现，学者对于古书、对于古籍整理工作的理解也会进一步深入。我们在整理清华简的过程中，就可以深刻体会到，实际上古代也有一些竹简被发现，也有竹简的整理工作，根据我们当代人对竹简整理的经验和体会，再去反思、再去回顾汉代学者他们怎样整理古书，怎样研究古书，西晋学者怎样整理古书、研究古书，可以说是完全相通的。我们通过实地研究以后，就可以更深刻地体会到古书的整理过程，也可以对前人研究工作的得失有更深刻的体会。这对于我们重新认识古籍，也是一个很好的帮助。

　　我今天就讲这么多，有不对的地方，希望大家指正。谢谢大家！

郭永秉

从出土实物看中国古代简帛书籍文化

　　郭永秉　1998—2007年先后就读于复旦大学98级文科基地班、复旦大学中文系、复旦大学历史学系，获得文学学士、历史学博士学位（博士指导教师：朱维铮教授）。2007年至今，历任复旦大学出土文献与古文字研究中心讲师、副教授、教授，2005—2017年任裘锡圭教授学术助手。2015年度上海市"曙光学者"。2018年曾担任北京大学人文社会科学研究院访问教授。近年来除了文字学和古文字本体方面的研究之外，主要从事出土文献尤其是战国秦汉出土文献的整理与研究。出版专著及论文集共3部：《帝系新研：楚地出土战国文献中的传说时代古帝王系统研究》《古文字与古文献论集》《古文字与古文献论集续编》，参与裘锡圭教授主编《长沙马王堆汉墓简帛集成》的编纂工作。

很荣幸来到国家图书馆跟各位先生、女士交流。我自己是做出土文献和古文字研究的，今天给大家做一个关于纸质书出现之前，中国人的书籍是什么样的，特别是上古时代的书籍是什么样的，古代的书籍文化是什么情况，当时的人读书写字、包括书籍的制作是什么情况的介绍。近几十年来出土的资料越来越多，包括从先秦一直到汉代的简、帛书籍，我们可以把这方面的情况描述的更加的清楚一点。今天的介绍主要围绕两个方面，一是书籍所承载的图文内容，即文本内容之外的外在形式特征，包括书籍是如何制作的、如何使用的、如何收储的。第二就是书籍文本、图文内容本身的一些特点。从文本及文本以外的形式特征这两方面来介绍。

先请问大家三个问题，第一，您所知道的中国最早的书籍是什么时代的、写在什么物质载体上面？很多人说是甲骨文。我可以告诉大家，甲骨文是最早的文字记录，但是甲骨并不是当时的书，这点是需要明确的。包括青铜器铭文，也不是当时的书。这就牵涉到最早的书是什么形态的问题。第二，大家知道毛笔是什么时候发明的？一直以来有一个说法，毛笔是秦代的蒙恬发明制造的。但这个说法在清代就被学者否定了，毛笔出现的时期要远远比秦代早。考古出土的战国时代毛笔就有一些，汉代的毛笔则更多一些。有很多证据证明：商周时代就有毛笔，甚至商周以前就有毛笔的书写。第三，现在通行的植物纤维纸张是什么时候出现的？大家都知道东汉蔡伦造纸，然而研究表明：蔡伦并不是第一个发明纸的，他只是改进了造纸技术。考古出土了不少西汉时代的纸。今天主要讲的就是在植物纤维纸出现之前的书籍是什么样的。

第一个问题就是刚刚提到的甲骨文，大家可以去看中国社会科学院历史研究所张政烺先生的一篇文章，提到甲骨并不是当时的书。金文也基本上跟书不能画等号。它们实际上是当时特殊的书写形式与特殊的文字载体。当时的书是什么样的？《尚书·多士》记载，周公对被征服的殷遗民有一段训话。当时这些商代的遗老遗少还不太服气，有的要来造反，不太安稳，周公就跟他们讲了一段话，说"惟尔知惟殷先人，有册有典，殷革夏命"。商朝的先人有典册，记录了商代把夏代天命革掉的事情，"革命"这个词就是从这里来的。古人认为，一个王朝能够统治天下，一个帝王能够统治天下，是因为上帝给了他天命，如果干得不好、胡作非为，这个天命就要被革掉。"命"是能够在朝代、帝王之间更革、更代的。"殷革夏命"就是商代把夏代的天命给革了，夏代最后一个君主是荒淫无道的夏桀。后来成汤伐夏，灭亡了夏代。商代的先人用典册记录了革掉夏代天命的事情，那么，周人把商代灭掉，也是一样的道理。"有册有典"就是商代早期已经有了典册来记录一些历史大事，这是文献当中商代已经有典册的最重要的文献证据。现在基本上相信这是周公原话的实录，也可以反映西周人对商代文献的一种看法。

　　除这一句话之外，从古文字的资料当中也能够找到一些文字证据，来证明毛笔和竹木制的简册在商代或者商周时代已经有了。现在写的"又"初文就是一个右手，手里拿着什么？是毛笔，这个字就是现在写的"聿"（图1）。"聿"上面加一个竹字头是什么字？就是繁体字的"筆"，笔就是从竹聿声的。《尔雅》里面说"不律曰笔"，古代笔就叫不律。有一些朋友可能会觉得奇怪，这哪里是一支笔呀？这下面不是一个毛刷子吗？其实古代最早的笔就是毛刷子，想想英文当中笔怎么说？毛笔就是"brush"。比如图片中的字下面加一个"皿"字底，就是"尽"，表示一个器物里面的东西吃完了，用一个毛刷子把里面刷干净，里面空了就是"尽"，繁体字的"盡"就是这样。笔跟刷子是一个东西。这是西周时代"聿"的写法，稍微简单一点，跟后来的毛笔有一点接近。西周金文和小篆中的"书"字（图2），"书"的繁体"書"，简体这样写是从汉代草书来的，原来的篆文跟金文的写法是上面是"聿"，下面是一个"者"，它是一个形声字，就是从聿者声，后来的繁体字其实是把下面的"者"给简化了，上面还是一个"聿"，还是能看出来，因为书写是跟毛笔有关的。下面"者"就是书的声旁，古音变化很厉害，现在已经看不出"书"跟"者"读音的关系了，其实原来是很近的。后面这两个字就更加直接了，是书写物质的载体，周公讲"有册有典"中的"册"与"典"（图3）。"册"就像把竹木的木条用绳编起来，而且是上下两道编绳，也有三道编绳的。典跟册有一点不一样，上面是册，下面是一个小案子"丌"。典跟册有什么不同呢？典要比册珍贵、庄重一些，把它放在几案上面，等于把它供起来，现在还讲经典、典籍，不会讲经册。商周时代一定有毛笔书写和简册制作这样一个文字学的证据，但是竹木是有机物，非常容易腐朽，商和西周甚至春秋时代的简册是没有发现过实物的。但幸运的是其他一些不容易朽烂的东西上面还能够看到一些痕迹，比如一些骨质的物品上面能够看到一些毛笔书写的痕迹，一些石器、玉器上面能够看到商周时代的毛笔书写。

图1　　　　　　图2　　　　　　图3

东周时候有一个很有名的思想家叫墨翟，他有一部书叫《墨子》，里面有一篇《明鬼》，讲了这样一段话："古者圣王必以鬼神为［有］，其务鬼神厚矣，又恐后世子孙不能知也，故书之竹帛，传遗后世子孙；或恐其腐蠹绝灭，后世子孙不得而记，故琢之盘盂，镂之金石，以重之。"意思就是说有一些事情口头讲是没有用的，要把它传到后世，写在简册、缣帛上面，让后代能够知道。但是又怕这些竹木制的或者缣帛的东西不容易流传到后代，容易腐蠹绝灭，后代的子孙就看不到了，怎么办？"琢之盘盂，镂之金石"，就在青铜器上面、石头上面把文字铸出来或者刻出来，加以宝重。这个"重"就是"宝重"，让它流传到后世。这里讲到的"竹"和"帛"就是上古时代书写的最常用的物质载体。一个是竹简，当然也包括木简，还有就是缣帛，这是植物纤维纸产生以前中国最常见的书写载体，盘盂金石反而是非常用的手段，是一种特殊的、需要后代人能够世世代代传下去的手段。经常看到金文当中会说"子子孙孙永保

187

用之"，他们就觉得这个东西不会坏掉，能够传遗子孙，世世代代永远流传下去。纸质书出现之前的这个时代就叫"书于竹帛"。有一位研究书史的美籍华人学者钱存训，他有一本书的名字就叫《书于竹帛》，主要讲早期的文献、早期的书籍。

西周时代铭文最长的一件青铜器是毛公鼎（图4），这件器物现藏台北故宫博物院，大家去台北故宫博物院参观的话，一定要去看一看。毛公鼎虽然很不起眼，却对研究古文字及西周历史具有非常重要的意义，一共499个字。一般认为，这篇铭文是西周晚期周宣王时的一篇铭文，是周宣王对他的大臣毛公厝的册命。当时西周国势已经衰微，所以这个鼎装饰简单，只有一道弦纹和重环纹。但是里面的文字非常重要。这一篇册命的文字原来并不在鼎上面，西周时候如果要封一个诸侯国，册封一个封君，赏赐一个大臣，对他的册命也就是文诰，都应写在简册上面。大家知道清华大学在2008年的时候入藏了一批战国时代的简册，里面有一篇就是战国时代抄录的西周早期封许国的册命文字，许国是西周时代"四岳"之一，申、吕、齐、许四个国家，是非常重要的诸侯国。原来不知道许国第一个受册命的是谁，现在知道了，受册命的是吕丁，应该跟姜太公是有亲属关系的。当然他跟姜太公吕尚具体是什么关系，现在也很难考证，但是因为他姓吕，一定跟吕尚是有关系的。如果将这篇册命的文诰去跟西周一些青铜器铭文比较，赏赐的东西，册命的程序，一些话和套语，完全一样，甚至比青铜器上看到的还要复杂。有人讲青铜器上面的铭文是选录了册命原文中的一些重要内容，毕竟青铜器能刻字、铸铭文的地方很有限，所以选了最重要的一些东西，而原始记录都是在简册上面书写的。大家也不要以为，金文就完全等同于当时的书。虽然现在只能看到战国时候的人过录的这些早期文献，已经看不到西周时代的原始档案了，但是我们相信，这些应该是比较可靠的东西。后来《尚书》中的一些内容，可能也是从类似册命等档案转变过来的。

中国的书史应该说是有连续性的，虽然从早期的简帛时代到后来的纸质书的时代，里面有很多的不一样，比如后世书的形态，就经历了卷子装、经折装、蝴蝶装、包背装、线装等等的转变。承载书籍内容的物质材料也是有差别的，但是毕竟它

图 4

们都是用汉字记录的。而且从书写的形式特征上来看，一般都是"直下""左行"，去看甲骨文就会非常清楚。甲骨时代的刻字，一般都是从上往下、从右往左，这种左向的书写行款，是占据绝对优势的。当然甲骨里面也有特殊的，因为它要迎兆刻字。但是这种行款习惯是已经奠定了，可以说一直保存到近代。我们受了西方的影响后，现在从左往右写、从上往下写，但是台湾有很多的书籍、报纸还是非常顽固的沿用原来的习惯，一脉相承。简卷、帛卷跟中古时代以后的纸卷是有明显的传承关系的。

从文字的字体上来讲，比较模糊地讲，简帛时代的字体主要是古文字到隶书的阶段。大家去看简帛的文字，西汉以前的文字会觉得比较陌生，它是接近于古文字的，东汉以后也是行楷书早期的东西，纸本卷子和以下的书就是楷书统一天下了。文字发展跟书籍的记录，也有一种同步演变的关系，这是很有意思的。

从文献学上来讲，从简帛到纸质卷子时代，古书的变化大致上就是一种"流动"态向"定型"态过渡的时代。这个怎么讲呢？简册时代因为容量有限，一篇大概 10 支简、二十几支简，再多一点有 100 多支简，它的变化是非常多的，书籍内容的组合，同一个简卷里面抄哪一些东西？变化非常多。版刻书面世以后就没有那么多变化了，一个一个书版都定型了，所以它是一个从"流动"态向"定型"态过渡的时代。了解一下简帛时代古书的特点，对研读后世的书籍，也会有一定的启发意义。

首先看一下简册古书时代的上下限和简纸交替的问题。在

189

步入纸质书籍之前，简册时代、简牍时代应该说已经经历了1000年以上，上限是从什么时候开始算起？从文字学的证据和文献的证据来看，商代一定有简册了，一定有毛笔了，那么能不能推到夏商之际，甚至能不能再往前推到传说时代？现在对汉字的起源有两种讲法，一种认为汉字是夏代初年已经形成了体系，还有一种讲法认为是在夏商之际形成了文字体系，这两种讲法都有一定的根据，但是都还没有确凿的证据来证实。为什么有的人认为夏代初年就已经有了汉字的成书体系呢？这有文献学的证据，在《史记·夏本纪》里，能够看到非常完整的夏代先公先王的世系，因为商代的世系已经被甲骨文证实了，所以很多人认为夏代的世系也是有根据的，认为这个世系可能也是通过汉字记录下来的。但是这个问题也不好说，因为口传也能保存。很多民族学上的证据都可以说明，有一些史诗，像西方的《荷马史诗》、中国藏族的《格萨尔王传》等，很多都是靠口传，甚至很长的篇幅都能够传下来，传得很久，夏代的这些东西虽然也不一定是通过文字记录下来的，但却是一个值得参考的现象。

清华简当中有一篇《厚父》（图5），按照我的看法，它记录的应该是夏代后期的某一个王与大臣的对话，不知道有没有可靠的夏代故事根据，但可以肯定的是，它在西周时候已经编定了。可能是西周人根据早期的一些传说编写的，这对研究夏代的文献流传也是有帮助的。清华简很重要，虽然它是一批流散的简牍，但是它的价值非常高。这是上限的问题。夏代有没有简册可能还是要存疑的。

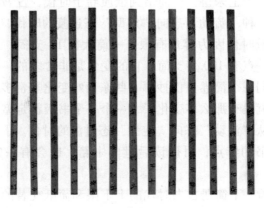

图 5

就目前发现的最早的出土实物来说，简册最早是战国时期的，即著名的曾侯乙墓出土的。曾侯乙墓不仅出了一套完整的编钟，也出了目前为止最早的一批简册，是战国早期的。发现简册的地域有两块儿，一块儿是极湿的，就是像曾侯乙墓这样，出土于非常潮湿的地带，比如湖南湖北。墓葬完全浸在水里，简是吃饱了水的。大家如果去看战国时候简册的实物就会知道，这些东西跟大家想象的电视剧里面展示的完全不一样，因为它是从墓葬的水里面拿出来的，非常软，就像面条一样，完全可以甩动的。饱水率据说有百分之三四百，要造假都造不出来，这是一块儿地域；还有一块儿就是极干的地区，西北敦煌汉简、居延汉简、悬泉置汉简这些，它们是使用之后被废弃，然后就自然风干、脱水，也能够保存下来。即所谓"干千年湿万年、不干不湿就一年"。在江南这一带，保存简册就很困难，江苏连云港出过汉代的简牍，浙江这一带就几乎没有出过。除了像刚讲的《厚父》之类的古书之外，还有大量的非古书的内容。当时官府的行政文书、法律简册、书信、籍账等等实用类的一些文书，也有很多。

简册时代下限的一个标志性事件，在文献里面的记载就是东晋桓玄时代，大概公元4世纪。当时桓玄有这样一个讲法："古无纸，故用简，非主于敬也。今诸用简者，皆以黄纸代之。"这是简纸更替的一个文献上的记载，晋代的用简都以黄纸来取代。文献记载跟考古出土最晚的简册年代也是相合的。在目前的考古简牍资料中，晋代也是最晚的。这就是我自己去湖南文物

图6

考古研究所拍的湖南郴州的西晋简册（图6）。这上面的文字很好认，基本上是楷书，这是简册时代的尾巴。基本上文献记载跟考古出土的实物是相合的。

早期的纸。现在写的纸是从"纟"旁的，丝绵所做的叫絮纸，这还不是后来讲的植物纤维纸，《说文解字》说"纸，絮一笘"，絮一笘，是用丝绵、絮这种东西做的纸，这跟后来的植物

纤维纸是不一样的，植物纤维纸是西汉时代开始出现的，现在一般把它称为原始纸，在汉代的古书里，这种原始纸被称为"赫蹏"，读作"xì tí"。"赫蹏"在《汉书》里面是有记载的，在简里面也有记载。经历了这样一个简、纸并用的时期，不是说简突然就没了，纸突然就出来了，其实并不是这样的。而是经历了从西汉到东晋这样一个简纸并用的交替。一开始，原始纸，即所谓的"赫蹏"，其使用并不是很广泛，使用的地位跟简册也不一样。《汉语大词典》有"赫蹏"这一条，它的解释就是"古代称用以书写的小幅绢帛"。注意，它解释说赫蹏是小幅的绢帛，还是跟早期的简帛的帛是认同的，还有"后亦借指纸"，说后来才把赫蹏作为纸的代称，其实现在的学者都已经指出来，这种所谓的赫蹏，东汉的应劭说"薄小纸"，其实并不是绢帛，很可能就是这种原始的纸。这个故事在《汉书》里面有记载，《汉书·外戚传》里面说"武（籍武）发篋中，有裹药二枚，赫蹏书"。赫蹏书，这个故事大家可能知道，就是赵飞燕的妹妹赵昭仪妒忌当时一个叫曹伟能的宫人，为什么妒忌她

呢？因为曹伟能怀孕了，要生皇子。赵昭仪想把她害死，就派籍武这个人拿来一个匣子，里面放了"裹药二枚"，两枚药，然后用这种薄小纸写了字，让她把药吃下去自尽，"努力饮此药"，不能再进宫。颜师古的注就引到应劭的讲法，说"赫蹏，薄小纸"。但是宋代人一直有这样一种误解，认为这种"赫蹏"就是缣帛，其实现在看起来不是缣帛，汉晋以后都会看到这样一种小的纸片。这种纸片怎么用呢？它是跟简册、封检一起使用的。大家看一下这支敦煌汉简（图7），这支简是裘锡圭先生考释的，非常重要，是研究赫蹏很重要的一份资料。"正月十六日因檄检下赤蹏与史长仲赍己部掾"，这"檄检下赤蹏"就是在简牍和封检（盖着封检的牍板）下面有一张纸片。古代人是在一块木牍上面写信，可以写的字非常有限，在这种植物纤维纸发明以后，就在木牍与上面盖着的板之间，也就是封检上面加一块小的纸片，这种纸片上面能写的文字就多一些了。

图 7

我们看一下在晋代楼兰遗址出土的封检和封检下面压的这种残字纸的关系（图8）。日本有一个学者叫籾山明，据他研究，这种残字纸上面写的书信文字与封检上面的文字是同一个人所书写，相当于外面是信封，里面是书信的正文。这一支简讲的就是封检跟木牍相配合的下面有这种小纸片夹着，一起带过去给己部掾。这是敦煌汉简西汉晚期或者到王莽时代的汉简里面有这种原始纸的一个直接证据，跟《汉书》里面的"赫蹏书"是能够相印证的。

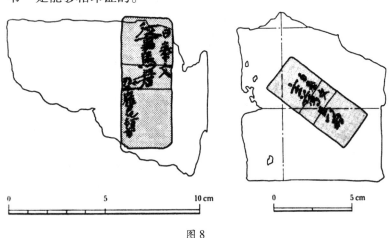

图 8

　　西汉原始纸上面的书信。籾山明就举出来好几件书信，里外笔迹是一样的，这样的纸片折叠起来，用封检木板夹住，捆扎起来，投寄出去。这种早期的纸都是起到一种传递简单信息、配合其他物件使用的作用。《汉书·外戚传》里还说："后三日，客复持诏记，封如前予（籍）武，中有封小绿箧，记曰：告武以箧中物书予狱中妇人，武自临饮之。"箧中物书，一个小匣子里面有药，有"赫蹏书"，就是薄小纸上面写的"努力饮此药不得复入"，写在这张小纸片上。这种东西可以参考大英图书馆藏的佉卢文抽屉式的信匣，上面有一个盖子可以盖住，里面可以放一些东西，也可以在这个盖子的内部写一些文字。这些都可以来参考当时的情况是怎么样的，所谓"箧中物书"是什么样的。一个小匣子，里面放了这种赫蹏纸，上面写了字。早期的纸不是用来抄书的，跟后来的卷子这些都不太一样，战国一直到秦、西汉、东汉前期，抄书主要还是以简帛为主。

下面来看一下书籍、简册的制作工序。做简册第一步就是要截筒破牒，把竹筒剖开，把木片剖成一片一片的小片。截筒破牒的过程现在也不太清楚是怎么样，因为在竹简的背面，会留下一些痕迹，现在看到非常多的竹简后面都会有这样一些痕迹，这可能与竹简的破取有关系。第二步就是刮削打磨和杀青，用一盆炭火烤竹简，这就是杀青。我们现在还讲杀青。"留取丹心照汗青"，汗青就是把竹木简册里面的水分蒸出来，在简面上就像人出汗一样，所以叫汗青。后来汗青就作为书籍、史书的代称。这是一个很重要的工序，因为不把水分蒸烤出来的话是没法用来书写的，当然简册除了蒸干水分之外，还要有一些其他的工序。要涂一些东西上去，还有修治，以前没看到实物的话就不太清楚，有一些战国简，两端是经过修治的，如果是比较尖锐的话很容易刺手。往往把两边修治成梯形或者半圆形。这是长沙简牍博物馆的陈列（图9），这个工具就是用来截筒破牒的斧子、锛子，属于比较大的工具。下边这幅图是小刀（图10），是用来刮削的。当时没有橡皮、没有涂改液，简册都是有一定厚度的，如果写错的话，或者说你写的东西现在觉得没有用了，想要重复利用，怎么办？就用刀把上面的字刮掉，刀不是用来刻字的，而是用来刮削的，相当于橡皮的作用。有一个直接的文字证据，就是删除的"删"。大家想一想，"删"就是一个会意字，左边一个册，右边一个刀。为什么是"删"？就是用刀把简册上面的文字删掉。在很多考古的垃圾坑里、井里还能看到大量的削下来的东西，叫削柿。这种废弃物现在也是很重要的文物，实际上是当时没有用的东西。大英图书馆藏了一批斯坦因劫掠过去的汉代削柿。然后是编连，就是用绳把竹木

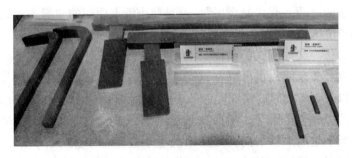

图9

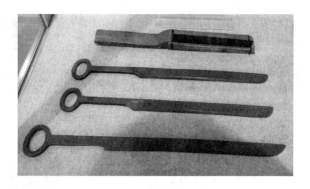

图 10

简编起来，有朋友可能要问，简是先编好以后再写还是一支一支简写完之后再编起来？可以告诉大家，这两种情况都有的。在汉代画像石里也有呈现，一个人拿着一个简卷写字，一边写简，一边在往下垂。但是也能看到拿着一支简写的，而且从简册本身的内部证据来看也存在这样的现象，有的字是被编绳压住的，这就说明它是先写了之后再编的。因为编绳编起来之后比较紧，不可能写的时候把它推开再写一个字。所以它一定是先写，写了字之后编起来，才能把字压住。也有另外一种现象，就是字跳过了编绳，编绳的位置明显是空出来然后跳过编绳写的。很多人认为这个是先编后写的证据，但是这个不好说，这不是一个有力的证据，为什么？因为简册在制作的时候它在编绳的地方都会留下一个三角形的或者是方形的这种契口，编的时候要用它固定编绳，制作简的时候都会留出来，抄的人有可能在看到这个契口的时候有意会跳过，当然他也有可能是先写的。所以这不是一个有力的证据。

这是现藏台湾"中央研究院"历史语言研究所的所谓永元器物簿，全称叫《广地南部永元五年至七年官兵釜硙月言及四时簿》，记当时边塞的小史使用的一些日常的物件，锅子、磨盘还有一些包括兵器等等的使用损坏的情况。这个简册非常完整，上面的编绳都是原物（图 11）。这就是我讲的自然脱水形成的一个实物，我看过实物，非常惊讶，像新的一样。而且它有一个特点就是简册不是一次编成的，它是不断使用，不断往后再接。从编绳就能看出来用完后又接了一个新的册子，是一边用一边往后这样接的。

图 11

　　书写方面。书写有一个大问题，有没有
案子承托？这在学术界有很大的争论。我们
知道高的桌和椅是唐五代以后才有的。当时
有没有案子承托来书写简册，这是一个大问
题。刚跟大家介绍过，在简册制作的过程当
中，会留下一些痕迹，在 20 世纪 90 年代包
山出土的一批楚简册当中，简背发现有尖锐
工具划出来的斜线，或者是用墨划出来的墨
线一道（图 12）。根据斜线编连之后的结果，
发现彼此之间可以互相连接，当然有的也连

不起来。他们就怀疑这是在编连之前做的一
种记号，后来有一位年轻学者孙沛阳，他当

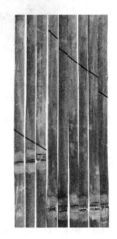

图 12

时在北京大学读书的时候参与了北大简的整理，就发现北大简
不管是秦简也好汉简也好，都有类似的现象，就是在简背都有
这样的划线。这样的划线后来在清华简里面也发现，它们的斜
线基本上是连的。请注意而且这三个竹节位置也是并列在一起
的，这是一个很重要的信息。

　　孙沛阳先生当时就认为这个简背划线是跟简册的编联是有
密切关系的，跟包山简整理者的意见是一样的。然后在其他的
简册当中像岳麓书院秦简、清华简等等当中也发现了类似的现
象，他认为这一些简背的划线是要提示简册编连的一些信息。
孔子读《易》韦编三绝，编绳散乱之后，这个简册怎么办呢，
要把它连起来，那就看后面的斜线，简背的划线。但是现在也
发现有一些非常奇怪的现象，孙沛阳其实也注意到了，就是在
一些简册的书籍当中，按照现在从左向右这样的排列顺序，排
成 1、2、3、4、5、6、7、8、9，这样按照简册的顺序排过来之
后，你去看简背的划线它是不连的。但如果把这个简册从右往
左这样排，排成 1、2、3、4、5、6、7、8、9，这样排之后，后

196

面的简册的划痕是能够连续的，能够连成一道，孙沛阳把这个称为"逆次简背划线"，就是你把这个简册反过来编它才能连，他怀疑这些简册原来就是从左往右编的，这与我们一般所了解的从右往左编的现象是反的，所以叫"逆次"。我怀疑这种情况不太可能成立，现在没有看到过任何出土的简册是由左往右编的，这是违反一般的先秦、秦汉的书写行款。应该说他想象的这样一种现象是一种颠覆性的假想，我觉得实际上应该反过来推测，它并不是完全用来提示简册顺序的，完全有可能是在简册制作当中无意留下的一些痕迹，就是我刚刚讲的在截筒破牒的时候无意留下来的一些竹简背后的痕迹，它跟提示简次的功能不一定有那么强的关联性。为什么？孙沛阳也提到，现在看到有很多简册它不但不连，甚至当中会有跳过，就是前面连，当中有一个完全不连，后面又是连的，这样划痕跳脱不连续的现象。他怀疑是这一支简写坏了，换了一支简，写错一个字然后换一支简，造成了不连续的跳过一支的现象。我觉得这个假想也不能成立，为什么？刚讲了，如果简上写错字可以把它刮掉，不可能写错一个字这一支简就整个废掉，这是不大可能的。这种简上划痕不连续，甚至跳过的现象，实际上就证明当时书写跟简背后面的划痕其实并没有直接的相关性。

有这样一个例子，清华简的"殷高宗问于三寿"这一篇（图13）。这一篇很有意思，它背后有简序，大家看8、9、11、12、13、14，按理，大家看一下10，它编次序的话应该是8、9、10这样放，11、12、13、14、15，但是现在为什么这样编呢？根据文意应该是把10跟15这两支简对调一下文意才能读通，与这两个数字相关的就是看一下简背划痕的位置，如果把它们调过来按照10、15的话，它们的划痕也是连续的。这提示什么呢？就是简背信息的制作、截筒破牒跟它编号的顺序是有相关性的，但是跟正面的书写往往是没有相关性的，它写的时候完全可以不管背后的简序，序号也可以不管，可以拿错，可以想象比如说它是1、2、3、4、5、6这样排下来，应该是这样一行一行拿下来，有的就拿错了，拿到15了，先拿到一支15号，后来才拿了10号。书写的时候往往是不管背后的顺序的，更不要说这种简背的划痕对它提示简序的功用了。这种划痕很有可能还是在制作简册的时候无意间留下的。如果说这种工序是比较完整、比较有规律的话，它的划痕跟它的书写往往是相配的，能够相应的。但是也有不连的现象，不能配合的现象也有，它不是一种密切相关的关联。

图 13

竹木简册在写和编的前后还有一个工序，要涂一层胶，或者涂一层油。陈梦家先生在整理武威汉简的时候已经注意到，武威汉简出土的时候表面好像有涂过胶，非常光亮。后来在尹湾汉墓简牍和长沙走马楼三国吴简的整理过程当中，都发现了有这样涂胶或者涂油的工序。这种工序是在书写之前还是书写之后，也不好说，但它应该是为了便于文字的书写或者是保存文字的功能，这是以前不太清楚的。

下面简单讲一下简册书籍的长短与书籍内容和时代的关联。这个问题也是比较复杂的，只能长话短说。现在还有这样的现象，比较重要的书，开本会制作得比较大一点，比如说大百科全书，还有一些辞典，开本会做得比较大。古代也是有这样的讲法，东汉以后的著作当中经常提到的就是经书，儒家典籍的长度跟其他书籍的长度是有区分的。比如说《春秋》是两尺四寸，那么《孝经》就是一半，郑玄还说过《易》《诗》《书》《礼》《乐》《春秋》都是两尺四寸，《孝经》谦半之，就是减半，《论语》是八寸，就是二尺四寸的三分之一，再短一点。那么还有一种讲法，《论衡》里面说诸子是尺书，一尺。《论衡》的话也比较怪，它说"秦虽无道，不燔诸子"，说秦始皇是不烧诸子书的，这个话可能也没有什么根据，现在看秦墓里面根本不出书的，全部都烧掉。"大者为经，小者为传记"。比较长的简册是写儒家的典籍，小的写一些传、记类的书。那么还有一种就是所谓"三尺法"，法令书写的简册是最长的，三尺律令。

这个规律在近代以来逐渐有学者加以总结，民国时候马衡先生讲过，周代跟汉代以后简册的长度是有规律上的不同的，他认为在周代书写六经、纪传和国史之简都是24的分数。比如说两尺四寸，一尺二寸或者八寸。就是24的一半或者是三分之一，到了汉代以后，都是20的分数，这是根据王国维先生的意见，有的是两尺，有的一尺五寸，它就不是24的分数了，是20的分数。他说这是秦以前和秦以后汉代简册长短的不同规律。这是马衡先生总结的，但这种讲法现在看起来是有问题的。20世纪七八十年代以来简册出土越来越多，吉林大学的林沄先生总结过，从战国到东汉，简的长度其实不存在这样一个24和20的分数差别，最主要的差别实际上是逐渐缩短、逐步地制度化的，并不是说在周代的时候就有制度化的二十四的分数这样的规律，只是说从战国到汉代竹简是逐渐缩短的。

李学勤先生也是这样的看法，他认为从实物去观察，在西汉初期，还不能说存在一种系统的定制，并没有说儒家的典籍就特别的长，是两尺四寸，其他的诸子书就短一点，没有这样的一个系统定制。他们的意见都是有道理的，从现在考古出土的实物去看，确实是这样。在西汉以前确实不存在这样一个系统的、规律性的制度。这种制度应该是到汉武帝"独尊儒术"，儒家典籍的地位突出了以后才出现的，比如武威汉简里的《仪礼》，当时经的地位已经很高了，才会用比较大的两尺四寸的尺幅去抄。战国到西汉初期，简册书籍没有一定的制度，尤其是和书籍内容的关联是看不出来的。虽然没有制度，却有一定的习惯。比如林沄先生认为战国时代的书比较长一点，它一般是两尺的书。我们知道战国到汉代，一尺大概是23厘米左右，清华简儒家典籍与西汉的一些儒家典籍往往是45—46厘米，两尺书。当然这里所谓两尺不是说标准的两尺，有的是一尺九或者是二尺一寸，上下稍微有一点波动，是这个范围之内的两尺。

秦汉时代简册的尺度开始缩短，尺书增多，古书里面所讲的尺书，就是一尺书，二十几厘米的这种书比较多，这种尺寸跟人的手肘长短差不多，拿在手里看起来最舒服。如果是四十几厘米的书，拿起来看是比较吃力的，可能需要一个案子，就比较麻烦。还有一种更加短一点，就刚刚讲的抄《论语》《孝经》这一些更短的小经，七八寸的这种小书，这种一般是两种功能，一是备忘，抄一些儒家的一些名言，用来备忘的。还有一种就是学童识字的一些入门书，像《论语》《孝经》这一些都是以前学书的时候、学典籍的时候入门的。既然小孩儿要拿，不可能给他一个太大的书，得是简册短一点的，拿起来方便一点，容易携持、携带，这个规律是能够看出来的。战国时候的两尺书特别多。一尺多的也有，七八寸的就是郭店简的《语丛》这一类，七八寸是比较短的，《语丛》是什么意思呢？它就是记录一些名人名言，用来备查备忘的。比如《论语》里面"无意无必无固无我"上面都有，所谓《语丛》就是记录这一些比较有名的话，长的简册也有，两尺多的也有。到了秦汉以后，一尺书就比较多。东汉以后，抄写儒家典籍的大简册比较多，例如武威汉简，长达两尺四寸。

简册书籍的收卷和贮存。图14中就是武威汉简《仪礼》，它有四道这样的编绳，当然这是它们复原的。现在出土的简册，基本上很少有编绳还保留下来的，只有像西北简的一些还有保留，多数的编绳都已经看不见了，有一些有残迹还留在上面。简册的收卷方式、贮存方式一般都是东汉墓砖里面这种抱简图，把它收卷起来这样拿着（图15）。简册最重要的收卷方式就是这样把它卷起来，为什么？战国到汉大量的简背后有标题，往往是书写在整个简卷的最后一支、两支或者三支当中，有的简背还刮削一下，写一个题目。为什么是写在最后几支？它要卷起来，最后在外面能够看到，能够露出来这个篇题。陈梦家先生在整理武威汉简的时候也注意到简册收卷的一些痕迹。在最后的几支简上面有文字互相叠压的、印在其他的简背的痕迹，是墨未干的时候染印上的。在刚刚抄完墨迹没有干的时候就把它卷起来了，就会有墨迹印在其他的简上面的这样的痕迹，这是很对的。

图 14　　　　　　　　　　图 15

　　还有一种就是钱存训先生在《书于竹帛》里面提到的，简册不一定只能卷起来，很有可能与后来的折页一样，会有简面相对，就是像书翻折起来这样的储存形式，跟后来的册页差不多。当时没有实物的证据，现在清华简里有实物的证据。清华简里面出了《算表》，一个像计算尺一样的东西，这就是他们复原的当时的折叠的样式（图 16）。这些为什么能证明它们不是卷起来收存的，而是折叠收存的呢？他们是通过简上面文字叠压的痕迹、互相染印的痕迹来判断的。清华简的整理者贾连翔就写过一篇文章，谈到《殷高宗问于三寿》，它有 10、11、12、13、14、15 跟 16、17、18、19、20、21 上面采集到的互相叠压的痕迹，有反印的墨迹，比如说 15 跟 16 它互相有这样叠压的痕迹，17 跟 14 有叠压的痕迹，非常明显（图 17）。他说这一组反印墨迹是以 15 跟 16 相接的这两支简为中缝对折的，简跟简之间的文字会有这样压住的。不是卷起来的，是对折存放的。这种对折存放是它在墓葬当中保留的一种状态，还是它在原来使用时候就已经留下的，这就不得而知了，这两种可能性都有。简册不一定只能卷起来，它也可以折叠再折叠的。清华简的《筮法》就是卷起来的，上博简的《周易》也是这样卷起来，马王堆的医简也是这样卷起来，卷起来的应该说还是多数（图 18）。

图 16

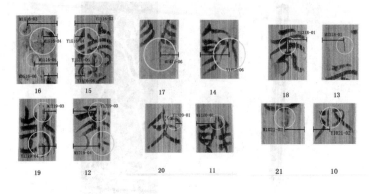

图 17

图 18

简册的贮存方式。简册放在哪里？有两种，一种是放在囊袋里面布帛的书囊。文献当中有很多不同颜色的书囊的记载，它都有不同的含义，比如说宫中下一个密诏用什么颜色的，发兵、奔警的文书用什么，然后臣下上书用什么，比如说皂囊封事，底下的臣子上书给皇帝用皂囊，就是黑布的书囊，进到皇帝那里，皇帝拆出来，然后审阅、批奏文书。汉文帝非常节俭，他大概是西汉皇帝里面比较好的一个，他就用臣下进献上来的皂囊，然后缝起来，做成帷帐，非常节俭，这就是皂囊封事。这是一种，大家看尹湾汉墓的缯方缇里面就有各种各样书的名字，有一个木牍，有一个提要性质的东西。第二种就是书箧、书筒、书奁，竹木制的，或者漆器的这种盒子、匣子一类的东西。最有名的就是长沙马王堆 3 号墓出土的这样一个漆奁（图19）。它有几个格子，长条的格子就是放简和一尺的帛书的，长方形的一格就是放两尺的帛书，折叠起来的放在里面，因为两尺的太长，它不能卷，要折叠，对折几折之后放。这个好像是放植物的种子，用这样一个漆奁来盛放。

202

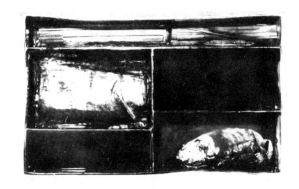

图 19

还有一种就是中国社会科学院历史所马怡先生提到的一种承藉简册的东西叫"书檠"。虽然在出土当中没有看到，但是在文献和画像石中看到过，"檠，藉书具"，就是承藉书籍的一个东西（图20）。在东汉的一篇《书檠赋》里面提到过，它能够"转旋而屈桡"，能够屈伸；能够"倾斜而反侧"，能够弯曲；能够"卷舒"，能够卷起来的东西。这个东西只能知道它是木制的，因为从木旁，但是它具体是怎么样一个东西？也不是很清楚。马怡先生从画像石里面找到的这样一个东西，手里拿的当然是简册，这里有布帛一类编连的类似简册挂在墙上。原来很多人是把它当成简册的，但是简册不可能那么宽。大家看它跟手里拿的简册，有编绳这样的形制是不太一样的，当中的也是布帛这类东西。马先生认为这就是当时的"书檠"，它是可以收卷的，简册就是放在里面卷起来，包裹在里面。后来比较晚的画里面也有这样收卷画卷的东西，马先生认为这种东西跟画像石里面反映的"书檠"功能非常接近（图21）。当然现在还没有看到出土的实物，希望以后能够发现实物。

图 20

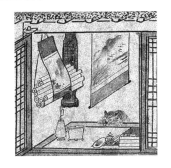

图 21

再看一下与书籍的内容有关系的，简册古书当中一些特殊的行款现象，对读古书会有帮助的一些现象，倒书和旁行。

　　我们读《史记》，在一些表里面，比如《史记·汉兴以来将相名臣年表》，版刻的书中，在将位、相位和大事记的部分，会有这种倒过来写的字，当时 20 世纪 50 年代标点本《史记》出版以后，有的人去中华书局投诉，说你们弄了错版书，里面字印倒了，其实他不知道原来这个书籍本身就是这样的，在这几个格子里都会有这样的倒过来写的文字（图22）。图中圈出来的，比如说"青罢相""亚夫免相""绾免相"。有人统计过，在大事记、相位、将位这三栏的倒书当中大事记的倒文是 38条、"相位"的倒书是 18 条、"将位"的倒书是 12 条，一共 68条。而且书写的内容很有特点，都是被免职丞相或者太尉，或者御史大夫这一些被免职或者死亡的这些文字。任命的文字都不是倒书的，只有被免相、免官或者死去这些内容都是在倒书，而且倒书的位置很有特点，就是御史大夫免除或者死亡，他都是写在丞相这一栏。丞相的免相或者死亡都是写在太尉这一栏，是有规律的。比较早对这个问题提出解释的是中华书局的一个老编审李解民先生。他提出来一个看法，认为这跟简册的书写

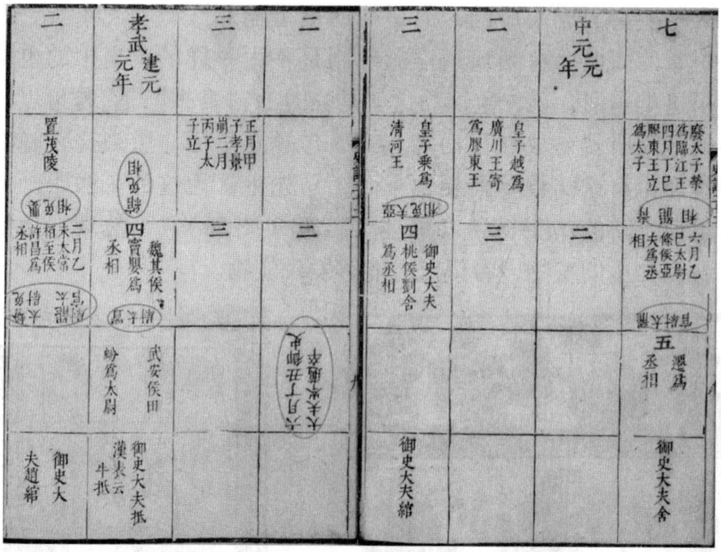

图 22

是有关系的，这一些文字原来是书写在简册背面的，后来在版刻书的时代或者在卷子的时代因为背面不能写了，把它移录到正面，然后上面一格倒过来写，这是李解民先生的看法。现在根据出土的秦汉简的资料就会知道李先生把这些现象跟简册时代的书写特点联系起来是完全正确的。因为司马迁、冯商所处的时代是西汉的武帝时代，那个时代当然是简册的时代，他书写《史记》的时候一定是写在简上面，他跟简册的书写特征联系起来一定是正确的。但是可以告诉大家，这些不是书写在简册背面，现在就已经发现了在秦汉简当中有倒书的现象，是在简册正面的。关沮秦简里面，它分栏书写的位置有这样的，整个一句话是"吏除，不坐掾曹从公，宿长道"，"宿长道"写不下了，这个东西本身的性质是什么呢？有点像官员的日记，他每一天到哪里都要填写一下，等于像现在日记一样，它上面都有干支，比如"丁亥""乙酉"它都是分栏的，一格一格的。下面"乙酉"这一格已经写不下了，已经定好了不能再往下写了，怎么办呢？上面一格正好还空着，他就倒过来写在上面一格，"宿长道"写在上面。这和分栏书写的特点密切相关的，我们知道《史记·汉兴以来将相名臣年表》这些本来也是分栏、分格的，当然有它的特点，有它性质上的考虑，这一些官员免职、死亡的内容，本来就跟一般的任命不一样，一开始就是有设计的，这些任命要跟正文区别开来，它一开始就是倒过来写在这一格的上面，以示区别。大家要读的话很简单，要看哪一个人什么时候死的，把简册倒过来看就非常方便并且有规律，它是简册时代分栏书写的一个很重要的特点。在香港中文大学藏的一批《日书》当中，也是分栏的，也有这样的倒书，理解了这种简册时代分栏书写的特点，就能够理解为什么《史记》会出现这样的一些特点。

另外，和分栏书写相关的是旁行，清代人都已经注意到，像《墨子》这些书里面就有这样的特点。它是横过来从右往左读完第一栏之后再读下面的第二栏，从右往左读。毕沅、孙诒让都已经指出来了。这种现象在战国秦汉简里面也看到过很多，像郭店楚简的《语丛》，战国楚简当中就有这种现象。这都是在分栏书写的过程当中出现的，像秦简里面也有，睡虎地秦简的《语书》就是当时给官吏学习的类似于后来的《官箴书》，内容是指导做官要怎么做，有哪一些教条要遵守的。这和《墨子》里面的《经上》《经下》是一样的，《墨子》里面这一些特点也是从简册时代保留下来的，了解一下早期的简册时代的行款特征，非常重要。

前面都是讲的简册，我们再看一看帛书。帛书实际上是类似于现在精装本的书，不是一般人所能得到的。"中央研究院"历史语言研究所的邢义田先生曾经研究过，当时一个人用帛去写信的话要花多少钱，非常多，不是普通人能承受得起的，一般都是官吏以上才能够负担得起，普通人都是用木简写。抄书当然也是这样，普通人不会用得起这种帛书。目前发现的唯一一批战国时代的帛书，就是20世纪40年代在长沙的子弹库被盗掘出土，后来流散到美国的楚帛书（图23）。这个帛书很有特点，它图文并茂，现在讲图书，就是图跟文字是配合使用的。它周围就是所谓十二月的月神，还记了十二月的月名，和《尔雅》的月名能够相对照的，是完全一致的。李学勤先生早在20世纪50年代就已经指出来了。然后写了十二月的宜忌，就是十二月可以做什么事情、不可以做什么事情，有点像现在黄历一类的东西，可以嫁女、可以打仗等等。当中写的两段比较长的文字是宇宙秩序的建立，早期开天辟地整个世界如何创生的传

图23

说。这是非常重要的一件战国时代的帛书，也是唯一一件。这个墓20世纪40年代被盗掘，中华人民共和国成立以后经过抢救发掘，后来出了人物御龙图，这应该就是墓主人的生前的画像，表示他死后乘龙而去（图24）。后来在陈家大山也出过一个女性的御龙图，与这幅御龙图很接近。

帛书是放在一个竹编的书箧里面，这个东西现在还有实物的图像（图25）。当时蔡季襄还记过它的尺寸，基本上是20厘米长，十几厘米宽，然后高5厘米。这是帛书局部的图，大家看这个神的形状，据说这些原来都应该施彩的，现在都看不出来了，同出的其实还有其他的帛书，只是残得很厉害。李零先生去美国调查过，楚帛书还有一些残片，甚至还有一些是有朱栏的、墨书的，甚至朱栏朱书的这些残片，可能当时同出的书

图 24

箧里面，帛书并不是只有一件，还有其他的，只是现在看不到完整的。这件东西非常重要，内容大概也都是跟《日书》或者是占卜类的东西有关。

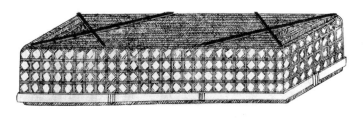

图 25

还有一批更重要的帛书，就是大家非常熟悉的马王堆3号墓出土的帛书，它的量比较大，也是长沙出土的。长沙这个地方不得了，现在可以告诉大家，湖南省出土简的数量已经超过了湖南省之外中国所有地区所出的简的总和。因为长沙出一个井就有几万枚，不得了。大家如果去长沙可以去看湖南省博物馆，它刚刚重新扩建了，也可以去看长沙简牍博物馆，非常好。

这是我拍的马王堆 3 号墓的墓坑的现状，1 号墓和 2 号墓的墓坑已经回填了，现在保存的就是 3 号墓（图 26）。1 号墓就是发现女尸的墓，墓坑现在已经没有了。这个 3 号墓就是轪侯利苍的儿子的墓，帛书出土于此墓。墓坑也非常深。刚刚讲的盛放帛书的漆奁的线图就是这样（图 27）。这里放的是植物的一些东西，放了牡蛎壳，半幅帛书，有一尺长。保存比较好的就是整幅的两尺帛书，因为它是折叠的，基本上当中都断裂开了，都断裂成一片一片的。这个是丧服图，记载当时的人应该怎么服丧，根据亲属关系的远近，当中是自己，然后从上到下平辈人之间怎么服丧，原来这个格子里面可能是有字的（图 28）。马王堆出土了《老子》，这里要给大家看的就是当时帛书上写错怎么办，就用朱砂把它盖住，上面再写字，现在看到有一些朱砂上面写的字反而脱落了，下面的字又显示出来了（图 29）。这是马王堆的《战国纵横家书》，有的人比较懒，他也不愿意用朱砂去改这个字，怎么办，把它涂掉，边上一个，跟现在小孩儿写字一样（图 30）。当时人抄书可能是要记字数来算钱的，抄了多少字，后面要有一个总数统计，要算钱的，当时可能有职业抄书的书手，甚至有不同的书手接着抄。帛书上也可以画画，汉代也有。这就是所谓《天文气象杂占》，看天上的云气来占卜怎么打仗，是当时军队里面用的一种占卜的书（图 31）。还有地罡图，也是一种占卜类的书，上面有涂改的痕迹（图 32）。有一些抄的比较早的，因为长沙是故楚地，马王堆墓是汉文帝年间下葬的，它离秦汉之际不远，有很多的抄本实际上还保留了楚国文字的特征，是楚文化的一个遗留（图 33）。

图 26

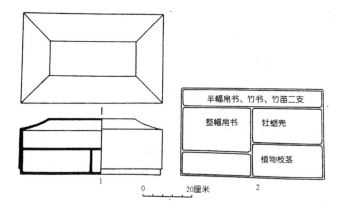

半幅帛书、竹书、竹笛二支	
整幅帛书	牡蛎壳
	植物枝茎

0   20厘米

图 27

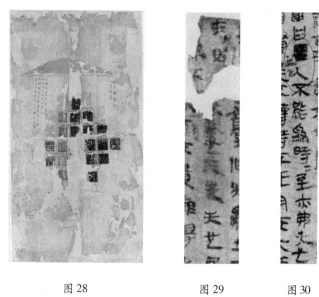

图 28   图 29   图 30

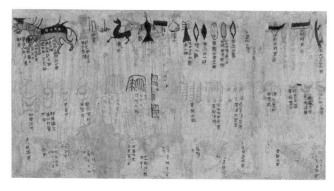

图 31

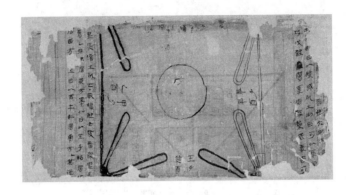

图 32

帛书怎么折叠？帛书折叠大致分两类，一类就是整幅帛书，一类就是半幅帛书，像《周易》这一些整幅帛书都是折叠的，不是卷轴式的。这个问题张政烺先生讲过，折叠的方式都是对折，像《春秋事语》这种就是半幅帛书，它是卷在一块小木片上面，类似以前布店卖布，当中有一块木片，然后把布卷起来。一尺的帛书往往也是这样，当中有一块 3 厘米左右的小木条，把它卷起来。还有一种比较复杂的折叠就是日本学者研究过的，像《五十二病方》这种"蛇腹折"，

图 33

类似于后来经折装这种折叠方式（图 34）。它这样折的一个好处就是文字显露在外面，你可以这样一页一页翻过来看，可以连续地看。我负责重新整理的《战国纵横家书》也是半幅的，是对折三次，然后再三折，一共叠成了 24 层。现在看到的《战国纵横家书》出来的原物实际上断裂成了 24 块（图 35）。还有很特别的就是《周易》在折叠的过程当中为了保护字迹，还在折的过程当中放了衬页，防止文字在折叠的过程当中磨损。甚至现在还能看到，有的文字因为泡在水里烂了，掉落下来粘在衬页上面的，这是复原当时衬页跟原来的帛书折叠关系的一个

很重要的信息。现在完全可以复原出来帛书《周易》当时是怎么折叠的，里面的衬页是怎么放的。

图 34

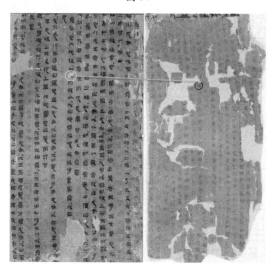

图 35

最后谈一谈帛书时代怎么书写，书写的姿势是什么？对这个问题做过很深入研究的就是马怡先生。她在网上发表过文章，很容易找到。她是通过图像和实物资料指出来简牍时代的书写基本上都是"握卷写"，她认为是"握卷写"或者"握简写""持简写"（图36）。一个人手里拿着一个简卷在写，一边写简卷就一边往下垂。有的是跪坐着然后手里拿着一块牍，木牍跟简的区别就是木牍比较宽一点，可以写几行，简一般就是写一行，拿着一块牍在那里书写，这也是"持简而写"。汉画像石里面所显示出来的所有的图像资料都证明当时都是"持简写"或者"握卷写"，没有看到任何一例画像的资料里面是放在案子上面这样写的。

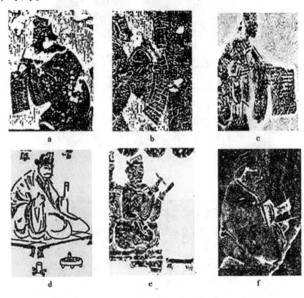

图 36

这是长沙金盆岭出的西晋时代的所谓对书俑、书写俑，有的人讲这是两个人像仇家相对，在校书，说校雠，就是两个人相对像仇家，一个人读，一个人校对，说这个就是校书俑（图37）。其实仔细看不是这样的，这个人拿着一块木牍在写，另外一个人手里拿着一个东西把牍托住，实际上只是在写，并没有去校对。应该叫书写俑或者对书俑。我看过原物，就陈列在长沙简牍博物馆里面，大家有兴趣的话以后可以去看一下。马怡先生指出来最重要的是，它下面有一个案子，但是并没有把牍放在上面写，案子上面放的是当时的书写工具。长沙还出土了"持简而写"的一个俑，这都是墓葬里面出土的，反映当时书写的日常习惯（图38）。那么帛书怎么书写呢？马先生也指出来在文献当中能够看到西晋时期成公绥的文章里面提到"握素纨，染玄翰"。握着帛卷，拿着毛笔在上面写，图像资料里面没有看到拿着帛写的。但是她从时间比较晚一点的，也就是纸出现以后从纸卷书写来反推，认为可以证明在帛书时代也是持帛卷而写。大家可能会比较疑惑，帛是很软的东西，把它卷起来怎么写？他们推测，这个帛也可能经过了一些处理，可能刷过一些什么东西让它变得比较硬，然后可以拿着像简卷这样书写。马先生指出来4世纪下半叶，也就是东晋中后期，简纸交替的过程完成了，此后变成纸的书写了，但是书写者还是要么跪坐、要么站着。北朝以后出现了椅子这一类高坐具，书写者是"一手握持反卷的纸卷，另一手执笔，纵行而书，从右到左"这样写，也是一边写一边纸卷往下垂。到了中唐五代以后，才出现了"伏纸写"，即放在案子上面写的现象。

图 37   图 38

　　和马怡先生的看法相对立的就是"中央研究院"历史语言研究所的邢义田先生。他当然承认从图像资料来看，大多数的书写特别是这些官府里面官吏的书写都是持简持卷书写的。但是他从情理上推测，仍然应当存在"伏几案而写"这样的情况，这有几个方面的证据，一个就是他举出来的河南安阳曹操墓出土的石牌，有"书案一"。曹操墓有人在质疑，但是考古学家一致认为是没有问题的，一定是曹操墓。墓里面有一些东西流散出去，不是科学发掘，是后来征集的。石牌里面有一些也是征集回来的，这是可靠的。"书案一"，这个书案是怎样的呢？浙东出的三国时代的青瓷书案，上面有笔架、有砚台（图39）。邢先生说这个东西如果不是用来书写是干什么的？还有，他举出来汉画当中也好，还有考古出土的实物也好，都有一种大概

高二十几厘米的书案。魏晋时候有一种漆案，高 26 厘米，大家
自己去估算一下，如果跪坐的话，就是到腰间这个位置基本上
就是二十几厘米，跪坐着很适合的（图 40）。当然你可以说这
种案子是可以放其他吃的东西、用的东西，但是也未尝不能推
测它也可以用来书写。他还举出来了一个文献的证据就是晋代
的顾恺之，著名的画家，他有一个《魏晋胜流画赞》，里面有这
样的话，说他当时画画"凡吾所造诸画，素幅皆广二尺三寸。
其素丝邪者不可用，久而还正则仪容失"。怎么来摹呢？就是
"以素摹素，当正掩二素"，用两块白的绢帛盖在原来的画上面，
"任其自正而下镇"把这个画像放正以后，在上面放什么？镇
纸，现在还有镇纸，如果是持简卷写或者是持帛卷来画的话，
怎么"下镇"？它一定有一个案子承托然后能把这镇放在上面，
把这个东西压住不移动位置，"使莫动其正"。这就说明晋代的
人画画的时候他要去摹一些东西为了不使它走位，要固定的话
一定是放在案子上面去画的，能够"下镇"把它压住。

图 39　　　　　　　　　　　　　　　图 40

　　这个问题还在争论当中，邢先生还指出来在比较早的时候
其他的一些证据，比如简上面也能画画。云梦睡虎地秦墓出土
的秦简人字图，占卜用的这些人字图，大家想这些东西如果是
持简的话怎么画？它一定是简拼起来才能画，也不可能是把它
编起来，因为大家知道编绳以后简跟简之间是有距离的，不可
能画得很准，甚至能够看到有一些写字、配图，甚至有文字跨
行书写的（图 41）。北大简里面也有占产子图，用朱砂画的
一个小人。这种我推想当时应该有一个小的匣子或者有四边的把
它固定住不让它走位，然后放在一个平的东西上面这样画。简
跟简之间衔接的这个缝都是连着的，持简一支一支画是绝对不
可能那么严丝合缝的。更早的就是战国时代的清华简《筮法》

的人身卦象图，就是在一个小人身上。《说文解字叙》就说伏羲造八卦是"近取诸身，远取诸物"，就是人的四肢、身体、头部都是跟卦相配的，它在手、脚、身体及头、耳朵上面都画了这个卦画，四边也都有卦画，这东西当然也是把它拼起来放在一个有平面的地方才能画。不可想象它是持在手里这样一支一支画过来的，或者是持卷、持简卷而画的。我现在是倾向邢先生的讲法，当时一般的书写可能拿一支简、拿一个简卷，或者拿一块木牍，特别是一些小官吏们记录君长发号施令的口述时，一定是持简而写，不可能趴着。但是也有一些特殊的书写、比较长的尺幅或者画画的，是有可能用案子承托的。我曾经

图41

看过马王堆里面的车马仪仗图，大家可能不能想象，它有一面墙那么大一幅帛画，这个帛画他怎么画？要不就是像日本人那样把它摊在地上，摊在榻榻米上面那样画，或者是有一案子，或者是有一个架子把它绷起来这样画，不可能是持在手里面的。考虑这个问题的时候还是要想多方面的情况，把它想得复杂一点。可能当时人的书写姿势、书写动作、状态随着他不同的目的、不同的书写材料、不同的尺幅而有不同，所以这不是那么简单的事情。

好！我今天要讲的就是这些，谢谢大家！

荣新江

西域发现的汉文典籍及相关文书

国 家 图 书 馆

　　荣新江　北京大学历史系暨中国古代史研究中心教授、教育部"长江学者"特聘教授，兼任国务院学位委员会学科评议组成员、北京大学历史系学术委员会主任、中国敦煌吐鲁番学会副会长。专研中外关系史、丝绸之路、隋唐史、西域中亚史、敦煌吐鲁番学等方面。著有《于阗史丛考》《归义军史研究》《海外敦煌吐鲁番文献知见录》《敦煌学十八讲》《中古中国与外来文明》《隋唐长安：性别、记忆及其他》《中古中国与粟特文明》《丝绸之路与东西文化交流》等；主编《唐研究》(1—23卷)、《中外关系史：新史料与新问题》《粟特人在中国——历史、考古、语言的新探索》《新获吐鲁番出土文献》《西域考古·史地·语言研究新视野》《粟特人在中国：考古发现与出土文献的新印证》等。

今天很高兴跟大家分享一下我们在整理西域出土文书过程中的一些体会，不仅仅是国家图书馆的藏品，也包括在此之前在西域出土的一些文献，我把自己的题目限定在《西域发现的汉文典籍及相关文书》上。

中国的敦煌吐鲁番学是非常发达的。过去有"敦煌在中国，敦煌学在国外"这样的说法，但是改革开放以来，中国学者奋起直追，在敦煌学的各个方面（除了胡语方面），特别是在汉语文献上我们有很大的进步，可以说在敦煌的历史文献、敦煌的语言文字、敦煌的文学文献，以及很多方面，我们都走在了世界的前列。

而吐鲁番出土的文书，过去因为很多在国外收藏，所以国外学者的研究走在中国学者的前面。但是我们有幸在1959—1975年获得了一批阿斯塔那和哈拉和卓出土的墓葬文书，所以在吐鲁番的历史研究方面，从高昌郡到高昌国到唐西州，我们都有非常好的文书支撑着，另外还有以唐长孺先生为主的研究队伍，所以出了很多成果。若干年前，我们也跟吐鲁番文物局合作出版了《新获吐鲁番出土文献》，在吐鲁番学方面有了很大的推进。当然吐鲁番学内涵更广，吐鲁番的材料里有很多胡语的东西，比如说中古波斯语、粟特语，还有回鹘语，这些大量的文书还是日本学者、西方学者解读得比较多。

今天我们谈的这个题目，是除去这两个之外的，特别是不包括吐鲁番文书，因为吐鲁番在吐鲁番文书形成的时间点上，是唐朝的正州，即唐朝的直辖领地。今天新疆古代西域的某些地方，在历史时期要用历史的眼光来看待，比如说敦煌在某些时候，它是放在西域的范围里的。但是在唐朝，比如《大唐西域记》一开篇就写道"自阿耆尼始"，就是自焉耆始，它不敢把吐鲁番盆地的高昌当作西域，因为《大唐西域记》写作的时候，唐太宗已经在贞观十四年（640）灭了高昌王国，高昌变成西州，北面叫庭州，东边是伊州。哈密和今天的吉木萨尔以及吐鲁番这三个地方，唐朝将其变成了三个直辖州，它们一切制度、文化都跟唐朝的内地没有不同。所以唐代学校的课本在长安理应可以看到，只不过没存下来，但吐鲁番保存了下来。我们也完全可以拿唐朝的制度去反推吐鲁番的制度。

但是在西域地区不一样，因为西域地区是唐朝安西四镇所控制的地区，当然西域的范围有狭义、广义之分。广义的西域一直到地中海世界，中国人能认识到的地区都叫西域。狭义的西域，一般就是指今天的塔里木盆地，天山南麓、帕米尔高原以东，玉门关以西或者吐鲁番以西的地域。今天我们说的地域，基本是在今天南疆的范围之内，不包括吐鲁番。这个大家要明确。如果大家想了解吐鲁番盆地出土属于汉文典籍类的文献，我们北京大学的朱玉麒教授有一篇非常透彻的文章，把吐鲁番文书里属于汉文典籍类的材料全部罗列出来。这也就是我把我的题目限定在西域的原因，因为他已经写了吐鲁番文书里的汉文典籍，我们做学问的人不能重复别人的东西。

丝绸之路上，环绕着塔里木盆地一带，今天全部是流沙世界。流沙下面掩埋着很多废墟，这些废墟出土了不少典籍。19世纪末20世纪初，这是西方国家的探险时代，英国、法国、德国、俄国、日本，还有瑞典，很多国家的探险队、考古队从这里拿走了大量的古物。20世纪30年代，中国人有了自我的文物保护意识，当时在北京成立了古物保管委员会，就不允许西方人胡来了。像斯坦因，受哈佛大学的委托第四次来探险的时候，北京的古物保管委员会的人就反对，最后压迫南京的外交部把斯坦因的护照给吊销了，把他轰出去了。但是斯文·赫定走了跟中国合作的道路，虽然受到了西方世界的一片骂声，但是他跟中国合作。虽然合作过程中，他们也偷偷摸摸带回去一些东西，但是总的来讲，最重要的像"居延汉简"这些都留给了中国。后来因为抗日战争，这些东西被运到了四川，又被"中央研究院"历史语言研究所带到了台湾，实际它们原来是北京大学的东西。

我们先说经典的西渐，我这里指的是汉文典籍及相关文书。我有一个限定，就是我不讲一般的文书，而是专门讲作为中国典籍里面的"书"的部分。我们在做敦煌吐鲁番西域文书研究的时候，有时候用的"文书"是广义的"文书"，所有的内容都包括，有属于"书"的部分，有属于官私文书的部分，这种区别在我们研究者的脑子里分得很清楚。纯粹的典籍或者书就是今天称为一本本书的，是指列到正史中《艺文志》《经籍志》里的这些文献。其他那些今天可能算作书的，在古代可能是文书，就是政府的公文。比如现在我们拿到《唐大诏令集》，这是一本书，但是在古代这个诏令是一份一份发到地方的。在地方挖出来的这些诏令，属于文书，但不是书，因为它还是单篇的作为一个文书而存在。包括今天我们用的日历，现在我们是用一页就撕掉一页，这个就作废了，因为日历不是书，书肯定是不舍得撕的。但是一旦过了若干年之后，这个日历仍然保存着，往往就被作为书了。比如我们现在有明代的日历，这是非常珍贵的，我们把它作为书来保存，因为它已经过了实用期。而如果在实用期里，这种日历如果在敦煌吐鲁番西域地区出土，这还不在我们书的概念里，书的概念有个演化过程。我这里讲的就是纯粹属于中国传统的典籍，这部分典籍西传西域有它本身的价值，有它本身价值就能说明问题的意义在里面。当然跟这些书有关的是一些习字类的材料。小孩子习字，你说它不是书，但是他抄的是书，这类东西就是我所谓的相关文书。我不涉及那些契约、户籍、税账之类的，其实我们国家图书馆近年的收藏品里有相当一部分是这些东西。这些东西比西方的探险队得到的还好得多，这就是另外的内容了。我今天涉及的范围是西域出土的典籍写本。

西域地区的语言环境比较复杂，当地民族的母语是多元的，当然也有汉人很早就进到塔里木盆地，汉代就有很多人在那里，但是这些人可能后来被当地民族同化了。比如汉朝退出西域之后，那里肯定留了大量的汉兵，后来这些人跑哪去了呢？还有唐朝时期也有很多汉人在那个地方，后来又消失。其实都是被同化了。我们汉族也同化其他的少数民族，比如契丹人。西域地区也是一样的，西域地区的民族在古代是非常混杂的。

古代西域围绕着塔里木盆地，主要在两个地点。一个是龟兹，就是今天的库车地区，包括以阿克苏地区库车县为中心的地域，古代行用的是一种印欧语系西支的印欧语，今天有的学者管它叫吐火罗语或者叫焉耆龟兹语。我觉得叫焉耆龟兹语更合适，但是它也流行在吐鲁番，所以西方学者称作吐火罗语。

221

但是吐火罗语这个名字容易给人误解，我们先不管那些。至少它是一个纯的焉耆、龟兹人讲的印欧语，而且是属于西支的，跟希腊、罗马这些地方的语言非常近的。另一个就是南道以和田为中心，古代管它叫作于阗。于阗讲的语言是东支的伊朗语，我们古代管它叫于阗语，在古文献里就有这个词，所以叫于阗语。南北两道的语言都用的是婆罗米字母，就是印度的字母，拼写的是不同的印欧语，所以跟汉语差距很大。我们汉文的典籍传到当地民族那里，其实本身就有非常重要的意义。

我们先梳理一下都有什么典籍传进去。当然我们今天看到的都是残片，其实可以举一反三。如果有《尚书正义》传过去了，我们也可以说可能有《周易正义》传过去了，也可能有其他的中原王朝最经典的典籍，在唐朝称作"九经"，现在称为"十三经"的文献传过去。这是大谷探险队在和田发现的《尚书正义》（图1）。这是在沙漠里出土的文献，跟我们在敦煌莫高窟藏经洞出的不一样。藏经洞的东西在洞门打开的时候，所有都用白布包裹皮包住的，这就是"经帙"，是古代存书的一种特别的制度，十卷裹一个包裹皮。但是西域地区发现的这些写本大部分都是在石窟或者在寺庙里，位置大概跟敦煌藏经洞差不多，都在前室里头。但是洞窟一倒塌，这些写本就整个埋在下面，所以经卷经常会被弄得一塌糊涂，被弄成了很多碎片，然后经过老乡、探险队的一阵乱挖，

图 1

就非常杂乱，而且非常破碎。今天考古队在吐峪沟也在挖掘，只要清理窟前堆积，就有大量的文书碎片出来，就是这个原因。像这样的写本都是在沙漠里，所以它保存的情形也非常不好。我们看国家图书馆的藏品，为什么给大家一个保护的展览，就是这个意思。我们昨天也听那些修复专家讲了，因为原来拿到这些东西的时候，上面有鸟粪、有沙子、有霉斑，有各种各样的情况。

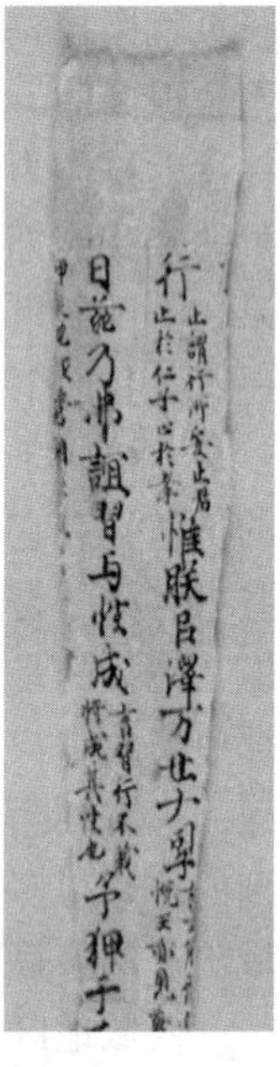

所以像这样的图片（图2），需要说明的就是大谷探险队得到的实际上是一长条，因为图片太长了，为了让大家看到这些

字，特别是双行小字，就截了一下。古人写这些书都是非常不容易的，都要算好注释的行数，当然他是由母本去抄的。但是能把这么一个长行抄到正好顶住行格的地方，那也都是非常了不起的书手抄的。像这样的文书，写得这么漂亮，一定是高手抄的，而且它的来源很可能还是内地一些好的文本传过去的。所以这件《尚书正义》，在和田这么遥远的西陲出土，这本身就是很有意义。我们知道大谷探险队队员是一些和尚，他们没有任

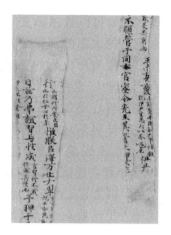

图 2

何考古学的训练，所以把很多东西都弄坏了。比如斯坦因当时为了跟勒柯克或者伯希和抢楼兰的遗存，他怕他们先到，所以他就直奔楼兰，来不及带走米兰发现的那些壁画。于是米兰的壁画埋在那，他准备以后再取。等他再来取的时候，他派的副手得了青光眼瞎了，他就没拿到。后来日本大谷探险队的橘瑞超到那去，他不会揭壁画，他一揭就全给弄碎了。所以斯坦因特别讨厌的一个是勒柯克，另一个就是橘瑞超。这都是那些日本探险队做的，考古工作做得非常不到家，原始的记录也不清楚。和田这么大，这些东西是在哪个遗址出的？这对我们现在的历史研究是非常重要的，但是不清楚，只知道是大谷探险队在和田地区发现的。不过有这么一件漂亮的写本还是非常的好，看着很舒服。这一定是唐朝的官方写本，打着栏格写的字。大家注意看双行小字，这是没有任何问题的，质量特别好，足以跟敦煌盛唐时期最好的写本媲美。

　　另一件写本是德国探险队在和田发现的（图 3），他们的第四次探险其实没去和田。编号"T"是吐鲁番，下面这个"IV"就是第四次探险队，"Chotan"就是和田，然后"Ch"是他们"二战"后编的汉语文书 3473 号。西方探险队在探险或者回西方之前，都在喀什噶尔休息。而他们休整的地方也有两处，一个是沙皇俄国驻喀什噶尔的领事馆，一个就是英国驻喀什噶尔的领事馆。英国的这个领事馆叫其尼瓦克，后来是喀什第一招待所，现在大概叫喀什宾馆。你们要是去喀什旅游，应该住这

223

个宾馆，可以找来斯文·赫定坐在躺椅上晒太阳的那张照片，对照一坐，是很有历史感的。这件残片实际上是勒柯克在喀什休整的时候，英国驻喀什噶尔总领事马继业或俄国驻喀什噶尔总领事彼得洛夫斯基卖给这些探险队的。这件东西，1995 年我在德国的时候真是没有弄清楚，因为它正反面实际是错乱的。德国人把这些东西全部厚厚的夹在黑框里，这是一个玻璃板，咱们今天的修复也采用这种制度，我们用的是有机玻璃，所以不容易摔碎，他们用的是钢化玻璃板，很厚很沉。

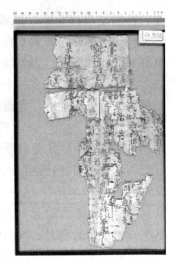

图 3

所以 1995 年我去的时候，是由一个专门的工人给我搬运，拉个大推车，有的玻璃板很大，文书也是夹在里面的。当然太长的长卷就没法用玻璃板，只要是单张的都用玻璃板给夹在里头。在夹的时候，因为他们不懂汉语，所以正反就粘乱了。这背面是一个人名表，在这个最底下是一个人名，而且旁边还有婆罗米字母，就跟国家图书馆展览的人名表是同一类的东西。反过来就是一个《经典释文》。这是后来日本学者西胁常记拟定出来的，这是他的功劳。我们今天当然可以用电脑的技术把这两篇都翻转过来，重新给它做一个复原，然后再释读，特别是这件东西价值非常高。即便我们今天只讲《经典释文》的《论语》部分，这都是非常有意义的，也是相当好的精抄本，传到了于阗。这种东西在敦煌有，在吐鲁番是否有印象不深，我没有仔细核对，好像没有《经典释文》，也可能是偶然的原因没有发现。但是在和田能够发现一件《经典释文》，这是非常了不起的事情。

我是按经、史、子、集的类别排的，没有按照地域和年代。这件东西属于经书里的小学类（图 4），这件小学类的东西是在早期的尼雅遗址发现的。王炳华先生他们去尼雅考古的时候，捡到了一支木简，后来发现这是《苍颉篇》，即汉代通行全国的识字课本。其实汉代的实力是非常强大的，长城的烽燧一直在修，沿着孔雀河，长城大概修到敦煌西北，就不往前修了，以后是用烽燧的形式，一站一站地修到楼兰。我们今天进楼兰，如果从库尔勒那边进去，傍着库鲁克塔格山的南缘，这一溜全有非常完整的烽火台保留着。这些烽火台下面其实都有跟敦煌的烽火台下面一样的汉简，只是没有系统地挖掘过。这种烽火台一直延伸到库车地区。李学勤先生曾说过，汉代边陲虽然最早发现了汉简，但是不涉要典，意思是它没有重要的典籍，不像我们今天在长江流域马王堆、郭店，山东银雀山这些地方发现了《老子》《周易》等中国典籍的根基。这些经典在汉代的西陲基本没有，但是有识字课本，还有那些当兵的人在那儿用的账本、日历、诏令。有一类属于书的典籍，基本就是《苍颉篇》，以及我们后边看到的楼兰纸本的《急就篇》。这是识字类的东西，这种东西在楼兰有好多件，纸本的基本是属于西晋、前凉及十六国早期的东西，即西域长史府的那批，已经进入到从木简到纸本换代的早期。从书法来看还是很有"隶"味儿的，这支汉

《苍颉篇》汉简

图 4

简写得非常好，这是完全按照汉代简牍制度的标准尺寸来做的。详细内容，王樾先生写过一篇文章，可以参考。

　　小学类里还有一个小类，就是韵书。这种从南北朝到隋唐，以《切韵》为首的韵书体系，也一样传到了西域地区。在敦煌吐鲁番，这些文献很多。周祖谟先生曾写过《唐五代韵书集存》，收了这些文献，也包括这两件，都是"二战"之前王重民先生拍的老照片。这些老照片，也就是周祖谟先生当年用的老照片，都收藏在我们国家图书馆的善本部敦煌吐鲁番资料中心。其实我们国家图书馆收了很多很好的老照片，只是学界好多人过去不知道，实际上王重民是受国家图书馆委派的，所以他拍回来的照片也都放在国家图书馆。我们看那些老照片，跟周祖谟先生发布的那些是一样的，但是当时周先生主要是搞音韵的，并不专门研究出土文献，他把这些都当作敦煌吐鲁番文书讨论了，实际上这不是敦煌吐鲁番文书，这个编号是"T Ⅳ"。因为德国探险队第四次探险时，他们根本就没走到吐鲁番，那时候

已经发生了辛亥革命，德国外交部不让勒柯克和巴图斯来。这两人为了抢文物，签了生死状，国家可以不管他们生死，安全由自己负责，他们就这样来了。他们根本没有走到吐鲁番，只是走到了库车。"K"是指库车，第四次探险队的"K"就是指库车。如果前三次的编号里出现"K"，指的是高昌城的"K"号遗址。这个编号系统非常复杂。

这是库车发现的原本《切韵》（图5）。《切韵》的原本后来丢失了，所以这是非常珍贵的，周祖谟先生他们做音韵学的知道，从典籍来讲这是非常重要的资料。但是，他没有注意到这是库车出的。因为这上面的"T"，都是用花体的德文写得，写得很像"P"，所以他们都以为是伯希和的东西。因为王重民先生是被派到法国的，他非常了不起，他大概去了10天柏林。当时可能还有一个汉学家高手，帮王先生挑喜欢要看的东西，所以把那些经、史、子、集类全拿了出来。这批东西拍回来之后，1995年我在德国待了一个月，把所有的汉文文书，大概将近一万件，都过了一遍，发现最好的还是王重民先生当年拍回来的东西，并没有超出太多。我不太相信王重民先生能在10天之内把所有文书翻一遍，那是不太可能的。估计是有一个高手相助，可能是葛玛丽，她原来是北京大学的学生，后来做回鹘文了，在西方叫"突厥学之母"，她是非常了不起的人物。她当时在博物馆里，大概是帮了王重民先生的忙。所以这些东西我们早就知道，但是现在我们看到了更清楚的网络图片。

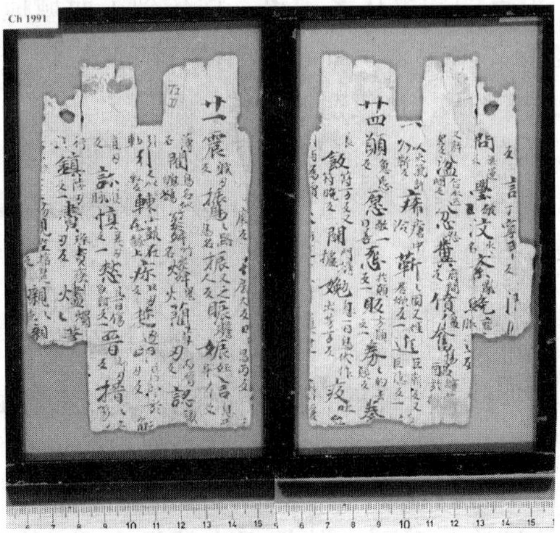

图5

另外还有一种叫增字本的《切韵》(图6),所谓增字本,是在原来《切韵》的基础上加字,这也是库车出土的,镶在玻璃板上。这个条是"二战"前贴在玻璃板上,但是战争时一倒腾,这些条往往就掉了。那个"Ch"是战后收到东德的科学院,他们按语言编的号,汉语的就是"Ch",有各种各样语言的号。现在大部分资源在网络上都可以看到。这对于我们研究者来讲很方便,对于一般读者,看看热闹也很方便。也有一些在战争中就毁掉了,玻璃碎了,或者茬成了很小的片儿。比如王重民先生当时拍了一件《一切经音义》,大概有三张纸的样子,现在我们在柏林只能看到一小块儿,其他的全都没了。所以全世界只有国家图书馆才有这张照片,非常珍贵。

图6

这是国家图书馆近年征集的一件《孝经郑氏注》(图7),价值也是非常高,虽然很残,但是它代表着一件东西到了和田地区。另外它是一种佚书,因为隋唐南北统一以后,我们在学术文化方面,基本上用的是南朝的文化,即唐长孺所谓南朝化。比如我们识字课本用《千字文》,这是南朝的东西。另外就《论语》而言,我们都读《何晏论语集解》,不再读《论语郑氏注》。所以像《论语郑氏注》《孝经郑氏解》,这些郑

图7

玄的理论，就都慢慢地没了。但是私塾还在用，北方地区家里教小孩儿，还依旧用北方系统的，所以才在敦煌吐鲁番留下来。像《论语郑氏注》，清朝的学者辑了300年，才辑出了大概十分之一的文字。但是敦煌吐鲁番文献一出，《论语郑氏注》一半的文字就恢复了。所以敦煌吐鲁番文献在经学史上的意义也是非常大的，拿出一片就把清朝那些老先生搞了一辈子的研究都给没过了。

今天我们的视角更多的是看西传的意义，实际上每一件东西都有经学史和文献学的价值。如果你从文献学的角度研究的话，写经的制度也能在一定程度上得到复原。唐朝写儒家经典的制度是什么样，这就是一个很好的标本。宋朝刻印"十三经"的时候，北宋的时候是单疏，到南宋时候把"十三经"合刻。我们今天看到的都是南宋以后的版本系统，还多少能看到唐朝时标准抄本的样子，我们还必须有唐朝抄本的实态，所以这样可以看出替代关系，非常有意思。文献学方面，一件东西被发现，它会有多方面的意义，我们这里更多强调它西传的意义。

史书方面，也有不少好东西，在楼兰出土过《春秋左氏传》（图8）。有的人说这应该是唐朝的，但是大多数学者还是把它定为魏晋时期。一方面它的书法，隶意还是很浓的。另外从出土地也可以推断，楼兰这个地方也不能说唐朝没人去，或者说有一个书生正好经过掉下来一卷《春秋左氏传》，也有可能，但是这种可能性太小了，所以更多的可能是在魏晋遗址里发现。我记得这也是大谷探险队的，但是他们的记录不清楚。如果是斯坦因发掘的话，记录是非常清楚的，在哪个地层挖的，在哪个遗

图8

址挖的，在哪个房间挖的，这个房间同出的还有什么其他带纪年的东西，我们一下就可以确定这是什么时期的。所以有时候我们又恨斯坦因，有时候又爱他。他的考古标志，非常清楚，现在所有斯坦因的东西都可以装回到原来的坑里去，而其他的德国探险队、大谷探险队就完全做不到这一点，所以我们就丢

228

掉了非常多的学术信息。我们觉得这一件应该是魏晋时期楼兰的士子在读的《春秋左氏传》。

另外楼兰还发现了一件《战国策》（图9）。要是从西域整体出土的典籍类文书来看，这是非常了不起的一件事。《战国策》是斯文·赫定探险队拿到的。斯文·赫定这个人是个冒险家，是个地理学家，他的老师就是李希霍芬。李希霍芬当时到中国来考察，他有很多地方没去过，他就鼓励斯文·赫定去西域探险。斯文·赫定是个亡命之徒，他为了画欧洲地图上没有标志出的地方，就专去那些没人的地方，顺带也发现了一些东西。比如在楼兰，他是第一个挖掘楼兰的人，这是很偶然的，虽然他没有经过考古发掘的特别精细的准备，但他的收获却很不少，其中包括这一件纸质的文献。一般纸质的文献我们就可以放到魏晋时期，如果是木简可能更早一点，可能到汉代。但是最重要的是《战国策》。《战国策》是比较不容易读的一个文本，所以敦煌地区的人，乃至于唐朝内地的人读《战国策》还是有困难的。所以唐朝的边疆地区，比如敦煌地区的人要了解战国时期的事，用的多是《春秋后语》。敦煌没有《战国策》，敦煌只有《春秋后语》，而且有十几件，有注本，有略出本，也有正式的抄本，还有专门注音的注释本，各种各样的，共有十几件。国家图书馆的敦煌收藏里头也有一件非常好的《春秋后语》的《秦语》。

敦煌藏文卷子里有一个类似战国时期的故事，有一位法籍的日本学者今枝由郎，他在20世纪80年代初就写过一篇文章，说敦煌藏文卷子里发现了《战国策》。然后他对了一共六段文字，有五段可以在《战国策》里找到，有一段找不到。他后来就说，这段应该是翻译的人拿《史记》编上去的。但谁翻译东西时还在中间编一段？就是因为他只能做这样的解释，因为他

典籍与文化 **12**

图9

不熟悉敦煌的书籍构成。如果了解敦煌书籍构成，就会发现，它就没有《战国策》，所以这就是《春秋后语》。兰州大学古籍整理研究所专门研究中国典籍的马明达，他一看就断定这是《春秋后语》而不是《战国策》，就用汉译文把这个比定了，所以这绝对是《春秋后语》，那些文字在敦煌保存的《春秋后语》里全都有。

我发现过一则吐鲁番的材料，其实就是在国家图书馆的老照片里，有一个《春秋后语》，而且那个《春秋后语》是我们刚才看到的双行小注的形式。敦煌没有这种双行小注本，这种双行小注是《春秋后语》的卢藏用注，能够反映卢藏用注原本样子的，只有吐鲁番这么一篇，而且是在国家图书馆有这个老照片。

话说回来，楼兰相当伟大，那个时候就有人读《战国策》。你可以想象魏晋时期楼兰地区的文化水平。我们从中国历史的大背景来看，东汉以后国家陷入战乱，按照陈寅恪先生的观点，战争把官方学校毁掉了，所以学术进入私家。学术进入私家之后，这些私家又由于魏晋时期中原的大动乱，往三个方向逃跑，一是去辽东，一个是去河西，一个去南方。实际上魏晋时期的南方不像今天的南方，北方人到了南方经常受不了南方气候，甚至染病死掉，所以大多数人不敢去。河西跟北方的气候差不多，所以大量的人去河西，在河西教书。那时候敦煌有一个儒家大学者，弟子有3000人，并不比孔子少。甚至南朝都经常派人到河西的北凉去求书，然后带到南方去学习。整个河西走廊的学术文化一点都不低于南朝，有很多大学者都在河西生活。当然后来这些学者都进入到北魏，再到隋唐。这就是陈寅恪先生《隋唐制度渊源略论稿》里所说的河西这一支，均田制、三长制的设计者都是来自河西。河西与楼兰的距离，比起河西距离中原、南方的距离更近。而且从汉代以来去西域的道路，不是走今天的哈密，而是先到楼兰再分岔的。所以楼兰到河西、敦煌，这是一条坦途，虽然中间有一段不好走，但是大部分还是顺畅的，沿着疏勒河可以走很远。李广利第一次征大宛失败之后，汉武帝不让这两万人进玉门关。这两万人竟然能在今天的小方盘城的西边，有吃有住待了一年。所以那时候河西的水草是相当好的，跟今天沙漠戈壁的环境很不一样。楼兰能够发现《战国策》，如果回到原来魏晋时期的历史背景中则是完全可以理解的，那个时候当地有这样能够读得了《战国策》的人存在。如果只看这一件经典的话，甚至还有比唐朝敦煌地区文化水平还高的人在楼兰生活着。

很有意思的是，《西域考古图谱》中还有新的发现，书中说在库木吐喇石窟曾经找到过一件东西（图10、图11）。这件东西非常有意思，一面是《汉书》，一面是《史记》。他们找到是这个大片儿，所以很早就比对出来。我在柏林看吐鲁番文书的时候，在德国探险队那批东西里，所谓吐鲁番文书也包括库车出土的，就发现了这个小残片。我是先比定出来，后来一想这件好像似曾相识，就找到了《西域考古图谱》曾经有这么一件，一缀合刚好是一张纸的上下两片。这两片不能直接缀合，我画了个复原图。所以大家看写本跟我们今天看到的刻本是不一样的，刻本书不会一面刻《史记》，一面刻《汉书》，我们见不到任何一种类似这样的书。可是古人读书的时候，尤其是他要带去西域，他又想看《史记》，又想看《汉书》，可能看累了《汉书》再看背面的《史记》，他就一面抄《史记》，一面抄《汉书》。这件写本实际上是我们研究唐朝流行的汉代史书最好的材料。而且我判断，《汉书》这边是正面，《史记》那边是背面，当然这里面有一些论证，咱们不深入讲解了。但是这件是非常

班固《汉书》

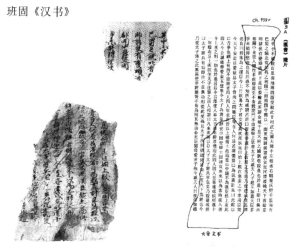

图10

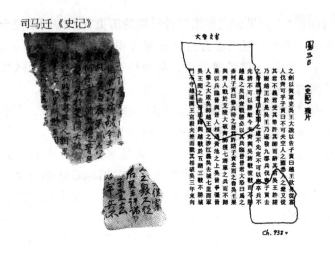

司马迁《史记》

图 11

好的一个标本，从大小这些方面来看。我也给那些修订《史记》
的学者参考，虽然只有几个字，如果有一个字不同，那就代表
着唐代版本的样子，所以这还是很有意思的。《汉书》这面是
《张良传》，《史记》这面是《仲尼弟子列传》。这里面的编号有
一点问题，日本探险队说是库木吐喇出的，德国探险队写的是
"T II T"，"T II T"的"T"应该是表示吐鲁番的吐峪沟。到底
是不是德国探险队把库车拿的东西装在这里头，我们就搞不清
楚了，所以勒柯克的记录是非常不清楚的。我们暂且用大谷探
险队具体的出土地点来标志，我们就把它算作是库木吐喇出的，
也就是今天的库车库木吐喇石窟里的东西。

　　唐朝的法律文书，我们也把它作为一种书了，它传到了龟
兹，现在我们还有《唐律疏议》，这个《擅兴律》也传到了龟
兹（图12）。它的表面跟敦煌的《唐律疏议》写本是不一样的，
因为在沙地里埋藏的时间比较长，它代表的就是史籍里面律令
类的书。

　　另外还有子部的书，其实如果一个人能读到子部，那学
问已经是很高深了，一般的科举考试主要是考经书，所以一
般的学子主要读经书，或者感兴趣的话自己读一读史书。读
到子部书的都是有学问的人，都是信了某派、某子，或某家
的学说。

图 12

这幅图就是子部道家类的《刘子》（图13），这个《刘子》跟今天传世的本子还不太一样。1991年我受英国国家图书馆的邀请去了半年，帮他们编翟里斯编不了的敦煌的那些小残片。当时我在敦煌的文书里曾见到有《刘子》，所以我就把《刘子》翻了一遍。我做研究的时候经常是已经比定的文书不看，

图 13

把已经比定之外的那若干件弄清楚。因为这若干件清楚了之后，忽然某一天就可能会产生连锁反应。后来我就发现马伯乐刊布的这件东西，因为这上面有"胡马之利"的字样，我对"胡"字有特别的记忆，因为我在英国随时可以调看斯坦因第三次探险队的东西，这是斯坦因第三次探险在和田发现的。所以我有机会去看斯坦因另外的东西，当时就比定出了这件。我没有深入地去研究，现在有学者去更进一步研究《刘子》。子部书在吐鲁番发现的非常少，当然如果我们把佛藏放在子部来理解，那当然很多了，不过那是另外的一个系统，我们不放在这里。麻札塔格是和田河沿岸的一个古戍堡，旁边有一个佛寺，这是那

233

个地方出的。它有的地方是皱皱巴巴的，而有的地方是展平的，这都是沙漠里纸张的印记。

子部书就这一件，另外就是相关文书。我们要特别讲一下习字类的东西，近年我们对习字文书的研究有很大的收获。过去研究敦煌吐鲁番的人，觉得这是习字，都是小孩子随便写的一些东西，不把它当回事，没有过多地关注。一般而言，认字就是《千字文》，是些很普通的材料。虽然写了好多字，但是也没有什么特别大的文献价值，反正都是小孩儿写的。后来我们在整理《新获吐鲁番文献》的时候，有一件是写三行就改一个字，朱玉麒老师发现这是一首诗，而且里头有岑德润这个名字，这是隋朝诗人的名字，后面是他的一首咏月诗，前面还有一首是佚诗，即没有存下来的一首诗。此后我们就非常关注类似的内容了。

我们在吐鲁番文书里有很多发现，前几年我在整理国家图书馆新获的一批和田的文书的时候，就发现了这件文书的下半截。下半截是"岁在癸丑"，我们读中国古典的人马上就会反应出这是《兰亭序》的话。《兰亭序》是一个书法的名帖，咱们刚才看到的是冯承素的摹本（图14），这是故宫博物院里"兰亭八柱"之一，乾隆皇帝珍藏的东西。后来我们又帮中国人民大学博物馆征集到了一批文书，竟然发现这两件是缀合的。国家图书馆刘波老师是高手，他给我做的这个缀合的图（图15）。"永和九年"完全就清楚了，这就是《兰亭序》的开头。当然习字者写了几个字就没有再写下去，但是它不是正规的书。我

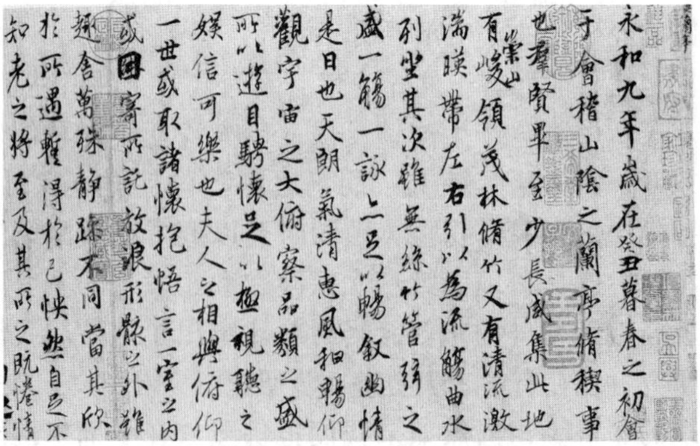

图14

说的是文书类，因为正规的书都是打栏格的，有天头地脚，你看这是顶格写，顶格写的就是摹帖的东西，因为帖子都是顶格写的。故宫博物院存下来的几件都是顶格写的，"永和九年，岁在癸丑"，然后怎么怎么样。后来我们受委托来整理，就想到俄藏也有这么一件东西，俄藏的这件也是"永和九年"，顶格写。它是摹帖的，而且这个字更像，也不知道这是小孩儿写的，还是一个有一点书法功力的人写的。我不太懂书法，但是请教那些懂书法的人，他们说这还

图 15

是有一些笔力的。而且第二行的"于会稽山阴"，"于"字跟冯承素摹本是一样的，写者一定是拿着帖来摹的，大小字都一样的。小孩儿写有时写不了那么规整，所以这一件应该是相当好的贴近唐朝的摹本。传说唐太宗非常沉迷《兰亭序》，他喜爱得不行，所以高宗就把原本的《兰亭序》陪葬在昭陵里了，我们现在是没有人看过真正的帖子。但是当时摹了几个本子，一个是冯承素的，冯承素是专门在宫廷里复制东西的高手，另外还有虞世南的、欧阳询的，这些现在都在故宫博物院珍藏，还有一个是褚遂良的，有的人说那是后来摹的。反正是有四个唐朝的摹本，模式都一样。有些学者认为，现在看到的《兰亭序》，都是拿《圣教序》和《千字文》智永的字给拼出来的。实际上并非如此，唐朝一定有《兰亭序》摹本流传于世。因为从敦煌到和田，我们都能看到《兰亭序》，而且不止一件。这一件是人民大学博物馆收藏的，这个小孩儿也是顶格来写，但写了几个字，他跑出去玩了，回来就没接着写，就留下这么点。这就是文书的形态。这一件前面写了一些习字，然后又接着写《兰亭序》，这边又写"大将军"，小孩儿将来都想学大将军，就像我们小时候想当华罗庚一样。所以不要把一些很破很残觉得没有什么意义的东西随便扔掉，一旦你能够把它的学术价值发掘出来，它就是千年的珍品。斯坦因发现的有一件也是这样，而且它还带着小学生的题记，它是"补仁里，祖为户"的一个叫李仲雅的学生写的，他写的这几个字也是《兰亭序》的文字。而且很有意思的是，我们在西域地区还看到了另外一个王羲之的

帖本，这个帖叫《尚想黄绮帖》。开头是"尚想黄绮"，这是王羲之写的一封书信。这个帖的原样现在不存在了，但是在敦煌发现过一些这个帖的习字，或者是抄件。而且大多数抄件也是顶着天头地脚写的，应该也是抄自一个帖。这个帖或许也是小学生的习字，这件是斯坦因在麻扎塔格发现的（图16），里面的字都是《尚想黄绮帖》里的字，而且小学生一般就是三行到四行换一个字，是这样的制

图 16

度。过去不把习字当一回事儿，但是现在就可以看出意义了。中国最伟大的书法家的帖本，一直被传抄到于阗地区，这个意义就不一样了。

大谷文书有这样一件习字（图17），就三个字，在《大谷文书集成》的第一册里，人们过去都不把它当回事，就觉得只是习字而已。可是这个字比一般文书中的字都大，所以它不是一般的字，实际上也是《尚想黄绮帖》，就是"张草犹当雁行"这句话的后两个字，"雁"字写的是当时的一种俗体。这是在今天库木吐喇南边

图 17

的都勒都尔·阿护尔，现在叫夏合吐尔的一个遗址，就是今天库木吐喇水电站的那个位置，由大谷探险队发现的。万幸的是，这件文书大谷探险队有清清楚楚的出土遗址记录。伯希和后来在这个遗址挖到很多东西，挖了200多片汉语文书，但是没有《尚想黄绮帖》，而大谷收集品里出了一个《尚想黄绮帖》。前两年我去龙谷大学专门看了。分析一件文书要特别仔细，因为它没有天头地脚，上面是不完整，是残的。下面是不是残的呢？

不是残的。其实它就是习字，字顶到底。为什么说它是顶到底？因为最后写"行"的时候写不下了，但是还要写，就写了个小的，这就标志已经写到了最后的地方。抄书转行的地方，是不能随便转的。有时候拿捏不好的那些书手，比如佛经一行十七字，他必须写到十七字那行转，但是有时候行格写了一半，这十七个字就写完了，写得太瘦小，他就只能空着下面这几个字的地方。或者是一直写到底，地方又不够了，就写在页边，或者临时把最后两个字并排地写成两个小字在那儿。这都是写书不到家的人，写书到家的就是我们刚才看到的那个，连双行小字都算的很准确，相当完整地写出来的，而且正好宽窄一样，这是非常了不起的。

麻札塔格还出了《千字文》（图18），两面写的都是《千字文》。这类东西很多，小孩儿都用这个来习字。

典籍与文化 12

佛经当然也有不少，但是在西域地区更多的是梵文、吐火罗文、于阗文的材料，因为当地的僧人主要读的是这种语言，但是在吐鲁番更多是回鹘文的材料。汉译的佛经，实际上都是在中原译的，是倒传回去的。季羡林先生有一篇文章叫《说"出家"》，他就讲到吐火罗语里头"出家"这个

图 18

词，是从汉语译过来的，这是非常伟大的语言学家才敢这么讲。按佛教传播的途径，大部分汉语词汇应当都是从吐火罗语中转译的，季羡林过去写过《佛与佛陀》，就是说"佛陀"这个词是从吐火罗语的中介译到汉语里的。现在他反过来说"出家"这个词是从汉语译到吐火罗语，他引用了《宋高僧传》里的一段话。《宋高僧传》里曾说佛法像一棵树一样，在中原植根，根深叶茂之后就会倒传回去，倒传到西域。这些汉译典籍实际上就是中原写本的倒传。也不能排除有当地写的，但是也有中原的本子倒传回去的情况。

这件《金刚般若波罗蜜多经》（图19），是德国探险队获得的，写得非常好，标准的唐代写经。这件《摩诃般若波罗蜜经》

（图20），也是标准的本子。《妙法莲华经》（图21），在敦煌吐鲁番更多，也都是标准本。这也是《妙法莲华经》（图22），是大谷探险队得到的，看着非常疏朗。这件《大般涅槃经》（图23），它的背面写了《佛名经》的一个标题，但是它的正面是正经，这也是非常漂亮的《大般涅槃经》的写本。然后还有《维摩诘所说经》（图24），这也都是非常好的写本。

图19

图20

图21

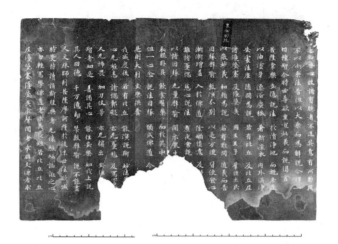

图 22

图 23

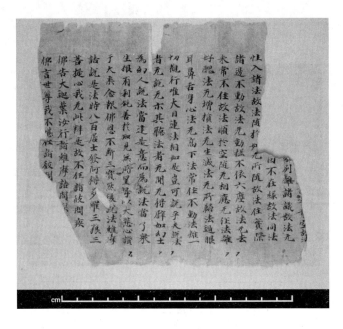

图 24

观察这些写本就可以发现一个规律，什么规律呢？这些经，比如《金刚般若波罗蜜多经》《妙法莲华经》《摩诃般若波罗蜜经》《大般涅槃经》《维摩诘所说经》，这就是我们在敦煌看到的最流行的经典，也是在吐鲁番看到的汉文写本里抄本最多的，也就是当时唐朝以长安、洛阳为中心，全中国最信奉的几部经典，也是最"popular"的经典，所有的寺院都要收藏，也是所有供养人最希望供养的经。特别是《金刚般若波罗蜜多经》和《妙法莲华经》，《妙法莲华经》在敦煌卷子里有几千部，日本学者兜木正亨专门编过《斯坦因、伯希和搜集敦煌〈法华经〉目录》，一大厚本。这说明什么呢？说明在西域地区，读汉文经典的人完全受着中原文化的影响，尤其是中原佛教文化的影响。中原信什么经本，他们也信什么经本；中原读什么经，他们也读什么经。我们将来可以仔细地对比，因为敦煌有若干唐咸亨年间到仪凤年间，武则天在长安太原寺为她的母亲抄写的《金刚般若波罗蜜多经》和《妙法莲华经》，然后用国家的力量把这写抄本送到敦煌的，当然还有为她登基宣传的《大云经》的抄本，后边还有长长的题记。这种抄本都是宫廷的高手抄的。一般搞书法的人不太看得起唐经书体，但是那些本子都是国家最高的书手，比如冯承素他们抄的，有名有姓的。所以我们将来应该仔细地对它们做一番研究。

更有意思的是什么呢？不仅仅是正规的佛教写经传到了西域地区，还有藏外的文献。这是一件在和田麻札塔格出的《神会语录》（图25）。《神会语录》本身是关于神会和尚的。在唐朝

图 25

一直到开元、天宝时期，主要是北宗系统的禅宗风行，弘忍的大弟子神秀，神秀的弟子普寂，这都是几朝的帝师，坐在长安、洛阳，掌握着天下佛教。今天称之为"北宗禅"，他们就代表禅宗。而流落到南方的惠能，后来称之为"六祖"，当时还没有多大影响。现在禅宗奉《六祖坛经》，这是他的弟子神会的功劳。神会在开元年间在滑台立无遮大会，向普寂发起进攻，但是普寂根本不理他，御史就说神会聚众闹事，把他发配到南阳，再发配到荆州。那一带过去都是非常荒凉，容易生病的地方，北方人去了会受不了。后来"安史之乱"爆发，神会帮助郭子仪弄香水钱、弄军饷。"安史之乱"结束后，他就被请到洛阳菏泽寺，所以他叫"菏泽神会"。他的语录竟然传到了麻札塔格，怎么去的，我想可能跟朔方军有关系。因为西北的这些军事将领跟朔方军有很大的关系，而朔方军都信神会这套说法。我们在北庭发现了一个《神会语录》的本子，现在在日本，原来是日本银行的行长叫石井光雄家藏的。这件在和田出土时是一个残片，过去沙畹在发表的时候，就说是一片佛经，不知道是什么经。他的弟子戴密微是佛学水平极高的人，他说这是《神会语录》，这是戴密微判定出来的。这件东西在《神会语录》的研究上没有什么，就这么几行字，而且还是残本。但是你把它放到和田就不一样了，和田不仅有《金刚般若波罗蜜多经》《妙法莲华经》，而且还有《神会语录》。这种中国僧人读的禅宗典籍竟然传到了那个地区，虽然只是一个残片，但它代表着一部书流传到了那里。

当然还有疑伪经《观世音菩萨劝攘灾经》一卷（图26），林世田先生和刘波老师两个人写过专门的研究文章，这就是一

241

个传贴。这件东西非常有意思，敦煌和吐鲁番文书里都有类似的，大意就是泰山要塌了，要抓人去填漏洞。坏人、恶人或者妇女小孩儿就要被抓走。所以一定要把这个东西传下去，你一定要传，不传就会有如何如何的后果。特别有意思的是，这里提到一个地名，倒数第四行的上面叫柘厥。这是龟兹一个关卡的名字，一个国王在柘厥关见到一个老人，他就说你一定要怎么样，然后就不见了。这么一个编造的故事，但是它提到了一个真实的地名，而这件东西是在于阗发现的，那就可以证明这件东西是从龟兹传到了于阗，它真是一个传贴。而且你看前面的第四行，要抓"伊西庭共两万人"，其中安西有2000人，其中包括妇女有多少，孩子有多少，喝酒的有多少，所以这是很有意思的一件东西。它非常珍贵，因为它的佛教思想来源是中原的那些疑伪经，而它流行的范围又纯粹是安西四镇地区，提到了伊西庭，提到了柘厥关，而出土地又是于阗。所以这件东西从历史价值、从文献价值上都非常重要，而且是非常完整的一件东西。

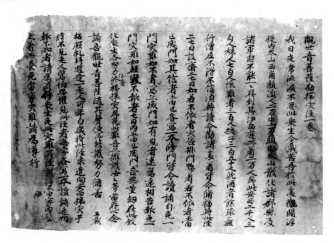

图 26

　　我们刚刚把经、史、子、集类文书和相关的文书都交代了一下，后面简单讨论一些连带的问题，它传播的途径是什么，或者接受者是谁。我想最主要的一方面是随着唐朝力量的西进，因为唐朝初年唐高祖、唐太宗时期，中原未定，他们是在西边闭关自守，不能够跟西边交往。因为西边是他们最大的敌手之一西突厥。所以唐朝派了李大亮守住西边的关口。玄奘在贞观元年（627）或者贞观三年（629）出关的时候是偷渡出去的，在今天的敦煌和瓜州中间的第五道有一条道路，就是今天从玉门奔哈密的这条道，他是从这条道偷偷爬出去的，箭都射到他旁边。当时有一个粟特的商人叫石槃陀给他带路，走到一半就觉得太艰苦太危险，后退了，但是老马识途把玄奘带出去了。当然不知道这是玄奘自己编的故事还是真实历史事实，估计也有连编带写的情况。

从唐朝初年到贞观四年（630），唐朝灭了东突厥，所以附属于东突厥的伊州（哈密），也投降了唐朝。当时哈密一个叫石万年的粟特首领带着伊吾七城投降唐朝。然后唐朝在贞观十四年就把高昌国一举灭掉。灭掉之后，把高昌立为西州，是直辖州。贞观十八年（644）打了焉耆，贞观二十二年（648）打了龟兹，然而都是打了一把就回来。因为唐朝的对手不是焉耆、龟兹，对手是在天山北麓的西突厥汗国。但是唐太宗在贞观二十三年（649）就去世了，他的儿子高宗窝囊，唐朝从西域全面撤退。但是唐朝整个的势力是西进的，特别是武则天慢慢掌政之后，这个人有唐太宗的风格。到了显庆三年，即658年，唐朝经过三次征战灭掉西突厥。当时所有附属于西突厥的国家，包括龟兹、焉耆、于阗、疏勒，以及属于西突厥的粟特、吐火罗、康国、安国、曹国、石国、米国以及拔汗那等，都变成唐朝的附属国。所以唐朝非常了不得，它的边境一直到现在土库曼斯坦跟伊朗交界的地方。今天正式出版的谭其骧的《中国历史地图集》，唐朝陇右道西部，一直画到那边。当然这时候西突厥的一部分也不断地反叛，青藏高原兴起的吐蕃又往北面打，两方经常联合跟唐朝在西域地区进行多次的拉锯战。一直到公元690年，唐朝的王孝杰率部队再次占领西域。武则天不听狄仁杰等人的劝阻，发汉兵三万人镇守四镇。按照唐朝制度，原来的四镇大概是几百人。要是汉兵三万人去了的话，再加上当地的武装，安西四镇一个镇就有几千人了，唐朝有相当大的力量驻屯在安西四镇地区。唐朝是在658年，在龟兹立安西都护府，下设安西四镇，就是焉耆、龟兹、于阗、疏勒。后来打掉西突厥的余部之后，又以碎叶取代焉耆充作安西四镇，碎叶就在今天吉尔吉斯的阿克贝希姆城。

所以我首先想到的就是唐朝的官人、军将、士兵，特别是在天宝以后，原来唐朝的驻守军是驻守换防，所以狄仁杰说如果要是这么折腾，人员不断地调换的话唐朝受不了，光路费就得很多。实际上唐朝的驻守军根本撤不下来，因为还没等撤，兵又打过来了。唐朝的军事制度是行军，过去是行军打过去再撤回来，后来变成了镇军，就是镇守军。到了唐朝天宝以后，就叫长征健儿，士兵就在那长征，就不回来了，唐朝的长征就是长期征伐、驻守当地的意思，老婆孩子跟着一块儿去，所以就有家属也跟着一块儿去。这些人要读《汉书》，要习汉字。所以那些《韵书》是什么人带着？可能是骆宾王、岑参这些诗人，或者是要学诗的人，或者准备科举考试的官人。因为《韵书》是作诗时找韵脚用的，所以很普遍。不同的书有不同的功能。

还有另外一类就是汉文佛经，可能是汉传佛教寺院系统的产物，随着唐朝的军事、政治进入到塔里木盆地，甚至中亚更西的地区。唐朝是非常了不起的，它的汉传佛教系统甚至佛教的制度、佛教的一套体系也进入西域。我们在库木吐喇石窟，曾经见到过一个大谷探险队割去的壁画供养人的榜题。这个供养人我们看不清楚了。大谷探险队非常糟糕，把它割掉了，因为大谷探险队的东西后来分散了，现藏在东京国立博物馆（图27）。我们能够看到的字是"大唐□严寺上座四镇都统律师□道"。这个题记非常重要，如果不研究佛教的寺院制度，就不会知道。我们研究敦煌的吐蕃和归义军时期，知道有个河西都僧统。河西都僧统和张议潮归义军节度使是一个级别的，他管辖整个河西道的僧人，所以叫作都统。在回鹘文里也有"都统"一词的翻译，就是整个高昌国的都僧统。库木吐喇石窟壁画中的这个人是什么人？就是整个安西四镇的都僧统，简称都统。在西域地区见不到一个叫"□严寺"的，但是在长安有一个大的寺庙，叫庄严寺。

图27

244

我们北京大学有个长安读书班，所以当时我们读到这地方，就问学生这是什么严寺，学生们异口同声说庄严寺。一定是庄严寺，因为在慧超《往五天竺国传》有记载，慧超在开元十五年（727）走到安西地区的时候，他说龙兴寺的寺主、上座都是京城的七宝台寺，或者大云寺来的，汉寺系统的主要僧官，实际都是中央派的，由京城派过去的，所以四镇都统也应该是唐朝派来的。当时存在着一个管理安西四镇的系统，叫四镇都统。而这个四镇都统的最高僧官，是唐朝长安派去的一个大和尚。这种四镇的系统，在安西，就是焉耆、龟兹、于阗甚至碎叶，我们都找到了，而且碎叶大云寺甚至被苏联的考古学家挖出来了，有个交脚弥勒的像。底下左边那个是个交脚弥勒（图28）。武则天要上台，她找到的《大云经》里头说女主转世，所以这是她上台的理论根据，她要天下每一州立一个大云寺，以供养《大云经》，供弥勒菩萨，这就是她政令的结果。

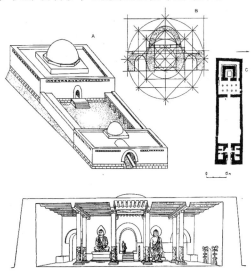

图 28

而且近年在吉尔吉斯斯坦也看到了新东西，我们去年在比什凯克的斯拉夫大学的博物馆看到了这件藏品（图29）。当时段晴老师带队，那边的孔子学院，请我们去壮声势。我们到了比什凯克，斯拉夫大学的校长接待我们，很高兴地招待我们去看他们学校的博物馆。我们一看，原来碎叶的碑在他们博物馆里。这是唐朝的一个安西副都护、碎叶镇压使杜怀宝为他父母双亲立的造像碑，上面的造像没了，但是这个碑座还在。所以这就非常能够证明过去一直争论的碎叶城到底在哪的问题，完全有了定案。这是我的老师张广达先生在

图 29

1979 年发表的文章叫《碎叶城今地考》，他当时就考证碎叶城在阿克贝希姆城，但是没有确凿的证据。现在发现了这块碑，确凿地证明就是在那个地方。而且也证明了碎叶不仅有寺有僧，还有汉式的造像在那存立着。

　　还有一类人是胡人首领，比如说哥舒翰。哥舒翰的父亲叫哥舒道元，是安西副都护，世居安西。安西也有狭义、广义之分，狭义就指龟兹，而广义指整个安西四镇地区，即安西都护府所管辖的范围。据我的考证，安西都护中的副都护是驻守在于阗的，其中一个证据就是哥舒翰的父亲娶的于阗尉迟王族之女。哥舒翰和安禄山关系一直不好，一个镇守东北一个镇守西北，两个最大的大将不和。所以有一次唐玄宗把他们俩请到一块儿吃饭，唐玄宗说你们俩不要不说话。安禄山就和哥舒翰套近乎，说，我母亲是突厥人，我父亲是粟特人，粟特人讲东伊朗语，实际上是伊朗系统的人。又说，你父亲是突厥人，你母亲是伊朗人，咱俩是兄弟。哥舒翰一拍桌子，说谁跟你是兄弟，然后就不理他了。这是一个很有名的故事，也是我们今天讲民族自我认同的一条很好的史料。这条史料实际上要说明什么呢？哥舒翰年轻的时候是在于阗长大的，因为他母亲是讲东伊朗语的于阗人。而他好读《春秋左氏传》及《汉书》，我们恰恰在西域地区看到了《春秋左氏传》和《汉书》。当然时空倒转，一个是楼兰的，一个是龟兹的，可是我们不妨把它放在一起去考虑。哥舒翰早年读书的地方应该是于阗。除此以外还有一条史料，就是《宋高僧传》的于阗三藏法师实叉难陀去世的时候，是哥舒道元把他的骨灰和舍利送回到于阗安葬的。为什么让哥舒道元去，因为哥舒道元是哥舒翰的爹，他就是安西副都护，

这些都有连带的关系。

还有一类就是当地胡人。我们前边讲到写《兰亭序》的那个小孩子，他说是"补仁里，祖为户"。唐朝势力进入之后，把当地的街道都重新做了划分，也划了乡里的体制，有一套羁縻州体制。而且我记得于阗有安仁里，"安仁"二字是从《论语》来的，这都有内地传统经典为根据的。他是"祖为户"，应该是当地的胡人，就是于阗人，当然也有姓尉迟的，也有起汉名，可能姓李的。因为"李"姓是李唐王朝是最大的官姓，所以很多胡人也姓李。我们用了一条对比的材料就是吐鲁番的卜天寿，郭沫若先生过去在《出土文献二三事》里讲过卜天寿，一个12岁的小孩子抄了《论语郑氏注》一个长卷，写得非常好，所以证明西域地区都是中国的。我年轻的时候读过这篇文章，记得非常清楚。他是西州高昌县宁昌乡厚风里义学生，就是私塾里的学生，卜天寿，年十二。和田这件与卜天寿这个用的是差不多的语句。实际上他首先写《兰亭序》，这应当是制度，其实就是作业，最后署上我是哪的学生，要交给老师作业。所以这件东西能证明当地这些胡人的孩子也开始学习汉文了。

整体上来讲，这大概就是我想到的上述四类人可能传播或者接受这些汉文经典。当然用汉字写文书，在当地已经实行了。

另外我们应该考虑几条因素，先罗列在这里。第一条就是西域和中原之间的地理环境是非常恶劣的，它们会不会成为汉籍传播的障碍。我的结论是不会，虽然流沙非常厉害，但是还是有一些绿洲把这些道路连缀起来。其次是交通不够通畅。交通显然不像内地那么通畅，但是它仍然是有道路的，这些都有专题的研究。第三语言会不会成为障碍呢？前面我说了，于阗地区是说于阗语的，龟兹地区是说吐火罗语的，语言会不会成为一个障碍，我们可以探讨。另外我们应当看到唐朝和西域历史的进程。西域地区的伊斯兰化，我想更重要的原因是中原发生了"安史之乱"。内地一乱，边疆就不保了。还是要从连环性的角度思考，我的看法是内地发生了"安史之乱"，使得供给源没有了，特别是吐蕃从青藏高原下来之后截断了河西的道路，有这样一个很大的历史背景。

语言成不成为一个障碍？我要举的这种官文书，已经带有双语（图30）。当时行政的运作，已经完全有人能够把这么多繁复的官文书的语言全部译成于阗文，配合着发下去。汉人也可以读，胡人也可以读。而且进入到民间的契约，如果是汉人和胡人做契约，也做成双语的（图31）。契约前边是双行对照，后边保人部分是胡语写在上边，文字完全都是对应的。所以不成为障碍。

1941.36.13

图 30

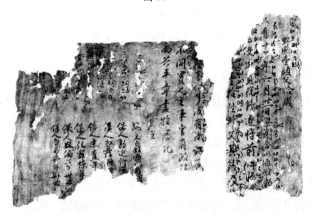

图 31

　　这是斯文·赫定照的楼兰的官署（图32），《春秋左氏传》一类的东西，是在这个区域范围内发现的，就是今天罗布泊的西北地区。

图 32

这是尼雅遗址（图33），就是出《苍颉篇》的那一带。斯坦因特别叫一个老乡抱一下那家的柱子，这个柱子是很粗的。这是当时他们房子的样子。

和田很多文书都出自沙漠深处的丹丹乌里克（图34）。这些房子完全被埋没了顶，整个挖下去才能找到文书。这是丹丹乌里克遗址的样子。

图 33

图 34

　　这是麻札塔格的戍堡（图 35），这是著名摄影师尔冬强先生照的照片，真漂亮。2008 年冬天我们去的。因为夏天沙子非常热，而且软，下去一脚埋掉半脚。冬天非常好。斯文·赫定第一次进沙漠，他就找了个七月，全军覆没在里面，就他一个人跑出来了。然后他又灌了两靴子水，把他的仆人救出来了。斯坦因老谋深算，他就冬天去，因为带水不好带，他就带冰，冰不会化。

图 35

　　这是当地的于阗的妇女和汉式的官人的模样（图 36），他们都在同一个庙里做供养人，他们已经融合在一起了，完全是

可以交往，可以互通的状态。这是今天和田的样子（图37），
毛驴车、摩托车和吉普车在一起，在一个绿荫大道上。这是和
田，我非常喜欢这个地方。

图36   图37

好，谢谢大家！

段晴

佉卢文世俗文书所反映的社会生活

　　段晴　北京大学外国语学院教授，德国汉堡大学博士。主要研究领域为印度传统梵语文法、中古伊朗语言、梵汉佛经对比研究等。著有《波你尼语法入门》《于阗·佛教·古卷》《中国国家图书馆藏西域文书——于阗语卷》等多部著作。主持国家社会科学重大课题"新疆丝路南道所遗存非汉语文书释读与研究"，主持"汉译巴利三藏"翻译工作，以及社会公益类项目"新疆地区民间文化的调查与传扬"。

我今天演讲的题目是《佉卢文世俗文书所反映的社会生活》，这个题目很大，我举几个具体的案例来剖析古代鄯善的社会生活。

一、什么是佉卢文

　　首先给大家简单地介绍一下 Kharoṣṭhī "佉卢文"，佉卢文曾经是南亚次大陆广泛使用的两种文字之一。两种文字：一是指婆罗谜文字，二是佉卢文。用这两种文字所书写的写本、文书，皆在我国新疆地区大量发现，说明这两种文字曾经在丝路沿线的古代绿洲国家广泛使用。这两种文字，尤其是婆罗谜文字，在新疆地区发展出独自的具有南道、北道特征的书写系统。中国国家图书馆设有西域文书特藏，部分特藏的文书拿出来展览，可供大家瞻顾历史文明的演变。这些来自古代的残纸，或者是用丝路南道、北道婆罗谜字母书写的佛经写本残纸，也有用佉卢文字书写的世俗文书。

　　婆罗谜文字的诞生要晚于佉卢文字。德国学者基本上认定，婆罗谜文字诞生于孔雀王朝阿育王的时代，甚至正是阿育王为了颁发诏书而创立。后来婆罗文字在南亚次大陆得到广泛应用，并且随着地域和历史的进程，衍生出多种变体。现在印度广泛使用的所谓天城体，实际上也是从古代的婆罗谜字体衍生出来的。

　　即使在古代，佉卢文也未能得到广泛的应用，而是局限在印度西北部，以犍陀罗为主要核心地区。所谓犍陀罗，作为地理概念，狭义指现在巴基斯坦的白沙瓦到拉瓦尔品第以及塔克西拉地区。这一地区在公元前曾经属于波斯帝国的麾下。公元前4世纪，亚历山大打败波斯帝国后，也打到这一地区，将他的希腊军队驻扎此处，也将希腊文化、两河流域文化携带来此处。印度孔雀王朝时期，这一带又归属印度帝国。在印度文化、伊朗文化、希腊文化的共同作用下，这里产生了对后世影响深远的艺术形态，这就是著名的犍陀罗艺术。现在到巴基斯坦旅行，去塔克西拉博物馆、白沙瓦博物馆参观，那里有丰富的塑像显示希腊、罗马的艺术风格。广义的犍陀罗之说，地域范围包括阿富汗东部。历史上佉卢文主要在这一地域流行。贵霜帝国曾经使用佉卢文作为官方文字。贵霜帝国消亡，佉卢文大约在公元 3 世纪时，在其主要流行地废弃不用。

但是佉卢文在犍陀罗以外的地区作为地区性王国的官方文字还沿用了很久。在我国新疆塔里木盆地的南缘，古代著名的王国如楼兰、精绝、鄯善、于阗，曾经使用这种文字作为官方文字。

佉卢文是文字，在古代用来书写一种印度西北方言。这种印度西北方言经 Bailey 定义，叫作犍陀罗语。所以常见佉卢文/犍陀罗语的概念联合出现。犍陀罗语，印度西北方言，也就是说，是印欧语系的一支。

刚才提到，佉卢文/犍陀罗语作为精绝、鄯善、于阗的官方文字还沿用了很久，至少沿用到公元 4 世纪。作为官方文字，应该是随着鄯善国的消亡而废止。目前已经获得的确凿出土文献表明，公元 6 世纪时，于阗国已经使用于阗语作为官方语言，并且采用婆罗谜文字作为官方文字，但是在一件用梵文书写的世俗文书上，还可以见到一行佉卢文字，说明当时还有人在使用这种文字。

佉卢文以及所记录的印度西北方言，是纵深到昆仑山脚下塔克拉玛干沙漠南缘绿洲的印欧语系的语言、文字，也是最早最直接与中原文明发生对接、碰撞的印欧语系的语言文字。因此在汉文文献中，很早便有了对佉卢文的记录。所以我们今天称道的佉卢文，实际上是古代的译名。Kharoṣṭhī 佉卢文，又叫作驴唇体。"佉卢"是对梵文 Kharoṣṭhī 的音译，从古代延续下来。汉文的文献中，很早便使用了这个音译名。佉卢文在汉语又叫作"驴唇"体文字。这是根据意义翻译出来的。南朝梁僧佑《出三藏记集》卷一："昔造书之主凡有三人，长名曰梵，其书右行；次曰佉楼，其书左行；少者仓颉，其书下行。梵及佉楼居于天竺。黄史仓颉在于中夏。梵、佉取法于净天，仓颉因华于鸟迹……唯梵及佉楼为世胜文。故天竺诸国谓之天书。"这是最早提到佉卢文的汉语典籍。那时候的人们认为世界上只有三种文字，一种是佉卢文，一种是梵文，还有一种就是华夏的文字。有梵文，就说明当时婆罗谜文字已经在西域流行，所以汉文化区域的人是知道有婆罗谜字存在的。印度婆罗门认为梵文就是天神的语言，所以说它取于天。还提到梵文"其书右行"，而佉卢文"其书左行"，这也是正确的描述。以上是汉文化典籍里较早记载佉卢文来源的例子。

佉卢文至今已经灭绝1500年以上，但是用佉卢文所书写的文献尤其曾经对中原文化产生过巨大的影响。中国的翻译历史非常久远，可以追溯到2000年前。这是中华民族对人类文明又一大贡献。通过翻译，异域的思想得以在中原传播，丰富了中国的文化。中国人最早翻译的文献是佛教文献，而近年来出土的佉卢文献以及学者的研究表明，早期佛经翻译者如竺法护等，所缘依的文字、语言的版本，应该是佉卢文记述的犍陀罗语，即印度西北方言。

目前新疆地区所发现的佉卢文书主要涵盖两方面内容，佛教的，以及世俗的。1892年时，法国人 Dutreuil de Rhins 曾经在和田地区得到一部书写在桦树皮上的佉卢文《法句经》。献宝人据说是和田库马尔石窟发现的。

斯坦因四次造访丝路南道，第一次进入尼雅，便有了大量发现。四次总计获得了几百件佉卢文木牍。中华人民共和国成立之后，还是不断有一些佉卢文木牍被发现。成批的，首称1959年时任新疆维吾尔自治区博物馆馆长李遇春在尼雅考古的发现，以及20世纪90年代中日共同尼雅考察团的发现。这些木牍，分散保存在新疆维吾尔自治区博物馆、和田地区博物馆，以及新疆维吾尔自治区文物考古研究所。零星的，也见收藏于甘肃、青海等地。在北京，中国国家图书馆以及中央民族大学博物馆有收藏，原来在洛阳发现的刻有一行佉卢文的石头，收藏在北京大学赛克勒考古与艺术博物馆。依据刘文锁统计，佉卢文书总计1100多件。我们可以依据这些文书来恢复佉卢文时代的绿洲王国社会。

二、佉卢文记录的历史时代

图1是我们拍的尼雅地区。现在这里是寸草不生，沙丘连绵，没有一滴水。但是佉卢文木牍所记录的，却是一片生机盎然的社会面貌。佉卢文世俗文书中，共发现了8位国王的名字。斯坦因木牍上出现了7位王名。和田博物馆一件木牍，上面记载了另一位。这是斯坦因发现的佉卢文书里未曾出现过的。

图 1

木牍上出现的王，总计8人。

（1）白毗耶（Pepiya）

（2）陀阇伽（Tajaka）

（3）安归伽（Amgavaka）

（4）马伊利（Mahiri，Mayiri）

（5）元孟（Vasmana）

（6）Romgraka，音译罗格罗伽。林梅村的转写略有不同。林教授研究，该王应排列在陀阇伽（Tajaka）之后，应是个短命的王。

（7）Sulica 王。出现在和田博物馆收藏的一件木牍上。林梅村最先读出。他推断，这个王是鄯善王国的最后一任国王。林教授的推断看来是成立的，下面还将进一步说明。

（8）佉卢文书661。其上的王，是于阗国的国王。

综上所述，目前已知鄯善国王凡7人。

如何判定上述鄯善国王的生活年代，以及佉卢文世俗文书所涵盖的时间范围？几个关键信息帮助知晓这些王的生活年代，从而大致知道鄯善王国的存在年限。

1979 年中国社会科学院马雍发现，《晋书》提及的鄯善王"元孟"，正是上述第六代鄯善王 Vaṣmana。《晋书·张轨列传》之下，有这样一段话，说的是张骏当政时，曾向西扩张，将龟兹、鄯善并于前凉的版图之内，"鄯善王元孟献女，号曰美人，立宾遐观以处之"。马雍分析认为，前凉伐鄯善的时间约在公元 322 年之后，又根据《资治通鉴》，史学家们判定鄯善王元孟的年代在公元 335 年前后。这是最重要的依据。

除此之外，安归伽王从第 17 年起，头衔中多了 Jitumgha。这是"侍中"的犍陀罗语拼写。斯坦因于尼雅 N. V. xv. 遗址发现过两支木牍，一根木牍上书有"晋守侍中、大都尉、奉晋大侯、亲晋鄯善、焉耆、龟兹、疏勒"，可以看到"侍中"是西晋赐予鄯善王的头衔之一。这也将获得了 Jitumgha 头衔的安归伽王 17 年，以及他之后的马伊利王系于西晋以及东晋初年的时代。

另外，林梅村认为，《后汉书·西域传》依据班勇的记载，写得非常详细，但是对于鄯善国使用佉卢文作为官方文字，却只字未提，似乎意味着，佉卢文的使用当发生在东汉从西域撤兵期间。林教授认为，佉卢文书上出现得最早的鄯善王在位，不超过公元 175 年，即《后汉书》西域史的绝笔之年。

我不是历史学家。但是从阅读佉卢文世俗文书的印象出发，我大致同意林梅村的分析，即大约上千件佉卢文世俗文书所记述的生活，涵盖了前后不到 200 年的时间。上限在 2 世纪末期，下限不超过 4 世纪末期。这 200 年，正是中原战争频仍，不断改朝换代的时候。而佉卢文献所反映的社会，是相对和平的。以下将主要介绍几件收藏在和田博物馆、新疆维吾尔自治区文物考古研究所的佉卢文书，以展现活生生的鄯善王国的社会。

三、佉卢文木牍的形制问题

佉卢文木牍从形制上可分为两类，一种是楔形（图 2）。楔形的简牍全部都是国王御用的，只有国王可以用。内容大多是国王的诏书，而且都是国王亲笔。现在发现的大多是马伊利王的，马伊利王是一位非常勤奋的国王，而且字体也特别漂亮。

还有一种是长方形的。长方形的是普通人可以用的，内容涉及契约以及书信。

图2

尼雅遗址出土的佉卢文木牍的形制受到了汉制的影响，王国维已经发现，他说"近斯坦因于于阗所得书牍有二种：其一种剡上者，检与牍同大小，与唐房玄龄所议玉牒检同。"斯坦因从于阗获得的书牍有两种，一种是剡上者，还有一种是长方形的。据胡平生研究，所谓"剡上者"是一种将上端削尖下部较宽的木牍，写字的牍上覆盖着一块形制大小完全相同的板，即"检"。与在湖南长沙五一广场发现的东汉的简牍颇有相似之处（图3）。佉卢文的楔形木牍或者是承继了"剡上"。关于此项，还是需要留有余地。佉卢文楔形木牍的形制，其实也不排除从贵霜时代带来的传统，因为楔形木牍类似匕首的形状，又是御用，或者与贵霜的颁布诏书的制度有关，这是今后需要关注的研究点。但是，佉卢文木牍确实明显受到汉文化的影响，例如在封牍的方式上，这与汉制几乎是一致的。检上刻有三道浅沟，用于走绳，是所谓"绳道"。这便是"三缄其口"的来历。除此以外，还有一种书仪，也显然受到汉文化的影响。比如说这是国王写的，中间就会有一部分叫作"阙"的留白，与汉文化相似。虽然木牍上书写的是佉卢文，但使用的木牍以及留白的形式携带着汉文化的影响。

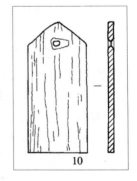

10

图3

四、佉卢文木牍反映的社会生活

下面多少展示佉卢文木牍反映的社会生活，我通过几个案例来观察他们的家庭与社会。

这是一件大鄯善王的亲笔（图4），书写非常流利，文法也规整。说到书写，我们在研究的时候，有学生认为这不可能是王写的，因为汉地的帝王虽然练字，可能还会到处题字，但他们不亲自书写诏书，往往是国王口述，由书吏或者是其他官员在下面记录加以润色。但是鄯善与汉地不一样，鄯善国王是自己写诏书。如果是书吏写，他们会在所书写的文字之后清清楚楚写下书吏的名字。为什么会这样？在雅利安人的潜意识当中，说真话是最重要的道德品质。所以在印欧语系中，特别是写下来的，一定是真的，是确凿无疑的。这诏书的开头，明明白白写着，"大鄯善王写道"，如果不是国王在书写，会另有交代。根据最新的研究成果，mahanuava 就是"大鄯善"。过去这个词被理解为形容词。这一件千真万确，是马伊利王的亲笔，时间大约是公元 3 世纪末 4 世纪初。试想，若是在汉地发现一件皇帝亲笔书写的文书，那它的价值便不可估量。但因为这是出自尼雅，被认为是少数民族的东西，兴趣就不大，扔到博物馆的库房就没人搭理。其实少数民族的文化也是很辉煌的。传统的汉文化对少数民族有一种藐视的心理，甚至传统的历史学家也是如此，认为他们的文明程度没有达到汉文化的高度。事实并

非如此，比如在新疆丝路南道的绿洲地区，历史上多种少数民族世世代代在那里生存繁衍，出于保护生态环境的需要，为了长期的生存，他们形成了自己的一套文化体系。当然我也不是说汉民族的生活习惯是不对的，汉民族实际上是非常奢侈的一个民族，因为汉民族的传统分布区域偏南，南边水土丰富。所以汉族人是一定要吃菜的，吃饭的时候桌上一定要有四五个菜。比如我们请客，如果一桌 10 个人的话，肯定是在 12 个菜以上。为什么？因为我们有水，我们供得起这些菜。但是你如果到少数民族区域，你就不可以这样。比如我们现在去新疆，主要就是吃拉面、吃馕。你如果跟他要凉菜，就只给你一点点，小萝卜丝就是一小盘。对于我们来说当然是不太习惯，但是他们的生活习惯也是文化的一部分。

图 4

回到马伊利王的诏书上来，这道诏书讲的是什么内容呢？此诏书下达给一个头衔是 ogu 的贵族，以及叫作曲那勒的王宫子弟。诏书上说，有一个税吏，叫作普纳西，他和斯加耶陀因为嫁女过户金的问题向国王奏了一本。所以王就责令那个 ogu 和曲那勒一起制定了涉及女人出嫁而产生的过户金的决议。国王说，楔印诏书到达时，如果有女子从阿吉耶莫乡嫁到税吏普纳西的庄园，那么阿吉耶莫乡的居民不必再商议该女子过户金的问题。同样的道理，如果有女子从税吏普纳西的庄园嫁到阿吉耶莫乡的庄园，那么税吏普纳西不必偿付该女子的过户金。然后诏书里又说有一个遮求瓦拉的小吏，他的母亲也是来自阿吉耶莫乡的女子，而税吏的母亲云尔帕拉是来自××地方（地名破损）。从今日起，牵涉到这些女子，他们相互之间不再有赊欠的事。关于女子过户金的问题，王庭已经做了决定。此楔印诏书阅过之后，请税吏云尔帕拉好好地保管。大致内容就是这样：

1. mahanuava maharaya lihati——ogu cakurata kala kunala saca

2.]maṃtra dedi ṣa ca ahuno iṡa yatma purṇaṡa siġayita ṣaca garahitaṃti mukeṣi praceya eda prace ogu dharmapala ṡpalýaya ṣaca

3. ede striyana karaṃna niče kritaṃti yahi eda kilamuṃtra atra eṡati pratha yo ajiyama aᷗanade stri yatma purṇaṡaṣa kilmeṃmi aniti

4. taya vaṃti itu uvadae ajiyama aᷗaneṃciyana asaṃna na gaṃdavo ithuaṃmi yatma purṇaṡaṣa kilmeyade

5. ajiyama a[ᷗa]na kilmeyami

马伊利王这道诏书有几点需要注意，需要说明 ogu 的身份。Ogu 实际上是封地的领主，而隶属领主的住户实际上是领主的奴隶。封地领主所辖人口与其他领主所辖人口之间通婚，结婚之后女子随夫家生活。这实际上牵涉到人口买卖，奴隶的过户。所以，当一领主所辖地的女子，嫁到另一封地内，男方需要买断该女子，承担对方封地的损失，这便是所谓过户金。从前是每有女子嫁走，互相都要讨价还价，商定过户金，然后女子嫁出。长此以往，封地之间互有通婚。到了马伊利王时，他免除了过户金。马伊利王的这道诏书，实际上反映了这位鄯善王的改革过程。马伊利王废除过户金，相对传统，这是改革的举措。

但由此可以管窥鄯善王国的社会结构，鄯善王国曾经实行分封制。

下面再讲一个大家津津乐道、反映社会生活的萨迦牟云的故事。萨迦牟云是我音译的名字。斯坦因当年发掘了第29号遗址，出土了十多件佉卢文书。另外还有收藏在中国国家图书馆以及和田博物馆的几件佉卢文木牍，都应是从29号遗址出土，即是这家主人保存下来的。我们可以从这些文书中梳理出头绪，从一户人家所经历的变迁，来领略鄯善王国社会的基本结构。

最早的一件，应是龟兹王发给萨迦牟云的（图5），收藏在和田博物馆。这件文书和尼雅出土的佉卢文木牍在形制上有很大的差异。类似这样十字形加绳勒住又扣上印的，是来自古代龟兹王国的契约。这件木牍，是龟兹王国的房产证。上面说明，来自鄯善王国的商人萨迦牟云，在龟兹王国买了一处小房产。根据其他文书，我们已经知道，萨迦牟云本来是从鄯善王国逃亡到龟兹的，为什么那件文书上称他是商人呢？在古代，没有人能够脱离家族而生存。行走在旅途的，或者是商人，或者是僧侣。所以可以推测，萨迦牟云在龟兹伪装了自己的身份，称自己是商人。但是，外来商人无法融入当地社会。所以萨迦牟云还是要回归。

图5

综合斯坦因带走的佉卢文书、和田博物馆及中国国家图书馆藏佉卢文书，可以恢复出萨迦牟云回归后十几天之内发生的很多事情。第一件应该是第632号文书，是马伊利王的亲笔诏书。这一件被斯坦因携带走，我没能找到原件，或许收藏在印度国立博物馆。依据此件文书，国王为这一对逃走又归来的夫妇指定了一个住所。由此看来，萨迦牟云回归之后，第一时间敲响了王庭的大门。诏书大意：萨迦牟云曾携妻子逃往龟兹，现因我大王的慈爱而回归。他们曾经是耶婆聚落的居民，所以还是居住在耶婆聚落吧。换句话说，国王亲自安排萨迦牟云和他的妻子住在精绝耶婆聚落（尼雅是精绝故地）。紧接着，国王的安排，引起了鄯善王国一些贵族的反对，因为萨迦牟云是逃出去的，而他与妻子的结合，在当时的社会也被视为非法。这些鄯善王国的贵族，非常不满国王的决定。于是在马伊利王6年的1月10号，举行了一场宏大的庭审，共有18名拥有大小官职的各种人出席，有各级官吏，也有封地的领主、长老等。

这件文书便是当时审判的庭记及判决（图6），收藏在和田博物馆。根据庭审记录，我们复原出了事件的来龙去脉。上文提到，ogu 是封地领主的头衔，贵族。而这次提出诉讼，公然对抗王令者，正是一名贵族，一名封地领主，名叫"法护"。属于他领地的"家人"（相当于奴隶）的女儿嫁给了住在耶婆聚落的沙门。二人婚后育有一女，取名妙可。妙可长大结婚，可惜婚后丈夫亡故。于是，妙可与同样居住在耶婆聚落的陶匠的儿子萨迦牟云私下结为夫妻，一起逃到了龟兹。他们以商人的身份在龟兹住了六年，买下了房产和地产。但是六年之后，他们又回到了鄯善。由此可知，当年作为一名陶匠的儿子，萨迦牟云要正式迎娶妙可恐怕是非常麻烦，因为妙可的丈夫去世后，妙可仍然归属领主法护所有，萨迦牟云要娶妙可，少不得要付一笔过户金。所以他俩干脆私下交好，并双双逃亡到龟兹，以商人的身份住在那里。他们是在马伊利王父亲在位的时候出逃。新王继位，新王似乎以仁慈著称。于是，他们回国。而精明的萨迦牟云，大约深谙鄯善王国的律法。所以他第一时间敲响了国王的大门，国王果然颁发诏书，让他们回到故地。

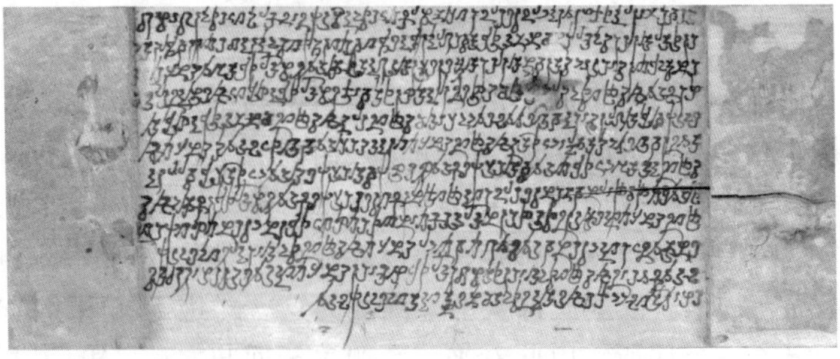

图6

图 7 展示的这件庭审判决书说明，虽然马伊利贵为鄯善大王，但是并没有绝对的权威，领主们可以不拿他的诏书当回事，而重新审判。所以才有领主法护跳出来，说妙可及其子女归他所有，因为妙可的妈妈是从他的领地嫁出去的女子。

庭审记录显示，萨迦牟云获胜。为什么呢？因为有鄯善王国的古老律法规定，从异域来逃亡者，归国王所有，属于国王的人。萨迦牟云此番前来，是从龟兹逃亡归来，所以此人归王所有，成为国王的人。而国王为萨迦牟云指派住处，其他领主无权干涉。如此，此案就这样了结了。

到了 1 月 25 日又起诉讼，判决书记载在中国国家图书馆藏 BH5—6 号木牍上（图 7）。这一次是另一位领主跳出来起诉萨迦牟云。起诉缘由，曾经从这一领地有多人追随萨迦牟云一起逃亡龟兹，都不见回来。为什么萨迦牟云等人回来了，那些人没回来？那位领主认为，是萨迦牟云途中谋害了那些人。所以他告状，向萨迦牟云索命。萨迦牟云辩解说，那些人出来的时候，没有带足干粮和水，所以死在路上了，我们并没有杀死他们。这件案子也不了了之，裁决认为萨迦牟云无罪，因为根本没有任何证据可以证明是萨迦牟云杀死了那些人。

图 7

这件是第 621 号文书（图 8），又是大鄯善大王的亲笔。从此诏书可以得知，1 月 25 日以后萨迦牟云一家门前仍然未得安宁。这次是妙可的父亲来讨要妙可的赎金。萨迦牟云急了，再去鄯善王那里告状。于是马伊利王发了这道诏书，即 621 号。鄯善王说，这道诏书到达之后，负责管理耶婆聚落的主簿要去核查，如果妙可的父亲闹事，要制止他。国王不再受理对萨迦牟云的任何起诉。萨迦牟云从此真正在耶婆聚落定居下来。

图 8

前面几宗案件都发生在马伊利王第六年。这以后又有斯坦因的 637 号文书，标识时间是在马伊利王的第 11 年。这件文书显示，萨迦牟云此时已经被提拔为官吏，成为 vasu。这个官吏似乎是协助王室管理仓库，大约是库吏类的小头目。还有斯坦因的 622 号文书，所记载的事情也发生在马伊利王第 11 年。这一件，是马伊利王的王子功德力书写的一封信。信的开头，王子显得十分客气，信的开头先问他身体健康，然后才交代他应办理的各项事务，要他征集酒送往山上，以备一个叫作 vasdhiga 的节日之需。我们现在还不知道这个 vasdhiga 是什么样的节日。古代希腊有传统的酒节，鄯善是不是也有酒节还不太清楚。如果真是酒节的话，便是延续了希腊的传统。有一些文书都有类似的内容，涉及征集酒送往山上。依据 622 号文书，萨迦牟云负责收税，并采买毯子之类的物品，并且负责带领其他小吏将物品运到山里。634 号同样也是王子功德力的书信，催促他往山里运送 vasdhiga 之节日所需要的酒、毯子等。

这件也是王子功德力的亲笔（图 9），现藏于和田博物馆。时间是马伊利王的第 13 年，即 3 世纪末 4 世纪初的时候。显然王子的书法比他父亲的要差很多，远不如他父亲运笔那么流畅，甚至有些字很难认出来，不知所云。但是，这件王子亲笔说的事情大抵还是清楚的。这件文书显示，萨迦牟云终于获得了房地产。那是在马伊利王第 13 年 1 月 5 号，王子功德力从马伊利王处获赠一"家人"，即萨迦牟云以及他的家眷。为此，王子功德力为这"家人"在精绝安排了房产。这处房地产，与 Kungaya 和 Praukeya 为邻。房产包括宅基地、葡萄园和荒地。王子还强调，关于赠与萨迦牟云房产和地产这件事，任何人不得提出疑义。房地产证明由拉萨—地的主簿特克拉（Takra）盖章签发。

图 9

　　分析上述佉卢文木牍的记载，可以知道，萨迦牟云在马伊利的第 13 年，被指派归入王子功德力的封地，成为王子功德力的"家人"。所谓"家人"，就是服务于领主的奴隶，但是可以被领主提拔为负有一定责任的官吏。当萨迦牟云一家成为王子的"家人"后，他们便从原来的耶婆聚落搬走，住进了王子功德力所赠与的房产之内，成为王子封地的居民。耶婆聚落，就在斯坦因所谓第 13、14 号遗址一带。而从耶婆聚落到第 29 号遗址处，大约距离 11 公里。第 29 号遗址，曾经就是王子功德力所赠与的那处房产，因为记载了萨迦牟云生活轨迹的佉卢文木牍，都出自这一方遗址。

　　这是第 29 号遗址，相对比较暴露（图 10）。斯坦因当年记载，这所房子用木头构建，墙壁刷有石灰。所有关于萨迦牟云的佉卢文书都是在这里发现的。这里曾是萨迦牟云和妙可的家。这一处遗址的年代是清楚的，这房子的主人于 3 世纪末或者 4 世纪初搬入。从现场看，房子是自然损毁，没有见到火烧的痕迹。而且当年这些佉卢文书好好地摆放在房间里面。这些佉卢文书皆是重要的法律文件，为什么主人离开了，而未能带走这些文书呢？出于何种原因，主人离开了呢？很可能是气候变迁的原因。下面还将谈到。根据文书的内容，29 号遗址周边也是有人家的。但是 1700 年之后，这里都变成了荒地。作为"不速之客"，我们造访了萨迦牟云的家，这里曾经是他家的走廊，站在这里穿红衣服的就是我本人（图 11）。

图 10   图 11

五、佉卢文的离婚案

下面再给大家看一件和田博物馆藏佉卢文离婚证书（图12）。最后一个王就出现在这件文书上。这是一件因为缺水导致家庭生活受影响，最终离婚的案子。此文书是詹毗罗所做的决议，由妻子般遮爱所持。这上面的印是领主阿罗迦摩之印。我们之前提到，家庭婚姻关系的解系是要由领主负责。大鄯善王侍中疏梨阇天子五年的时候，有一个男子叫作詹毗罗，他曾经娶了般遮之女般遮爱为妻，当水短缺的时候，詹毗罗就放走了妻子般遮爱，他们不再是夫妻。后来王又颁布了一道诏书，女子还是应该由她的丈夫来负责，准备将她交回到詹毗罗手中。关于此事做了一个庭议。所谓庭议，规则大约是：参加庭议的人都坐着，有诉求的人站起来说话。这时詹毗罗站起来，他说自己已经放逐般遮爱，对于这种安排，两人都是欣然接受的。婚姻中，如果男方放逐女方，那一切所属皆归于女方。经过友好协议他们做出了这样的决议：从今天起，般遮爱以及她的孩子，与詹毗罗以及他哥哥的孩子都不再有任何瓜葛，互相之间没有任何亏欠，互相不干涉各自的生活。然后协议书上写下见证者的名字，此一离婚案件便明明白白了解了。然后般遮爱离开，回到父亲身旁。

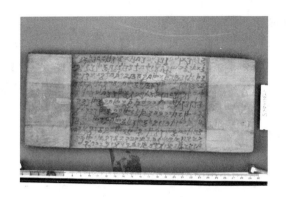

图 12

读此案例，至今令人心痛。由此可以看出水对于鄯善社会多么重要。水的多寡关系到鄯善王国的兴衰。大约公元 4 世纪末期，鄯善王国突然消失了，鄯善人到底去哪里了？史书中透露出一些蛛丝马迹。前秦苻坚死后，史书记载有一位鄯善王死在了姑臧。鄯善王迁走，他不可能是自己一个人走，肯定是携着妃子和子孙，携带为其劳作的"家人"。中国古代也讲背井离乡，可以做到整个家族迁徙。我前年跟荣新江老师一块儿去了中亚，在那里看到一个又一个粟特人废弃的城邦。那是因为水源出现了问题，所以废弃原有的城邦，转而迁徙。迁徙对他们来说不是一件非常困难的事。鄯善城邦的废弃可能也是由于水源的匮乏。詹毗罗为什么放般遮爱走？是因为没有水，所以般遮爱带着孩子举家迁徙，把文书留在了这里。往哪迁？刚才提到《晋书》记载，最后一个鄯善王死在了姑臧。根据这条信息来推断，鄯善人还是往内地走了。前秦的时候便有专门的官员统领流民。这里再适度发挥一些想象，前秦为什么敢于发动淝水之战？很可能是苻坚认为，自己的队伍会有流民不断补充。我个人的推测，环境的变化引起社会的变迁。我们现在讲环境、气候的变迁会引起社会动荡，可能很多人觉得危言耸听，其实这并不是危言耸听，历史上也发生过类似的事情。鄯善曾经就因为气候改变而断了水源，迫不得已必须要迁，整个王国都迁走了。大家觉得五胡乱华那段时间是政治的变迁，会不会有气候因素在发挥作用呢？这完全是有可能的。

最后是几张图片，现在的鄯善。现在是寸草不生的（图 13）。

可以看出这里当年还是水草丰满的，曾经家门口都种植有参天的大树，这些都是倒下的树（图14）。这是我们这些考察团的人在古佛塔前的合影（图15）。我并不是想让大家都去那个遗址，千万别去，第一是很不容易去，第二，我们去给那个地方又会带来更多的破坏。

图 13   图 14

图 15

我今天就讲这些，谢谢各位！

施安昌

乾隆和石鼓文

　　施安昌　1945 年生于上海，祖籍上海。1968 年毕业于北京大学哲学系。后在中学任教。1977 年入故宫博物院保管部工作。1998 年 8 月任故宫博物院研究室副主任。2004 年 7 月任故宫博物院科研处主任，为故宫博物院研究馆员，享受国务院政府特殊津贴。曾师从马子云先生整理、鉴定故宫博物院所藏历代碑帖，并到全国各地访碑，在各博物馆、图书馆进行鉴别工作。曾与法国国家科学研究中心合作整理法国所藏汉文碑帖并编纂目录。对文字史、书法史、敦煌文献以及中西文化交流史均有所研究。在国内外多次讲学。

很荣幸能来到"中国典籍与文化"系列讲座，我今天的题目是《乾隆和石鼓文》。内容比较集中，我今天主要讲的是在故宫博物院旧藏的石鼓文拓片当中，乾隆十四年（1749）的时候，乾隆为了研究石鼓文而拓的拓片，以及和它相关的历史上的一些事情以及乾隆的想法。

石鼓就是 10 块圆形的柱石，每个石头高 90 厘米，直径 67 厘米，样子像个鼓。所以，历来就称它为石鼓（图 1、图 2）。每个石头的周围刻有四言诗一首，用的是大篆体，其中有名《吾车》的一首诗，和《诗经·小雅》中《车攻》《吉日》这两首诗有些文句是相同的，所以在对石鼓断代的时候，就认为《诗经》当中这两首诗是什么时间的，石鼓也大概是什么时间的。又因为里面有"天子永宁"和"公谓天子"这样一些句子，所以我们认为它记述的是君王和贵族游猎的事情。因为记的是游猎的事情，所以历史上对石鼓文还有一个名称，叫作《猎碣》。因此，在文献上看到《猎碣》，指的就是石鼓。

图 1　　　　　　　　　图 2

关于石鼓的制作年代，因为它本身没有纪年，所以历来有不同的说法。石鼓是在唐初的时候在陕西凤翔出现的。发现以后，因为它的文字非常难认，所以人们一直搞不懂它到底在说什么。唐朝的诗人韦应物和晚唐的文学家韩愈都做过《石鼓歌》。经过他们诗歌的宣传，石鼓后来就越来越有名了。"安史之乱"时，石鼓曾经散失，郑余庆把它送到凤翔府的夫子庙，后来宋代的司马池又把它运到了府学，放到府学的门廊下面。到宋朝的大观年间才把石鼓从凤翔迁到了当时的京城汴京，也就是开封的太学里。石鼓还曾经一度放到宋朝宫廷的保和殿里。金人破宋，又把石鼓放到了国子监。从元明清一直到民国时期，石鼓一直放在国子监。抗日战争时期，为了安全，古物南迁，石鼓迁到了四川。一直到1951年才运回北京，收藏在故宫博物院。现在在故宫博物院里面有一个专门的石鼓馆，就把10个石鼓放在那里，大家去参观的时候可以顺便看一看。那里既有石鼓，还有石鼓的不同时期的拓片。

我简单讲了讲石鼓流传的历史。可以说，在历史文献上从来没记载过历朝历代的某个皇帝对石鼓很感兴趣，或者跟石鼓之间有过什么事情。而在清朝，乾隆皇帝跟石鼓有很多关系，我把这个交集做了一个梳理，来跟大家谈一谈，我觉得很有意思。

乾隆八年的时候，也就是1743年，那一年他33岁。他命大臣把内府所藏的书画精品加以著录，编成了《秘殿珠林》和《石渠宝笈》。与佛教有关的是《秘殿珠林》，与佛教没什么关系的是《石渠宝笈》。乾隆十二年（1747），他又把内府所藏的法书，也就是各种古帖，刻成了《三希堂石渠宝笈法帖》，现在那一套帖还是很完整地保存在北海阅古楼里。乾隆十四年，也就是弘历39岁的时候，他对于历史更为悠久、文字十分深奥的石鼓文发生了兴趣。当时的石鼓陈列在国子监，元朝人潘迪对石鼓文录了文，而且做了一个注释，也刻在一块石头上，叫《石鼓文音训碑》，把它和10个鼓放在一起。弘历让人拓了一份石鼓文（图3）。乾隆十四年拓的，他把"音训"也拓了一份，而且他在石鼓文的每个字的右边粘上一小片纸签，在纸签上用楷书标出这个字，这样便于他以后可以反复地去诵读、研究。后来，他还做了一个精雕细刻的木盒子，把这一份石鼓文拓片装到了盒子里（图4）。他作了一首诗，叫作《石鼓歌》，称石鼓是"千秋法物"。这个木盒子的盖子上面刻着文，文字还填了金，这就是乾隆作的《石鼓歌》。从此，这一份石鼓文就供奉在乾清宫里，这里是他听政的地方。在这一年，他又让大臣对内府收藏的青铜器绘图、著录、释文，编成了《西清古鉴》。乾隆皇帝对于文史和艺术本来就博学多能，他欣赏石鼓也不奇怪，但是他这样的拓石鼓，作诗，而且把它存放到乾清宫里头，每个字都标出来，做得非常认真，而且他在以后写的文章和作的诗里曾经多次提到这件事和石鼓文。所以，把这些事情联系起来看，我们认为他对石鼓，可以说情有独钟。他当时究竟对石鼓有什么想法，我们现在来探讨一下。

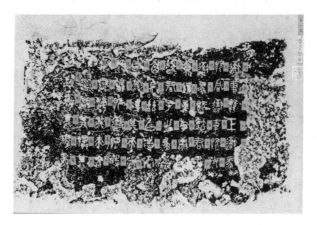

图 3

图 4

我们先从韩愈作的《石鼓歌》说起。韩愈的《石鼓歌》既见于韩愈的诗集、文集，还见于《唐诗三百首》，很常见也很著名。诗很长，我们只是看其中几句话："张生手持石鼓文，劝我试作石鼓歌。少陵无人谪仙死，才薄将奈石鼓何。"意思是有人拿着石鼓文的拓片，来劝我做首石鼓歌，杜甫已经没有这样的诗才了，而且李白也去世了，现在的人没有这样的才学，都不能讲解石鼓了。他在后面又说："濯冠沐浴告祭酒，如此至宝存岂多。圣恩若许留太学，诸生讲解得切磋。"他的意思就是像石鼓这样的宝物现在已经很少了，他希望把石鼓放到太学里去，让太学的学生能够从石鼓开始来研究学问，提高自己的学识，韩愈当时是这么想的。但是，韩愈的愿望当时没有实现。当时政府没有把石鼓从凤翔运到长安放到太学里，只是韩愈这么想，他有过这样的建议。大家知道一直到宋朝，石鼓才被运到了京城里去，放到了太学，所以韩愈的想法很好，但是在他在世的时候没有实现，乾隆皇帝就是从韩愈的《石鼓歌》和韩愈的建议开始琢磨石鼓的事情。

在乾隆拓石鼓文，研究了石鼓文以后，他自己写了诗："石鼓之数符天干，千秋法物世已少。况乎辟雍所罗列，多士藉以资探讨。"意思就是石鼓正好是 10 个，所以是天干的数。称它为"千秋法物"，意思是很神圣的东西。"辟雍"就是太学，现在它罗列在太学的门廊底下，"多士藉以资探讨"，太学生们和那些老师们都在研究它。然后，他下面又说，"昌黎建议虽不行，至竟如言见诚蚤"，韩愈的建议虽然没有实现，但是他的话是很有预见性的，后来实现了，所以"见诚蚤"，这个"蚤"是"早先"的早。我们再看，他最后结语"韩意其然岂其然，吾愿兴贤得真宝"，这是说韩愈的意思是对的，但是又岂止是这个意思呢？我想用石鼓来"兴贤"，就是让贤人能够被重视起来，能够让天下的人重视贤人，也就是咱们现在经常说的，重视传统文化，珍宝就是指的贤人。他显然是提倡文治，这是弘历的用心所在。在木匣子的周围还刻了一圈诗，这些诗都是他的大臣表示赞赏的一些诗。这些诗同样也表现出了，对弘历提出的"吾愿兴贤得真宝"这样一种想法的拥护和赞赏。当时，弘历确实是想广纳天下贤士，鼓励"稽古右文"的风气。他当时想让大家重视传统文化，来对文物、古典进行研究，然后再来发扬当时的文化，这就是他当时"稽古右文"的思想。

韩愈是古文八大家之首，他在唐朝后期发动了一个扭转文风的运动，是当时文坛的重要人物。乾隆对韩愈很推崇，在乾隆三年（1738）的时候，就敕封韩愈三十四代孙韩法祖当翰林院五经博士，而且后代子孙当中还要选人来世袭这个位置。所以，他登基不久就对传统文化很看重，不仅推崇孔圣人，而且还很崇拜韩愈，他对石鼓文做文章也是从这个时候开始的。

过了很多年，到乾隆三十七年（1772）的时候，他决定要纂修《四库全书》，开四库馆，这是他 62 岁的时候做的事情。到了乾隆四十八年（1783），也就是他 73 岁的时候，又有一件和石鼓有关的事情，使他颇下功夫。当时内府得到了一个石鼓的元代拓本，这在当时来说是最早的拓本了，在这个石鼓拓本的后面有赵孟頫写的《音释》，抄录了唐朝的韩愈、韦应物的诗，还有宋朝的苏东坡、周越诗文，抄了很多人的诗文。乾隆得到了这么一个古拓本非常高兴。他把这个拓本和乾隆十四年做的拓本，互相比较，进行研究，而且把研究的结果都记下来，做了一个详细的校碑的记录。他看出在第一鼓上，有的字元朝的拓本还有，乾隆十四年的拓本就没有了，他就把这些情况都记录下来。这也就是说在元朝的拓本上总共有 356 个字，而在乾隆十四年的拓本上只有 310 个字，已经少了 46 个字了。经过几百年的变化以后，字已经少了很多。所以，乾隆觉得元朝的拓本也是一个宝贝。他在元朝的拓本前面又题了四个字，叫"籀文神护"，石鼓文是"籀文"，意思是它得到神的保护。

到了乾隆五十四年（1789），他 79 岁的时候，再度关注石鼓文。我们前面提到石鼓文究竟在什么时候刻出来的，历来有很多争议。比如说，韩愈、欧阳修认为是在周宣王时候刻的，程大昌以为是周成王时候刻的，宋朝的郑樵认为是春秋战国时候的秦国刻的，后来的陆友仁认为是北朝元魏的时候魏宣武帝刻的，马定国又以为是西魏的时候北周宇文氏时候刻的，有不同的讲法。弘历自己经过研究以后认为，应当是周宣王时候刻的，这是一点。第二点，这 10 个鼓是什么次序，历史上也有很多争论。弘历认为，元朝潘迪排的顺序比较对，所以他把元朝的拓本重新装裱了一下，按照潘迪的顺序排了 1、2、3、4、5、6、7、8、9、10，这又是一件事情。同时，他当时已经想到，他要准备重新刻一个石鼓文，他下令让赵秉冲为新的石鼓写篆文。赵秉冲是乾隆四十七年（1782）钦赐的举人，官户部右侍郎，书法很好，各种字体都能写，所以乾隆命令他重写新的石鼓文，这是乾隆79岁时候的事情。

到乾隆五十五年（1790），也就是乾隆80岁的时候，他准备让位，退居二线。这个时候，他又为石鼓文费了一番心思，作了文章。这一年的正月初十，有人呈进了王澍所临写的《石鼓文》。王澍是雍正年间的名臣，也是一个在书法碑帖方面很有研究的人。他的篆书写得非常好，后来清朝很多人的篆书都是走他的路子。还有人把雍正时候的进士汪由敦临写的《石鼓文》也送给了乾隆。这两件作品都是后人学习临写的石鼓文，它们现在在台北故宫博物院存放着。

到了正月十五元宵节的时候，历来民间庆贺，宫里也庆贺，要举行盛大的宴会，还有很多文艺活动。在这个时机，弘历颁布了他写的一篇文章，叫《集石鼓所有文成十章，制鼓重刻序》，名字很长。这个题目就说明：他要把石鼓上面的所有的文字集在一起，再编出10首诗，这是一个意思。再一个意思"制鼓重刻"就是重新再刻石鼓。所以这个标题，说了两件事情，一个是石鼓的文，一个是重刻鼓。

乾隆在他80岁，正月十五元宵节的时候所公布的这篇文章，现在还保存在故宫博物院（图5、图6、图7）。标题是《集石鼓所有文成十章，制鼓重刻序》，旁边有他的图章。这是一套乾隆的御宝。文章很长，在文章的前头，乾隆自己题了"文存石寿"四个字。这个卷子非常长，是乾隆关于石鼓文留下的最长的一篇诗文。

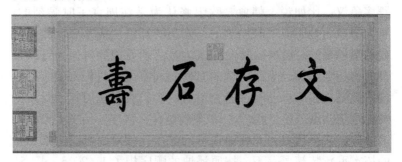

图5

图 6

图 7

下面，我们可以把这篇诗文的大部分再看一看，因为我觉得很有意思，能表现他对石鼓文的种种想法，是很有意义的一篇文章。前幅有一尺一寸二分宽，长是一丈一尺四寸。

"凡举大事者，必有其会与其时，而聪赖昭明天贶以成其功"，这句的意思是，凡是要做大事的人都要看机会，要找机会，他的聪明和上天送给的机会和智慧两者结合在一起才能成功。"武成九次，无论矣"，这是指的他在此以前所领导的种种武功。"即如《四库全书》及以国书译汉藏经，皆始于余六旬之后"，"国书译汉藏经"是指乾隆曾经用满文把《大藏经》翻译了一遍，这也是耗费了大量的功夫和时间，他这里说一个是做《四库全书》，一个是用满文译《大藏经》，这两件事都在 60 岁以后开始的。"既而悔之，以为举事已晚，恐难观其成。越十余载，《四库全书》则早参考装潢毕，以贮之阁"，经过 10 多年，《四库全书》都做完了，放到文渊阁里面去了。"而所译汉藏，兹亦将告毕就"，满文译《大藏经》很快要结束了，也完成了。"此非天恩垂佑，俾余虽老而善成此二事乎"，这简直是上天对

279

我的恩赐，60岁以后做的两件大事都相继成功。"兹因阅石鼓文，惜其岁久漫漶，所存不及半"，"漫漶"的意思是石头都磨损了。"夫以国学兴贤述古之为，使千万年之后，并此仅存者胥归无何有之乡"，他说我曾经拿着这个石鼓文，来作为我"兴贤述古"这样一种政策的依据。可是，过了很多年以后，这些石鼓都会毁灭的。"有治世之责者，视之而弗救，余且不成为读书之人矣！"说像我这样的皇帝，看着这种情况不去挽救的话，那我就不是读书人了。"斯事体大。千古读书人所不能任，亦从无道及者，余故不作不文，及此未至耄耋智昏，爰葳此事。"这句话的意思是，自古以来的读书人，都看到过石鼓，他们不能挽救这个石鼓，也没有人说到过，千万年以后这个石鼓怎么办？"作"是惭愧的意思，"不作不文，及此未至耄耋智昏"，趁我还没有老到糊涂的时候，我要办一办这件事情。怎么办呢？他下面就说了，"盖石鼓之为宣王时作"，石鼓是周宣王时候刻的，"与夫宜置国学，为万世读书者之津逮。自以韩昌黎之见为正"，要把石鼓放到大学，让读书人来做个研究，这是韩昌黎就建议的，是很正确的。"车攻吉日之章，班班可考也"，刚才已经讲过，《车攻》《吉日》这是《诗经》里的两首诗，乾隆的意思是有这个作为证据，说明石鼓是周宣王时候的东西是可靠的。"夫昌黎有其见而无其力，且未思及存其诗。则予较昌黎为胜矣"，他说韩愈有这种见识，但是他没想到怎么能保留石鼓文上的诗，我比韩昌黎要高出一筹来。"兹用幸翰苑之例，亲定首章，截其长以补后数章之短。即用文中字，并成末章"，这就说到他具体怎么做这件事了。他要亲定石鼓，要把石鼓的第一鼓和第末鼓，由他自己编出来，指的是他新编的石鼓，用石鼓原来的字重新编出诗来，刻在第一鼓和第末鼓上，这件事情要由他来做。"自第二至第九"中间这八个鼓，"命彭元瑞按余字各补成章"，这八鼓由彭元瑞来做。"非因难以见巧，实述古以传今。于是石鼓之文仍在，十鼓井井有条而不紊矣"，这样一做，刻出了一套新的石鼓，既保留了石鼓上面的文字，也保留了石鼓，而且还是按照原来潘迪的顺序，井井有条。"旧鼓旧文为千古重器，不可轻动"，这说的是原来的旧石鼓，不能轻易搬动。"但置木栅，蔽其风雨，以永万世"，所以现在在国子监那儿的木栅栏和上面有木顶，这个都是乾隆时候加上去的，为的是"蔽其风雨，以永万世"。"而新为十鼓，以刻十章，并列国学以公天下，惠后儒，则仍周宣王之文也"，把新刻的石鼓放在旧石鼓的旁边，一起摆在那儿，为的是"公天下，惠后儒"，这是说他在国子监要这样做。下面又说，"热河文庙为岁岁惠源诘武之地，则亦命置之以诏来世。庶乎宣王中兴之烈不泯，宣圣牖世之道恒昭"。在热河承德避暑山庄和猎场放一套。因为他们每年都要到那儿去习武，要比赛，看看他的后辈和将士谁的本事大，每年都要做这件事情的。在热河文庙里头也要放一套石鼓，所以这是第二套新刻的石鼓。"而予及耄耋之年，尚得葳此崇文之举，孰非会之萃时之合，深蒙昊贶之所致哉"，这就是说，乾隆能在 80 岁的时候有这样的举动，那实在是上天对他的恩赐。"希周家卜世之久，凷皇清重道之规，后世子孙尚慎念之。是为序"，意思是，他要继承周宣王传统，继承下来，而使子孙世世代代传下去。这就是他这篇序，是在他 80 岁的时候，正月十五公布的。

　　我们现在想把这篇长序当中的事情再摘要给大家讲一下，他讲了六件事情。第一件事情，他说编《四库全书》和满文译《大藏经》这两件事，虽然是从 60 岁以后做的，但现在终于成功了。第二，他说现在的石鼓已经漫漶了，"存不及半"，将来终归要毁灭的。有治世之责的君王，如果视之而弗救，那就不是读书人了。他在耄耋智昏之前一定要处理好这件事。第三，韩愈讲石鼓是西周宣王时所刻的，因为鼓文和《诗经·小雅》中的《车攻》《吉日》这两首可以印证。韩愈又认为石鼓应当放到国学里去，成为万世读书人治学的门径，这些都是正确的，但是韩愈还没考虑到将石鼓永远保存下去的事情。第四，现在我用石鼓所存的 310 个字，依照原来的诗意，重编古文十章，命赵秉冲篆书镌刻于新鼓的鼓面上，如此可以仍然保留周宣王之文，成石鼓之全，又非拘泥于形式。第五，他说"旧鼓旧文为千古重器，不可以轻动"，可以置木栅栏，蔽其风雨，珍重护惜，以永万世。第六，他说新鼓和旧鼓并列于国子监，以公天下，惠后儒。热河文庙为岁岁惠远诘武之地，则亦应该放置一套，以诏来世，使"宣王中兴之烈不泯，宣圣牖世之道恒昭"。所以这篇长序当中，我们可以摘要出他这六点意思来。

　　这篇序文不仅综括了弘历对石鼓的考证，阐述"述古兴贤"

"述古传今""重道崇文"的思想，还确定了保护、重刻和异地放置石鼓的办法。新的石鼓移置热河，扩展了古物的价值。发布文章之后，他把这篇文章放在了紫禁城的殿里，让大臣们和他的后代们都来看一看。事后他又把他这篇文章整个刻在石头上，然后又拓下来，这是一个很长的拓本，送给他认为需要送的人，可以说是非常郑重的做了这件事情。

他所做的新的石鼓现在还放在国子监（图8）。他的新石鼓，并不是说完全摹刻一个。他既要继承旧有的东西，还要创新。本来旧石鼓鼓肚上，周边是刻着诗的，他现在把诗刻到鼓面上去（图9）。这是赵秉冲重新写的新编的石鼓诗，现在故宫博物院还收藏着新拓的石鼓当时的拓本，数量很多。正月十五号元宵节他颁布的序文的拓本，现在也收藏着。

图8　　　　　　　　　　　　　　图9

之后，他又做了一件事，就是写了一首诗，叫《重排石鼓诗得句》。到了二月份的时候，他让张照（张照是他书法绘画方面的老师）用草书写了一编韩愈的《石鼓歌》长卷。到了五月的时候，石鼓刻完了，一共是两套，一套放到了国子监大成门下，另一套送到了热河承德文庙。同时把乾隆的序文和张照写的韩愈的《石鼓歌》也刻成两块碑，同样和10个新刻的石鼓放在一起，所以现在国子监也有序文和张照草书写的韩愈的《石鼓歌》，两个碑也在那儿。在《清高宗实录》里记载着五月十六日，"上诣热河文庙行礼，阅视新镌石鼓于戟门"。五月十六日，他还亲自到那儿去给新的石鼓行礼。

关于乾隆一生和石鼓的故事，我梳理了一下，我觉得值得做一做文章。我想别人可能知道石鼓，也知道新刻石鼓，但是乾隆皇帝几十年间和它有这么多的关系，而且他有比较深的思想在里面，这方面大家就未必知道。到乾隆五十六年（1791），他就着手布置要重刻儒家经典"十三经"，这个事情到乾隆五十九年（1794）完成了，一共是190块石碑，立在国子监，到现在还有。石头都已经坏的相当厉害了，现在也没什么办法，但是"十三经"拓本拓了有不少份，现在在很多图书馆、博物馆里收藏的"十三经"拓本就是乾隆时刻的。

下面我们做一点小结。在弘历看来，石鼓文是三代遗物，篆书之祖，它的诗篇又和《诗经》同体同时，讲的是周代的礼乐，宣王中兴，理当视为文化传统和儒家道统的象征。乾隆所谓"千秋法物""重道崇文"就是这样一个意思。自乾隆39岁到80岁，他开始说"吾愿兴贤得真宝"，在最后他又说"近因阅石鼓文，惜其岁久漫漶，所存不及半。夫以国学兴贤述古之为，使千万年之后，并此仅存者胥归无何有之乡，有治世之责者，视之而弗救，予且不成为读书之人矣！斯事体大"，这就是他特别要重新刻石鼓的原因。所以，2000年前所刻的石鼓，1000年后在唐代凤翔发现的石鼓，到了乾隆时代就被乾隆用作"述古兴贤""述古传今""重道崇文"的一种根据，而且提倡要保护文物，这就是石鼓在乾隆年间的一些故事。

我们再讲一讲在清朝乾嘉时期开始兴起来的金石学，或者叫考据学。这和乾隆石鼓应当说也有一定的关系。清初的时候，顾炎武、朱彝尊这些著名学者，他们的学术活动已经揭开了清代金石学的序幕。对于他们这些人的行为和活动，弘历是知道的，因为他很关心文化。像朱彝尊、顾炎武这些人，虽然一开始对清朝还持不是很合作的态度，但是他们是很有影响的人物，弘历很了解他们。弘历从即位初期就组织翰林编撰《秘殿珠林》和《石渠宝笈》，系统地著录历代的书画。后来又把内府所藏的铜器编成《西清古鉴》，这些事情无不具有古典考证学的性质。在封建专制政体之下，帝王的好恶影响朝野甚大。上有所好，下必甚焉。以石刻方面来说，到乾隆的中期日见全盛，各地方访碑、搜集、编目、著录普遍的展开，金石保护也得到了加强，这些和弘历的提倡是相呼应的。可以说，这是自下而上的兴起自上而下的推动和朝野之间的互动的作用。因此，在清代考据学、金石学就十分发达。

清朝有一部著名的书叫《金石萃编》，作者是王昶。王昶是一个地位很高的官员，他组织了一班子人编写《金石萃编》，这是金石学的一个经典著作，现在也是必备的工具书。王昶是乾隆十九年（1754）进士，官至刑部右侍郎。精于诗文、金石。嘉庆初年，他编撰成了《金石萃编》一百六十卷。在这部书的头一个条文当中就列了石鼓文，王昶在后面的按语中说了这么一段话：石鼓"元明以来久列国学。乾隆五十五年，高宗纯皇帝临辟雍讲学，见石鼓原刻，惧其岁久漫漶，为立重栏以蔽风雨。别选贞石摹勒石鼓之文，使海内士人便于椎拓。《御制重刻石鼓文序》，洋洋圣谟，昭示万古。臣昶仰蒙恩赉，得瞻全帙，诚熙世之隆规，艺林之盛事。臣谨敬什袭藏诸家塾，爰以石鼓冠是书之首志荣遇焉"。这就是说，他在当时是看到乾隆所写的这篇长文章的，他把这篇文章的拓本藏在家里头，这是一件事。第二件事，王昶把石鼓放在他写的这部书的头一条里头，为了纪念这个事情。所以从这里看出，当时金石家们就因为有弘历的这样一个提倡，所以他们很积极地来做金石考证这方面的事情，这是一方面的原因。

弘历在他的序的前面，题了四个字，叫"文存石寿"。这就是说，他决心让石鼓文永久地流传下去。自乾隆十四年到现在，又260多年过去了。石鼓文的元代拓本现在看不到了，然而凤翔石鼓、乾隆十四年所拓的石鼓文、乾隆80岁时候写的序文，现在都保存在故宫博物院。重刻的石鼓现在还放在北京国子监和承德文庙。王澍、汪由敦写的石鼓诗现在保存在台北故宫博物院，可以说它们共同见证了乾隆和石鼓的一段因缘和史事的始末。

从石鼓在唐朝发现以来，已经保存了1000多年。由于乾隆时代所做的这些事情，又扩大了石鼓的影响，又刻了一套新的石鼓，所以等于把石鼓的故事续了下去，将来说不定还有人会重新刻石鼓，还要续下去。在清朝金石学的浪潮当中，有几位学者曾经把石鼓文的拓本又重新刻了，放在江南几个地方。现在民间还有很多人家保存着石鼓文的拓本。所以我觉得这一件古物确实是"千秋法物"，它会世世代代传下去的。

阿风

谈谈徽州文书与徽学

　　阿风　1970年出生于辽宁省海城县（今辽宁省海城市），1991年毕业于辽宁大学历史系，同年进入中国社会科学院历史研究所，从事徽州文书研究工作。2002年获得中国社会科学院研究生院历史学博士学位，2006年获得日本京都大学法学（论文）博士学位。现为中国社会科学院历史研究所研究员、社会史研究室主任，同时兼任中国明史学会副会长、中国政法大学法律古籍整理研究所兼职教授，目前的研究方向是徽学、明清史及中国古文书学。代表作《明清时代妇女的地位与权利——以明清契约文书、诉讼档案为中心》《明清徽州诉讼文书研究》。

各位女士，各位先生，大家上午好！

非常荣幸有机会来到国家图书馆做报告，和大家一起交流。我希望能通过这个报告使大家对于徽州文书、徽学有一个基本的理解。

因为我的名字叫阿风，所以很多人常常会问为什么叫这个名字？这个名字不是笔名，我的身份证上，还有各种档案材料上都是这个名字。不过有的人总是刨根问底问什么原因，其实很简单，就是因为家庭的原因，没加父姓没加母姓就这么叫下来了。不过想到这个名字的时候我想跟大家简单介绍一下"阿"字的历史。

其实古人早就注意到"阿"字。宋代有一个人叫赵彦卫，他在《云麓漫钞》里面就说："古人多言'阿'字，如秦皇阿房宫，汉武阿娇金屋。晋尤甚，阿戎、阿连等语极多。"就是说，在那个时代多用"阿"字以示尊敬。同时他还提到另外一个现象，当时"妇人无名，第以姓加阿字。今之官府妇人供状，皆云阿王、阿张，盖是承袭之旧云"。众所周知，在民国时期或者更早的时候，女性的名字常常叫某某氏，比如父亲姓王，丈夫姓张，就称她为张王氏。不过，张王氏这种说法也只是一定时代的产物。在清代以前，女性的名字加上"阿"字则更为普遍。比如说在宋代《名公书判清明集》中提到女性的名字常常称"阿某"。明代也同样如此，特别是在国家户口册籍中，这一点表现得最为明显。

明末清初的学者顾炎武在《日知录》中有"阿"字条，概述了"阿"的不同含义：第一，碑石里面出现的"阿"字，这是"书石者"，就是刻石的人，"欲其整齐而强加之"；第二，"闾巷之妇"，就是刚才《云麓漫钞》里面提到的那样，称妇女名用"阿"来"挈其姓也"，也就是加上她的父姓；第三，年少未有字，使用"阿"字来称名，这是一种亲昵的说法，比如大家都知道三国时期有"吴下阿蒙"；第四，除了妇人"以阿挈姓"以外，还可以"自称其亲"，大家读古诗的时候都知道一句"堂上启阿母"。等等。

"阿"字用于女性名字，在徽州文书中也可得到佐证。在明初《洪武四年汪寄佛户帖》中，女性名字登记为阿李、阿王等。就可以看出那个时候"阿"用于女性名字是非常普遍的。到了明朝中后期，也是如此。《天启元年余阿蒋卖山赤契》的立契人是"余阿蒋"，余是她丈夫的姓氏，蒋是她娘家生父的姓氏。可见明代女性在称名字的时候，前后分别是丈夫与父亲的姓氏，中间以"阿"字相连。从现存的徽州文书可以看出，"某阿某"这种命名方式到清朝中后期才逐渐变成"某某氏"。

我们刚才用公私文书来探讨了"阿"字的演变。很多情况，从一般的正史、文集中是看不出来变化的，但是从文书里面就可以总结出非常多有规律的变化。

一、徽州的历史

下面开始讲今天的主题，今天给大家讲徽州与徽州文书。

不知道大家对于徽州有什么样的了解。如果只提"徽州"，也许有一些人还不清楚，但是一提黄山市的话，大家可能都知道。我相信很多人都去过黄山旅游。现在黄山市的主体就是历史上的徽州。黄山市的东面是天目山和白际山，西南方是浙岭，北面就是黄山，中间是屯溪盆地，现在黄山市政府所在地就在屯溪。

徽州历史上是吴楚分界之域。清朝人还在浙岭上立了一块碑，上刻"吴楚分源"，现在收藏在婺源县博物馆里。徽州的东面则以昱岭关与浙江为界。《水浒传》中有一章《卢俊义大战昱岭关，宋公胆智取清溪洞》，其中就提到了昱岭关。如果大家从杭州去徽州，会走杭徽公路，在快要离开浙江的时候就可以看到一个关口，这个关就叫昱岭关。《水浒传》里梁山泊的英雄去镇压方腊起义，就要通过昱岭关才能进入徽州（当时还称歙州）。

徽州开发较晚，东汉以前是山越人居住的地方。东汉以后，随着北方的战乱，世家大族不断迁居此地，徽州地域得到了开发。三国时期，徽州属于新都郡。当时新都郡非常大，不仅仅包括现在的黄山市，还包含北面、东面更广阔的地区。到了晋朝，这一区域称为新安郡。"新安"这个用法后来就一直延续下来。比如我们现在说徽州商人的时候，也说"新安商人"。

隋朝时，曾经一度改新安为歙州，后来又复称新安郡。到了唐代乾元元年（758），据说是因为忌恨安禄山，又把新安改称为歙州，州治在歙县。

唐末黄巢之乱，北方大族不断迁居此地，推动了当时经济与文化的发展，罗愿《新安志》提到"俗益向文雅，宋兴则名臣辈出"。

北宋时期，歙州属江南东路。北宋徽宗宣和二年（1120），睦州青溪人方腊（一说歙州歙县人）在歙州和睦州一带发动起义，攻破东南六州五十二县。宣和三年（1121），北宋政府镇压了方腊起义之后，将睦州与歙州更改为严州与徽州。至此，徽州这个名称开始出现了。徽州领有歙、休宁、黟、绩溪、祁门、婺源六县，治所在歙县。这一行政区划历经了南宋、元、明、清各代，基本上没有变化。

到了南宋，徽州亦属江南东路。宋室南渡后，徽州成为首都临安的"辅郡"，经济发展、人口增加、人文繁荣，逐渐发展成为"江东名郡"。到了元代，徽州改成徽州路，属江浙行省。元顺帝至正十七年，即 1357 年，朱元璋的部将胡大海攻克徽州，改徽州路为兴安府。1367 年又改兴安府为徽州府。明朝建国后徽州府直属中书省，为直隶府。永乐迁都北京之后，徽州属于南直隶。

清朝顺治二年，即 1645 年，清朝正式改南直隶为江南省，南直隶包含江南、江北，就是现在的安徽省和江苏省的广大地区。康熙六年（1667）的时候，江南分成江苏省与安徽省。徽州属安徽省。

从徽州的历史来看，宋元时期，徽州与杭州的关系更密切一些。明代，徽州与南京的关系更密切一些。到了清代，虽然安徽省省会在安庆，但徽州与南京、杭州的关系仍然很密切。

1934 年左右，当时的国民政府将原属徽州的婺源县划入江西省。1946 年，婺源县发起了回皖运动，在著名的徽籍人士胡适的支持下，婺源又重新划回安徽省。但是 1949 年之后，婺源又划回江西。

中华人民共和国成立后，先后设立了徽州专区、徽州地区。1987 年，为了凸显黄山的重要性，将徽州地区改成黄山市，将黄山山下的县级黄山市改为黄山区，归属黄山市。同时把著名的绩溪县，就是近代著名的学者胡适的故乡划给了宣城地区。所以历史上的徽州原来是六个县，现在的黄山市只管辖其中的四个县。

"徽之为郡，在山岭川谷崎岖之中"，这是顾炎武《天下郡国利病书》中关于徽州"形胜"的描述，广为学者所引用。这句话的原文出自北宋著名政治家、文学家王安石的笔下。北宋皇祐三年（1051），时任广西转运使的歙州（1121 年歙州改徽州）黟县人孙抗（998—1051）病故任上，王安石受托为其撰写了《广西转运使孙君墓碑》，其中写道：

> 君讳抗，字和叔，姓孙氏，得姓于卫，得望于富春。其在黟县，自君之高祖，弃广陵以避孙儒之乱。而至君曾大父讳师睦，善治生以致富。岁饥，贱出米谷，以斗升付籴者，得欢心于乡里。大父讳旦，始尽弃其产，而能招士以教子。父讳遂良，当终时，君始十余岁。后以君故赠尚书职方员外郎……歙之为州，在山岭涧谷崎岖之中。自去五代之乱百年，名士大夫，亦往往而出，然不能多也。黟尤僻陋，中州能人贤士之所罕至。君孤童子，徒步宦学，终以就立，为朝廷显用。

孙抗的高祖避孙儒之乱，迁居黟县。王安石提到孙抗的曾祖父"善治生以致富"，很可能就是经商致富。当发生灾荒时，又贱卖米谷，赈济乡民，"得欢心于乡里"。其祖父则弃商而招士教子。而孙抗能够以"孤童子"徒步走出"山岭涧谷崎岖之中"，为朝廷所用，终成大业，应该与其曾祖"善治生"、其高祖"招士以教子"有着密切的关系。徽州人通过商业来积累财富，有了财富又开始重视教育，最终子孙又以宦业而显于乡里，这也就是宋代以来无数徽州人孜孜以求的成功之道。

徽州商人真正称雄中国商界应该是从明代开始的。中国古代，商人能成为大商人集团，在很大程度上与盐业专营有着密切的关系。明清时期盐业实行开中法，盐业经营主要被山西商人和徽州商人垄断，他们构成了中国的两大商帮。谢肇淛《五杂俎》云："富室之称雄者，江南则推新安，江北则推山右。"他还特别强调说"新安奢而山右俭也"，认为徽州商人比较奢侈，山西商人比较勤俭。不过，徽州商人在外面可能很奢侈，但是他们在故乡实际上是非常勤俭的。生活上的很多细节，他们都非常注意，比如每个月什么时候才能吃肉，都有明确的规定。

徽州一直存在着重商的风气。大家如果到徽州旅游，走进宗族祠堂、民居，常常能够看到对联、警句，比如说"前世不修，生在徽州。十三四岁，往外一丢"，就是说小孩长到十三四岁就出外经商。还有"读书好，经商好，效好便好"，就是说无论读书还是经商，只要有好的效果就可以了。当时就有"钻天洞庭遍地徽""无徽不成镇"的说法，可见明清时代徽州商人在中国的影响力。

除了徽州商人外，徽州也是人文荟萃之地。比如说南宋的朱熹，原籍就是徽州的婺源县。当然，很多人都主张朱熹是福建人，因为他出生在福建，但是他父亲是徽州人，按照古人的观念，朱熹自然是徽州籍。而且朱熹在世时，多次回到徽州，他也自称"新安朱熹"，与徽州有着密切的联系。

宋代很有名的诗人方岳，就是徽州人，著有《秋崖集》。还有方回，著有《瀛奎律髓》，在诗学史上非常有名的，很多人认为他是江西诗派的殿军。不过方回这个人气节有问题，宋末他为建德路总管，蒙古军队打过来前，他还说要抗击蒙古到底。结果蒙古人一来，他就投降了。不过方回的学问很大，在宋元之际的诗学领域有很大的影响力。此外元代还有陈栎，也是著名的思想家。

明代有朱升。我们的中学教科书提到朱升给朱元璋提了"高筑墙，广积粮，缓称王"的建议，这三句九字方针成为朱元璋能够夺取天下的重要策略。现在有的学者考证，认为这三句话是朱升后人伪造的，因为明朝初年的史料中没有这方面的记载。即使这样，朱升仍然是明初帮助朱元璋夺取天下的一位重要的谋士。明朝还有位著名的数学家叫程大位，他在珠算方面有很大的成就，有人认为丈量土地时用的卷尺也是他发明的。还有汪机，是新安医学的著名代表人物。

徽州在清代涌现出很多重要的学者，特别是在清朝学术史上，江永、戴震、程瑶田等等，都是朴学的第一流人物。还有吴谦，是《医宗金鉴》的总修官，这是新安医学最著名的代表人物之一。

到了近代，胡适是绩溪人，陶行知是歙县人。

我们不敢说徽州在中国历史上人文最发达，但是确实出了很多名人。我到过胡适的故乡——绩溪县上庄，可以说在崇山峻岭之中。胡适能够一步步从山里走出来，然后又去美国留学，取得很大的成就，这也就是胡适所说的"徽骆驼"精神吧。

二、徽州文书的发现

徽州文书能保留下来，有其必然性，也有偶然性。其他地区虽然文书也不少，但是能保存宋元以来的文书确实是不多见的。徽州是徽州商人的家乡，你可以明显感觉到商人非常重视文书的保存，徽州文书能保留下来跟商人有密切的关系。

另外一个原因，也是一个偶然的原因。20世纪50年代土地改革，很多老百姓、地主家的契纸都被抄出来了，堆积如山。徽州这个地方除了契约文书以外，它还保留了很多刻本。中华人民共和国成立前后，有很多书商就在徽州各地搜罗各种刻本。有一个上海的书商叫韩世保，他看到徽州这么多古籍被卖掉、被破坏掉，觉得很惋惜。他跟当时的文化部（今称文化和旅游部）副部长郑振铎先生认识，就建议郑振铎，说徽州有这么多刻本，还有很多版画，应该加强保护。郑振铎就给当时的安徽省委书记曾希圣提了建议，曾希圣就要求屯溪成立古籍书店，专门来收购这些文书。

当时收购文书可以说是抢救性的，因为大家知道，古契纸当时要么成为造纸厂的原料，要么做鞭炮（用古代的契约文书来做鞭炮据说炸的特别响）。当时古籍书店就从这些地方大量地抢救文书料，连带文书的各种刻本、版画也被大量地收集出来，然后做成目录，销售到中国的一些博物馆、图书馆。当时北京的中国书店购买了大量文书，然后卖到北京的各个主要研究机构，比如当时中国科学院历史研究所、中国科学院经济研究所以及中国国家博物馆等。我们现在看到的徽州文书，比如在中国社会科学院历史研究所收藏的徽州文书中，就有屯溪古籍书店的售书标签，还有中国书店的售书标签，反映出这些文书的流转过程。

徽州文书发现的时候，屯溪古籍书店有一个负责人，他叫余庭光，他在1957年的《文物参料》（今称《文物》）上发表了《歙县发现明代洪武鱼鳞册》《徽州发现了宋元以来的契约》等消息，徽州文书开始受到世人的关注。

徽州文书就是通过这样一种偶然的机会而得保存并流传出来了。除了北京的研究机构外，包括安徽省博物馆、南京大学历史系、上海图书馆等，也购买了大量的徽州文书。此外，如山东省图书馆也收藏了从明初洪武到明末崇祯各代的文书，每一代有一两件。天津图书馆也收藏不少徽州文书。

到了20世纪90年代，徽州民间又发现了大量的文书。近年来，包括中山大学图书馆、安徽大学徽学研究中心、安徽师范大学等高校也购买了大量的徽州文书。还有复旦大学王振忠教授也有大量的收藏。

非常遗憾的是，婺源县在1949年之后就划入了江西，婺源县的文书现在基本上见不到了。婺源县本来也应该保存有大量的文书，但因为1949年划入江西省，没有郑振铎、曾希圣等人重视的契机，所以文书就很少保存下来。所以我们现存的徽州文书主要是休宁、祁门、歙县等地，婺源的文书很少。现存的婺源文书多是20世纪90年代以后新发现的。

三、徽州文书的分类

我们研究徽州文书，首先应该对其进行分类，目前对徽州文书这种民间收藏的文书有不同的分类方法。按文书性质来分，有公文书、私文书。如果按存在形式来分，有散件、簿册。散件就是一张、两张的文书，簿册就是成册的。如果按文书内容来分，可以分为土地文书、赋役文书、商业文书、诉讼文书，等等。

徽州文书与官府衙门档案不一样，是民间收存的文书。其中公文书的数量不是很大，但也有一些公文书弥足珍贵。例如《乾隆四十三年甘肃凉州永昌县给休宁县关文》（图1）就是一张与捐纳有关的官府平行文书。还有《咸丰七年报捐户部执照》

（图2）、《光绪三十四年休宁县告示》（图3），等等，都是公文书。

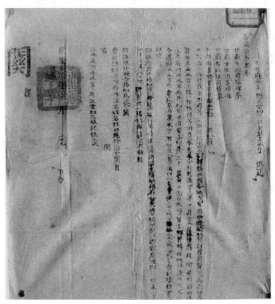

图 1

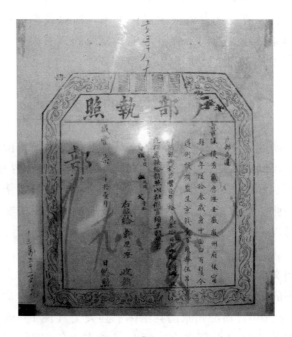

图 2

徽州文书保存的更多的还是私文书，也就是"契约"。下面我就根据内容，对于这些契约做简单的分类。

1. 土地买卖文书

中国社会科学院历史研究所保存了《南宋淳祐二年休宁县李思聪等卖田、山赤契》（图4）。这是现存最早的徽州文书原件。所谓"赤契"就是税契后盖有官印的契约，在北方常常说红契。徽州文书中保留了元代称为"公据"的契尾（图5），也就是土地交易的契税凭证。没有经官税契的契约，则称为白契。明朝崇

图3

祯八年（1635），为了加强对土地交易税的管理，还施行了官版契纸与税契凭证合一的"户部契纸"。不过，"户部契纸"使用白绵纸印刷，工本费就有3厘。因为成本较高，而且又是户部印信，行用不及时，所以推行一直不是很有力。

典籍与文化 12

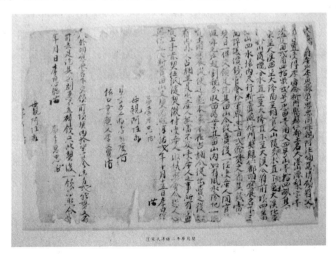

图4

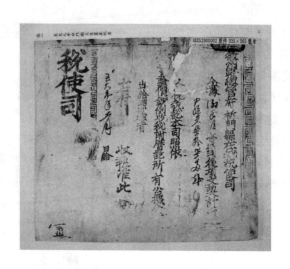

图 5

2. 继承文书

在徽州文书中，与继承有关的文书的数量很多。继承文书包括了批契、分家书等。

批契是一种赠予契约，在徽州地区，尤其是在明代，父母将土地或土地收益以无偿赠予的形式留给他的女儿，这种文书叫批契。

徽州文书中保存有《建文元年祁门谢翊先批契》（图6）。虽然是建文元年（1399）的契约，但"建文元年"被涂掉了，改成"洪武三十二年"。大家都知道，明朝朱棣靖难之役后，不承认建文元年、二年、三年的年号，所以文书中的"建文"字样都被要求涂改。这件文书是祁门县十西都的谢翊先临危之时，"思知有女严娘须出事他人，衣被并无"，所以要把土地收益批给女儿，将来作为嫁妆之用。

分家书就是分家时所立合同文书，有"标书""阄书"等不同的说法。分家时，要将财产好坏品搭，让诸子抓阄来分配财产。分家书一般都是前面有序言，叙述家里的基本情况，说明分家的原则和应该注意的事项，最后是开列财产。

分家书有散件（一张或两三张），也有簿册。《弘治十三年祁门谢阿汪立标书文簿》（图7）就是一个簿册。谢阿汪在丈夫去世后，主持家业。后来因为年老，遂将财产均分给两个儿子，"写立孝、弟二字簿扇，一样二本，各阄一本。自摽之后，二男

296

各要遵守，毋许异言争论。如违，准不孝论罪"。在序言中还告诫二子："汝父早丧，汝母孀居，上有公姑，下有子女，养生送死，辛苦百端，嫁女婚男，劬劳万状，兴言及此，痛裂心田，汝等当以母心为心，毋忽毋怠，故嘱！故嘱！"

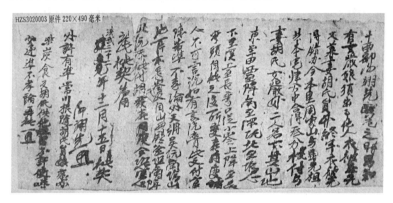

图 6

图 7

3. 婚姻文书

徽州文书中还保留下来很多婚姻类的文书。中国传统社会的婚姻无须受到教会或者世俗国家这种公共权威的认定。大家可以看到，西方人结婚的时候一般要到教堂中，这是宗教的认证。但是中国古代，没有教会或国家的认定，是"非法律婚"。这个时候确定双方婚姻关系的重要凭证就是婚姻文书。

古代的婚姻分成两种形式，一种是正式的婚姻，即礼婚，女儿出嫁到男方。现存的正式婚姻的婚书，多是清末至民国年间。图8就是一件清代的婚书，这种正式的婚书往往是用红色纸来写的。另外一种就是变例的婚姻，就是非正式的礼婚，比如像入赘、招夫、童养、蓄妾等等。

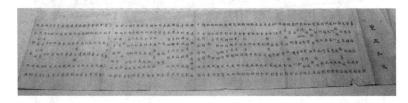

图8

在徽州文书中，保存下来很多非正式婚姻的文书。非正式婚姻对于双方的权利与义务往往有特别的规定，所以当事人更愿意保存下来。《洪武元年李仲德入赘文约》（图9）就是一件明初的入赘文书。祁门县十都李仲德已经29岁，尚未婚娶，这在当时就是大龄青年了。有谢士云宅的长女菊娘尚未婚配，请亲眷谢元熙为媒，招李仲德到谢士云宅为养老女婿。"随即告禀亲房族长，已蒙允可"。根据文约的

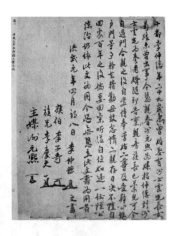

图9

约定，李仲德过门合亲之后，要"侍奉舅姑二尊及管干公私户门等事。务在精勤，毋致怠惰"。同时，二亲在世，不许擅自回家。二亲去世后，"倘要回宗，听从自便"。如果违反这些规定，任凭侄公赴官陈治。最后李仲德外、族伯、族兄、主媒依次其中画押。

4. 人身买卖文书

在徽州地区也保留下来很多人身买卖文书。人身买卖包括卖子（女）、卖仆、卖妻等情况。在明代，人身买卖文书也常常

称为婚书，中间人也称"媒人"。这是因为明代法律规定庶民之家不准许蓄养奴婢，人身买卖也是一种非法行为。为了规避法律，当时的人身买卖文书改称婚书。

安徽省博物馆藏有一件嘉靖三十年（1551）的卖男婚书，其中写道："立卖婚书十二都住人胡音十，今因缺食，夫妇商议，自情愿将男胡懒团，乳名昭法"，"面议作财礼银叁两伍钱整。"从现存的徽州人身买卖文书可以看出，同等情况下，女孩的价格要更高一些。

徽州还保存下来《万历三十九年朱周典妻契》，朱周是徽州府人，因为家贫，到池州府的石埭县去做工，期间借钱娶妻，到期后无法还债，就把妻子典给他人，替人"生子顶宗坊老"。儿子长大之后，"妻随己回"。可以看出，"典妻"也是有一个年限的。虽然历朝的法律都禁止典妻，但"典妻"这种现象一直存在的。近代作家柔石的《为奴隶的母亲》这本小说就描述了一个典妻的故事。

5. 赋役文书

徽州文书中也保存下来大量的与赋役制度有关的文书。赋役文书包括户口册、土地册、垦荒帖文、丈量土地的丈量单，还有上下忙执照（串票）等等。

明初进行户籍统计时，实行"户帖"制度。户帖就是当时进行人口统计，登记你的家庭财产人口情况，然后官府发给你一个帖文作为凭证，这就叫户帖。徽州文书中保存有《洪武四年汪寄佛户帖》（图 10），户帖的前半部分刷印了洪武三年（1370）推行户籍户帖制度的诏令：

户部，洪武三年十一月二十六日钦奉圣旨：说与户部官知道，如今天下太平了也，止是户口不明白俚，教中书省置天下户口的勘合文簿、户帖。你每户部家出榜，去教那有司官，将他所管的应有百姓，都教入官附名字，写着他家人口多少。写的真着，与那百姓一个户帖，上用半印勘合，都取勘来了。我这大军如今不出征了，都教去各州县里下着绕地里去点户比勘合，比着的便是好百姓，比不着的便拿来做军。比到其间有官吏隐瞒了的，将那有司官吏处斩。百姓每自躲避了的，依律要了罪过，拿来做军。

钦此。除钦遵外。今给半印勘合户帖，付本户收执者。

图10

明朝初年，作为起草诏令的翰林院官员记录皇帝的"圣语"，"不改增损"，所以明初出现了很多白话诏令，应该都是皇帝"面授"的诏令。不过，据明黄佐《翰林记》记载，这些诏令"他日编入实录，却用文"。同样的诏令又见于《明太祖实录》：

　　辛亥，核民数，给以户帖。先是，上谕中书省臣曰："民，国之本。古者司民，岁终献民数于王，王拜受而藏诸天府，是民数有国之重事也。今天下已定，而民数未核实。其命户部籍天下户口，每户给以户帖。"于是，户部制户籍、户帖，各书其户之乡贯、丁口、名岁，合籍与帖，以字号编为勘合，识以部印。籍藏于部，帖给之民。仍令有司岁计其户口之登耗，类为籍册以进。著为令。

对比两个文本，就可以发现，《实录》不仅文言化，而且还删除派军队进行"点比"的内容。可以看出文书作为原始文本，史料价值最高。

洪武十四年（1381），明朝正式开始推行赋役黄册制度。明代前期的黄册原件现在很少见，目前所见最早的黄册文书是《永乐宣德年间祁门县李舒户黄册抄底》(图11)。当然这依照原样抄录的。从中可以看出，黄册是采用四柱式登记的格式。"四柱式"很早开始应用于户籍登记。四柱就是旧管、新收、开除、实在四项内容。"旧管"就是家里原来有几口人、有多少田地、房屋；"新收"，指的是新买了多少土地，增加几口人；"开除"，指的是家里去世了几个人，土地卖掉多少；"实在"，指的是现有的人口与事产数量。

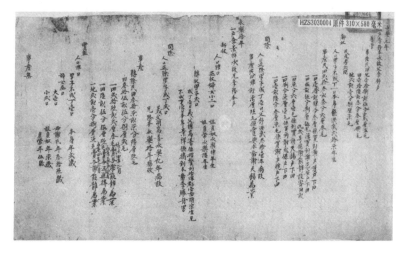

图 11

6. 商业文书

徽州也保留下来很多商业合同、商业账簿等。

《明万历四十一年祁门县郑元祜等卖木蚀本均赔清单合同》是一张典型的商业合同。奇峰郑元祜等人在万历三十九年(1611)合伙拼买杉木，到江西饶州"造梱"，顺江往瓜州(洲)发卖。"不期节遇风潮，漂散梱木，又遇行情迟钝，耽误利息"，"以致蚀本"。于是众人"今托中鸣誓，将原流买木并在瓜卖木各名下支银逐一查算明白"，分别确定均赔清单，然后订立"合同五纸，各收一纸为照"。

在这张商业文书中，有关商业数字的写法很独特(图12)，比如"两"字实际上就有点像"刃"，这也是当时通行的商业文字。"钱"字也同样如此。"一分"则相对难一些，一横弯勾

典籍与文化 12

301

就是"一分"。所以这段数字就是"三百八十两零三钱一分"。

又如"二两二钱零六毫"（图13）中，"毛"字实际上就是"毫"字的略写。还有"五十一两六钱一分三厘"（图14），将三厘整合到一分之内。"三百零八两八钱五分半"（图15）中"半"字实际上容易读错。如果初次读这些商业文书，往往会不知所措。所以，阅读商业文书，需要一定专门的训练。

图12　　　图13　　　图14　　　图15

徽州文书中还保留了收支总账。如《程氏盘存收支总账》详细地记录了一个商人家庭每天的开支，每天的收入流水。通过这样完整的记载就可以看出当时商业运作的一般情况。

7. 诉讼文书

我们往往对中国古人的诉讼存在一种误解，认为古代有"无讼"的理想，认为古人打官司告状这种事情不会特别多。但是现在通过大量的资料可以看出，古时候老百姓和官府之间的关系也是很密切的，有些很小的事情，也会去官府告状。当然这也有一个时代的差异，比如说明代中前期打官司告状要少一些，但是到明代中后期打官司告状就多一些了。清代中前期也少一点，嘉庆以后就很多了，这些都被称为"健讼"的现象。那个时候，不仅逐级上诉的情况很多，也有很多越诉，甚至京诉、京控的现象。

目前存世的诉讼文书以清代地方衙门档案为主，包括淡新档案、宝坻县档案、巴县档案、南部县档案，等等。不过，这些档案都是清代官府衙门的案卷。明代的诉讼文书，除了辽东档案有少量遗存外，只有徽州诉讼文书最为丰富。

不过，徽州地区保留下来的诉讼文书，只有少量的官府卷宗，多数则是以民间收藏的"抄招"形式保留下来的。所谓

"抄招"，就是诉讼结束后，胜诉的一方向官府提出请求，将诉讼卷宗抄录下来，官府再发给帖文为照。以后再发生诉讼纠纷时，抄招可以用来作为证据。

徽州诉讼文书保留下来一些诉讼文书的原件，比如《成化五年祁门谢玉清控告程付云砍状纸》（图16）就是一张"告状"的原件，其中有朱笔"查勘"字样。现存的清代的诉讼状式多数是格眼状，但那是清朝雍正年间普及开来的。在明代，状纸多是白纸（白板状），写上告状人的姓名、地址、告状的缘由。官员如果不准状就会驳回。如果准状的话，就要做出"行勘"等批示，然后"立案"，开始进入诉讼过程。

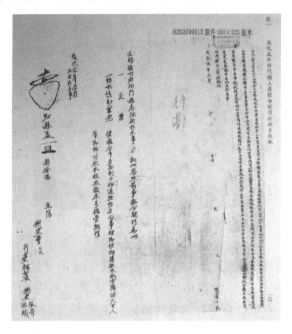

图 16

准状之后，官府要发出"信牌"传唤被告与证人等。《万历三十八年歙县正堂票》（图17）就是当时的传讯信牌，其与现代意义上传票相似。这张正堂票包含了三部分内容，左侧概述了原告的告诉理由，中间部分为版刻文字，说明了通行的拘传过程。右侧则开列要传唤的正犯、干证诸人姓名，以及由何人拘传，并添注缴票日期。通过其中的版刻文字，可以知道当时通行的传唤过程是先将票送至被告的邻家，由邻家通知被告按时赴审。如果被告拒绝赴审，邻家则向官府禀告复命，这时官府才准许派遣差役前来拘提。这张正堂票则注明"差原告""改差约里"。意思是说先是差原告传讯被告，后又改差乡约、里长等人持票传唤被告。通过这张传讯票的规定可以看出，到了明末，至少从法律规定上，朱元璋不轻易派差役下乡的理念一直保持下来。

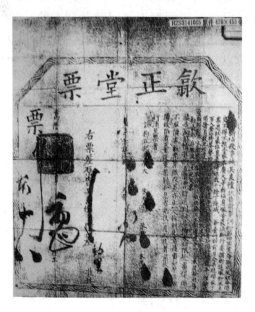

图 17

到了清代初年，告状还使用白板状。雍正以后，格眼状开始普及开来。最初的格眼状是立式，乾隆年间开始变为横式（图18）。格状最右栏有代书的戳记。如果涉及旧案，也要对旧案做一简要的说明。状式首先要写明告状人的姓名、住址，然后是告状的理由。格眼状有固定的字数（220格左右），同时明确禁止双行叠写，以限制状词的字数。不过，从现存的状式可以看出，双行叠写的情况也不少。状式的左半部分，则是官员写批语的地方。

清朝的状式一般还粘连一张状式条例。所谓状式条例，就是规定告状的一些细节性规定。比如说你告田土纠纷，必须要提交契约，否则就不准状。当时的状式条例中明确规定妇女不能成为直接的被告。对于一般户婚田土案件，也就是相当于今天的民事案件，妇女也不能成为原告。即使是寡妇，也要由其子或其他近亲男性亲属作为代告。又如，告盗窃罪，必须写明被盗物品的数量，等等。

图 18

中国古代的诉讼缺乏终审制，不像我们现在一般的民事案件有中级人民法院终审制。所以古代的告状是可以不断地重复地去告，翻控现象很严重，这就造成很多案件积年不能解决。同时，中国古代没有专门的司法官员，特别是在县一级，知县同时就是司法官员。一旦当事人上诉，就意味着你的行政能力受到了怀疑。所以，地方官一听说你这人要到上诉，或者京控，就视你如寇仇一样。这实际上跟当时的司法监察体系有密切的关系。

四、徽州文书的史料价值

近代著名学者王国维说过，"古来新学问起，大都由于新发见"。自清朝末年以来，推动中国历史学研究的最重要的材料不是一般的官修史书，而是文书档案，还有出土资料，这就是所谓的新出史料。我们都知道，研究秦汉史，简牍是最重要的新史料。研究隋唐史，敦煌吐鲁番文书具有很大的价值。在元史研究中，黑水城文书的意义也非常重要。而在明清史研究中，徽州文书的地位也越来越重要。

使用史料的时候，应该首先对于史料的层次有一个基本的了解。在现存的各种史料中，最原始的史料是文书，其他史料，包括实录、正史等都是在文书的基础之上编纂而成。如前面所见的洪武三年实行户籍户帖制度的诏令在文书与实录中不同写法可以看出，原来被认为比较原始的实录也有很多修改。

典籍与文化 12

研究地方社会，我们常用的史料有地方志、家谱、契约等。国家图书馆古籍馆也有地方志阅览室和家谱阅览室，我也常常来这里看家谱和地方志。不过，地方志与家谱作为史料都有一定的局限性。地方志虽然是地方政府主持编写的公籍，但与正史"兼书善恶"不同，《（康熙）徽州府志·序》提到志书"专记善、不录恶"，事关地方的很多争议性问题，志书采取回避的态度。民间编修的族谱作为一种宗族编写的私籍，更是奉行"书美不书恶"的准则，而且很多记载"掇拾讹传、不知考究"，又多有删改、伪造的内容。因此，在使用方志与族谱时，必须考虑其可信度。而契约虽然文字相对单一，缺乏背景性描述，但作为当时各种社会经济行为、法律行为的原始文件，其可信度相对较高，可以在很大程度上弥补地方志、族谱等史料的不足。

所以不论是中央的正史编纂系统，还是地方志、家谱的编纂系统，文书都扮演很重要的角色，可以说文书是中国历史研究中最基础的史料。不过，非常遗憾的是，我们的文书保留下来的太少了。

在日本，每个小村落里面都有一个公文书馆或古文书馆，可以保存数百年间数以十万件（册）的文书。在日本，如果想读日本史的研究生，要求具有识读写本文书的能力。而在中国，考中国史专业的研究生，文书的识读并不是必考的科目。中国的古文书存世较少，编纂史料过于发达，所以文书的作用往往受到忽视。不过，通过文书来看历史，有时候能够看到以往历史研究中一些忽视的东西，所以文书对于历史研究的意义非常重要。

众所周知，像敦煌学、徽学都是以地理行政区域来命名的学科。近年来，又有敦煌学、藏学、徽学等三大地方学的说法。但从现代人文科学的角度来说，这种说法混淆了不同学科的性质。事实上，敦煌文书、徽州文书只是一个史料群，而研究这些史料需要不同的研究视角，比如政治史、经济史、社会史的角度进行研究。此外，从古文书学的视角出发，文书还有很大研究的空间。

五、如何阅读徽州文书

徽州文书包括很多俗字、草字，对于一般的研究者而言，需要一定的文字识读能力。同时，民间文书多是代书人来写的，这些乡村代书人层次不齐，文化水平整体不高，他们的文字写法有很多不规范的地方，这增加了文书识读的难度。此外，还有一些本地化的俗字及度量单位等。因此研究文书，对于研究者的文字识读能力提出了更高的要求。

学习草字，有各种各样的工具书。《草诀百韵歌》是很好的入门书籍。日本学者圆道祐之编的《草书の字典》，通过草书笔画来反查本字，也非常实用。关于俗字，台湾地区的教育部门有网上异体字字典，可以方便查阅。最近，网上的书法字典也提供大量的字形比较，为查阅俗字、草字等提供了便利。

识读文书，必须熟悉历史背景，比如在宋代的土地买卖契约中，经常会出现的"夏田""忠田""尚田"等字样，这里的"尚""忠""夏"实际是"上""中""下"的谐音。大家都知道，宋代土地划分等级，分为上中下等，所以这里就是"上田""中田""下田"之义。

我们今天所用的一些简化字，其实很早就已经出现。或者是俗写字，或者说草书的楷体化，比如《南宋淳祐二年休宁县李思聪等卖田、山赤契》中 字，实际就是草书的"爲"字，也就是简体的"为"字的写法，这种写法在宋代就已经出现了。在这张文书中，"元典"的"元"字，按今天的标准，应该写作"原"字。但在明朝以前的文书中，都写作"元"字。现在日本的汉字里面，"元来"也是这个"元"字。如果从汉字的本意来说，"元"字是正字。不过，明朝建国后，"元来"的"元"就改成"原"字。关于改字的原因，一种说法"元来"有"元朝再来"之意，所以改为"原来"。还有人说是为了避朱元璋的讳。

《至大元年祁门县税使司契尾》（图 19）是一件版刻的契尾，也就是土地契税凭证，这是目前仅见的元代契尾原件。它四周花边，版高 30 厘米，宽 37 厘米，在"税使司"三字边有八思巴字一行，契尾中还有朱文"祁门县印"四方。这里的"祁门"写作"祈门"。其手写填入的文字则多是草字，如"谢良臣"（图20）就是很标准的草书。不过，有些草字写得不规范，就需要根据上下文来识读。比如说"中统钞"（图21）中的"钞"写得非常不规范，查找法帖，也很难找到相似的写法。但根据上文"中统"二字，就可以猜测为"钞"字，因为"中统钞"是元代的货币。又如"七十七贯"（图22）中的"贯"也是草书，如果了解当时的货币，即使不认识这个草字，也可以猜测这是中统钞的货币单位"贯"字。还有"十一月"（图23）则是连写的草书。又如说"至大元年"（图24）中的"大"字，如果按照标准的草书写法，实际上是"犬"字，而不是"大"字，不过，我们识读的时候还是要把它读成"至大元年"。

图19

图20　　图21　　图22　　图23　　图24

《弘治十三年四月徽州倪杲卖山白契》（图25）是用草书写成的，识读起来有一定的难度。不过，如果对于土地买卖文书的套语比较熟悉的话，有些文字是可以猜测出来的。比如"坐落"（图26），说明这块土地坐落在什么地方。这是"本都四保"（图27），还有"土名张弯"（图28），"山地"（图29）的"地"字由左右结构变成上下结构了。　"塘头"（图30）的"头"字也是标准的草字，"今无钱用"（图31）中的"今无"容易让人误以为是一个字，但是一联系上下文就会让人感觉到是"今无钱用"。还有"自己"（图32）、"外人"（图33）、"面议"（图34）等，都是土地买卖文书中的套语。

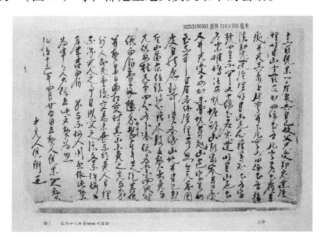

图25

图26　　图27　　图28　　图29　　图30　　图31　　图32　　图33　　图34

　　研究文书，也要了解文书的格式。文书的格式承载了很多信息，可以反映当时的历史变化。

　　我给大家举一个例子。2014年底，我去休宁县，见到当地的文书商人，他们向我展示了一张元代文书，是原件，有花押，内容也体现出元代文书的特点。不过，"至正七年六月廿日"却跳行高高抬起。就此而言，可以判定它不是元代的文书。

　　在现存的徽州文书中，宋代淳祐年间的文书（图35），皇帝的年号"淳祐"接着契约写下来，并不抬头，这是宋代契约的一个基本特点。到了元代，情况发生了变化，《元前至元二十八年祁门李阿林卖山赤契》（图36），皇帝的年号开始抬头。不

309

过，虽然跳格抬头，但并不是平抬，而是要向下缩进两格。除了徽州以外，今天河北隆化鸽子洞窖藏出土的《元至正二十二年王清甫典地契》，其中书写的"至正二十二年"也是抬头，但缩两格。由此可以看出，元代文书中皇帝的年号一般是抬头缩两格的样式。当然，现存元代徽州文书也有平抬的情况，但却没有高抬。

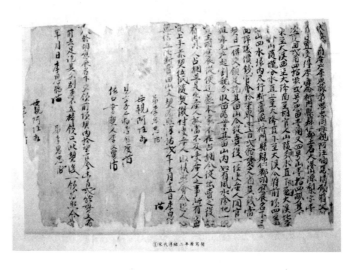

①宋代淳祐二年房屋契

图 35

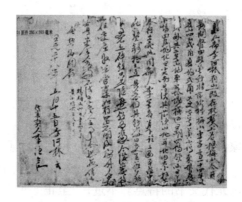

图 36

明朝建国前《龙凤十二年日谢志高卖山白契》（图37），其与元代的传统是一样的，皇帝的年号是抬头，但是缩进两格。洪武初年，徽州土地买卖文书也是同样的情况。不过，到了洪武二十七年（1394）以后，皇帝的年号就基本平抬了，这可能跟明初的礼制改革有密切的关系。到了明代中后期的文书，皇帝的年号已经开始高抬。到了清朝，年号有高抬，也有平抬，但没有抬头缩进的情况。

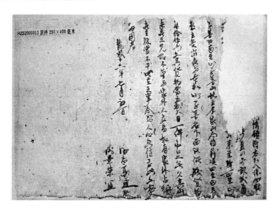

图 37

所以，休宁的文书商人所谓的元代文书，只从格式上看，就是假的。这说明伪造文书的人不清楚元代的文书格式，认为把皇帝年号高高抬起来，可能更逼真。实际上却是错误的。

以上我从徽州的历史、徽州文书的发现、徽州文书的分类、徽州文书的史料价值以及如何阅读徽州文书等五个方面，给大家做了一个简单的介绍。请大家多多指正，谢谢！